절대자유를 갈망한 사람들

지은이	황보윤식 박요섭 김대식 박광수 배용하
편집인	함석헌평화연구소
초판발행	2020년 12월 9일

펴낸이	배용하
책임편집	배용하
등록	제364-2008-000013호
펴낸 곳	**도서출판 대장간**
	www.daejanggan.org
등록한 곳	충청남도 논산시 가야곡면 매죽헌로1176번길 8-54
편집부	전화 (041) 742-1424
영업부	전화 (041) 742-1424 전송 0303-0959-1424

분류	정치	신채호	아나키즘
ISBN	978-89-7071-545-2 03340
CIP제어번호	CIP2020050026

 값 15,000원

절대자유를 갈망한 사람들

예수, 아나뱁티스트, 그리고 신채호

함석헌평화연구소

책머리글

　지금 우리 사회는 갈수록 부패/타락한 자본주의가 팽배해 가는 가운데 비非교육적 문화자본주의 노예가 된 예체능분야가 참교육적 문화가치인문학적 상상력과 예술적 창조력를 앞질러가며 비웃는 사회가 되고 있습니다. 우리 사회가 타락하고 부패한 자본주의 경제질서를 나라경제의 기본으로 삼고 있기 때문에 나타나는 사회현상이라는 생각이 듭니다. 이러한 사회인식에서 우리는 들사람野人 함석헌咸錫憲을 다시 생각하게 됩니다. 함석헌은 1901년에 태어나 89세로 세상을 떠난 사상가입니다. 이 나라 역사가 고난의 일제강점기를 거쳐 해방정국이 왔음에도 미국 등 강권强權에 의한 '분단형 민족해방'은 또다시 이 땅의 사람들에게 고난의 가시밭길을 걷게 하고 있습니다. 함석헌은 험난한 이 시대에 민중/씨알이 역사의 주체가 되는, 사회의 주인이 되는 그런 세상을 만들기 위해 이론과 실천을 겸비한 사상가로 살았습니다. 함석헌은 목숨을 걸고 침략권력과 반민주/반인권 권력에 맞서 '비폭력 평화'의 방법으로 저항하고 싸웠습니다. 그리고 늘 물질적으로 부패한 자와 썩은 정신을 가진 자들에게 일갈─喝을 해 왔습니다. 바로 이런 정신이 사람정신/인문주의가 아니겠는가 하는 생각을 해봅니다. 함석헌은 지금보다 이른 시기에 융합철학/무지개철학처음 사상가를 정약용을 완성한 사상가요. 철학자요, 역사가입니다. 그는 진정한 '참사람 세상'을 꿈꾸면서 국가주의, 정부우월주의, 민족제일주의, 공권력을 위장한 국가폭력을 반대해 왔습니다. 바로 '기독교그리스도교 아나키스트'였습니다. 그리고 대안으로 씨알을 중심으로 하는 세계주의, 비폭력 평화주의, 나아가 우주주의를 제창하였습니다. 이렇게 우리는 함석헌을 평가합니다.

함석헌을 연구하는 관련 단체들은 우리나라에 많이 있습니다. 대표적으로 "함석헌기념사업회" 안에 '씨알사상연구원'이 대표적입니다. 또 함석헌기념사업회에서 분리되어 나온 단체들도 있습니다. 함석헌과 유영모의 씨알사상을 함께 연구하는 "씨알재단"이 있고, 함석헌의 전반적인 사상을 연구하는 학술단체로 "함석헌학회"가 있습니다. 그리고 온라인상으로 함석헌의 사상을 현실과 연결하며 사회정화社會淨化를 하고자 만든 "함석헌평화포럼"이 있습니다. 그리고 이 나라 일부 소장학자들이 모여서 만든《함석헌평화연구소》도 있습니다. 젊은 학자들이 이 시대에 이런 '함석헌평화연구소'를 설립한 데는 그만한 이유가 있습니다. 그것은 이 시대가 너무나 인간 중심이 아닌 물신우상주의=미국숭배주의=폭력애호주의로 나가고 있기 때문입니다. 따라서 함석헌의 평화사상비폭력 세계주의을 통하여 우리 사회 인간존재에 대한 이해와 인간의 참 정의와 참 자유가 발현되는 세상을 만들어 보자는 데 그 목적이 있습니다. 인간 삶의 궁극적인 목적을, 우리는 절대적 자유와 인간의 참 양심이 숨 쉬는 자연스런 "공동체적인 삶"의 추구라고 말하고 싶습니다. 그래서 아나키스트들은 인위적으로나마 아주 작은 단위의 "공동체적인 삶"이 가능한 사회적 토대를 만들고자 노력합니다. 이를 위해서는 인문주의적 상상력을 통한 통섭적 이해가 필요합니다. 그리하여 인간의식의 불변의 진리를 통찰하는 철학을 바탈로 하여 인간 삶의 과거를 통하여 미래를 제시하는 역사학, 인간의 몸을 대변하는 말과 언어로 된 문학/언어학, 인간과 신의 참 관계를 밝혀주는 신학, 현실사회를 성찰하고 삶의 지표를 일깨워주는 사회학과의 접목들이 필요합니다. 이리하여 함석헌평화연구소는 동업자적 단일한 전공분야의 연구자가 모인 전공분야 학술단체가 아니고, 여러 분야의 전공자와 일반인이 모여 함석헌의 사상/철학을 다양하게 분석하고 검토하여 세상살이와 결부시켜나가고자 노력하는 학술단체입니다.

함석헌평화연구소에서 이번에 3번째 책을 냅니다. 연구서의 성격을 가지고 있지만, 이번 책부터는 보다 대중적으로 쓰려고 노력을 했습니다. 그러나 아마도 이러한 노력은 또 좌절이 되었는지 모릅니다. 글을 쓴다는 게 여간 어려운 게 아닙니다. 각자 전공분야에서 자기 전공과 관련한 전문적인 글만 쓰다 보니 대중적으로 쉽게 글이 써지지 않나 봅니다. 이번에는 신채호의 아나키즘을 주제로 하여 책을 내봅니다. 그런 가운데 예수와 아나키즘과 관련하여 글 1편을, 그리고 타락해 가는 이 시대 그리스도교라는 종교에 대한 성찰과 반성의 의미로, 16세기 이래 근원적 종교개혁radical reformation운동을 하고 있는 아나뱁티스운동초대교회로 복귀운동에 대한 이야기를 우리 사회 부패타락한 목회자들과 관련하여 글 한편을 실었습니다. 이렇게 이 책에서는 신채호 관련 글을 3편, 그리스도교 개혁과 관련한 글 2편을 실었습니다. 다섯 연구자들의 글을 간략하게 소개해 봅니다.

먼저 **황보윤식**님은 〈**신채호의 민족아나키즘과 역사철학적 인식**〉이라는 장편의 글을 썼습니다. 신채호의 사상과 관련하여 그를 민족주의자로 볼 것인지 아니면 아나키스트인가로 볼 것인지를 논하는 연구자들이 많이 있습니다. 최근에는 신채호가 민족주의를 버리고 아나키즘을 수용하였다고 하는 단언적 연구서도 나오고 있습니다. 그 전의 연구서에서는 신채호가 민족주의를 바탕으로 아나키즘을 수용했다는 연구서들이 대부분이었습니다. 그런데 황보윤식은 신채호의 사상진화를 1900년대 저항민족주의 1910년대 민본적 민족주의 1920년대 민족아나키즘으로 사상적 진화를 했다고 하면서 신채호의 삶살이 후기 사상을 민족아나키즘이었다고 규정하고 있습니다. 일반적으로 민족주의를 부정적 개념의 사회진화론적 반동민주주의/저항민족주의를 말하고 있습니다만. 신채호는 민족주의를 사회진화론적/제국주의적 민족주의를 새로운 개념으로 바꾸어놓았습니다. 곧 '자주적 생명을 갖는 민족정신'을 그는 민족주의라고 했습니다. 그래서 글쓴이는 신채호의 아나키즘을 '민족아나키즘' 곧 '신채호식 아나키즘'이라고 이름을 붙였습니다. 글쓴이의 글은 1. 1920~30년대 한국을 비롯한 세계의 역사상황, 2. 신채호의 망명생활과 무력투쟁론, 3. 신채호의 민족아나키즘과 민중직접혁명론, 4. 신채호의 역사철학적 인식으로 소주제를 잡아 전체적으로 신채호를 조망하였습니다. 이 책에서는 신채호를 전반적으로 이해하는데 도움이 될까 싶어, 일단 첫 글에 올려놓았습니다. 간단하게 글쓴이의 글을 소개해 봅니다.

이 글은 신채호의 전체 삶살이 중 1920년대에 집중하여 그의 사상과 역사철학적 인식을 검토하고 있습니다. 그리고 신채호는 사상적 진화저항민족주의-민중적 민본주의-민족아나키즘를 해가면서 그의 역사철학적 인식도 진보해 나갔다고 주장합니다. 이제까지 신채호의 역사철학적 측면을 검토한 연구자는 없었습니다. 황보윤식은 신채호의 아나키즘과 관련한 사상의 진화는 1905년경에 아나키즘을 알게 되었지만, 그가 아나키즘으로 완전하게 사상적으로 무장을 하기 시적하는 시기는 1918년 전후이고, 1921년에는 아나키즘으로 완전히 정신무장을 한 다음, 1923년에 조선혁명선언으로 아나키즘을 집대성하였다고 보았습니다. 그러나 아나키즘을 사상적으로 무기화하는 것은 1920년대이지만 그의 삶살이를 전체적으로 조명해 보았을 때 이미 신채호는 체질적으로 아나키적이었다는 주장도 함께 합니다. 그래서 신채호는 민족운동을 할 때부터 침략자 일제에 대하여 반일항전의식反日抗戰意識을 가지고 일제와 비타협적 무력투쟁론을 끝까지 주장하면서 끝내는 대응폭력적 민중직접혁명을 주장하게 되었다는 논조를 전개하고 있습니다. 신채호는 타협적 논리, 곧 "실력양성운동부르주아 민족주의자들이니, 민족개량주의이광수 등 나약한 문인들니, 자치론 등 타협주의이승만 등 위탁통치론자니 하는 것은 일제의 모략에 말려드는 일이다."라고 함으로써 일찍이 일제의 음모와 함정을 꿰뚫고 보고 있었다는 주장을 합니다. 신채호가 아나키즘 사상에 입각하여 아나키스트적 대응폭력에 의한 민중직접혁명을 주장하는 배경은 해방된 민족이 곧 "대한[고유한 조선의]의 미래는 무無권력의 정치체제[자유적 조선의], 균산均産의 경제질서[민중적 경제의], 평등平等의 사회제도[민중적 사회의], 자유적 문화창달[민중적 문화의]을 통한 민중/민본사회여야" 하는 미래사회 건설까지 내다보았기 때문이라고 글쓴이는 검토를 하고 있습니다. 곧 신채호의 아나키즘적 민중론은 미래사회는 엘리트 정치권력이 아닌, '민중의', '민중에 의한', '민중을 위한' 사회여야 한다는 신념이 있었기 때문이라고 보고 있습니다. 끝으로 글쓴이는 "'분단형 민족해방' 이후 분단국가들이 각자가 만들어내는 정치이념에 의하여, 남南은 자본주의적 민족/민족주의, 북北은 공산주의적 민족/민족주의가 굳어지면서 한 영토와 하나의 역사 속에서 두 민족/민족주의가 만들어지고 있는 실정이라고 파악합니다. 그래서 이 두 이념적 민족/민족주의를 파괴하고 하나의 민족, 하나의 나라/사회라는 민족공동체를 만들어내는 길은 신채호의 민족아나키즘으로 해결할 수 있다고 본다."라고 정리를 합니다. 한편 글쓴이는 이 글에서 부르주와 민족주의자들의 국권회복노력은 '독립운동'이라고 표현하고, 사회주의 및 아나키스트의 인민해방노력은 '민족해방투쟁'/민족해방항전 등의 용어로 정리하고 있습니다. 그리고 신채호의 글을 빌려, 국가에 정의, 민족에 대한 정의, 민중에 대한 개념도 정리하고 있습니다.

　다음은 박요섭님의 〈신채호의 사상으로 바라보는 우리의 현재와 미래〉라는 글입니다. 이 글에서는 신채호가 아나키즘을 갖게 된 시기부터 잡아서 글을 쓰고 있습니다. 글쓴이는 신채호가 아나키즘을 갖게 되는 동기로, "일본제국주의에 대한 혐오와 강력한 거부감이 빚어낸 생존과 회복을 향한 몸부림이었다"고 적고 있습니다. 곧 글쓴이는 신채호의 아나키즘 수용은, "대일항쟁을 위한 하나의 전략적 노선"이었다고 말합니다. 신채호의 아나키즘 수용은 시대적 필요에 의한 것이라는 뉘앙스를 주고 있습니다. 이어 아나키즘의 개념에 대하여 우리나라 현대 아나키스트의 대부代父인 하기락과 젊은 아나키스트 이호룡의 말을 가지고 다음과 같이 설명을 하고 있습니다. "아나키즘은 허무주의도 파괴주의도 아니다. 아나키즘은 인위적 억압이나 권위주의를 부정하는 것이지, 무질서나 혼란을 부추기는 사상이 아니다. 아나키즘은 권위주의적 통치에 의한 피동적 삶을 거부하는 사상"이라고 명확하게 아나키즘의 개념을 정리를 하고 있습니다. 그리고 신채호는 아나키즘을 사상적 무기로 삼고 있으면서 민족주의를 품고 있었다고 합니다. 글쓴이가 말하는 민족주의는 민족국가를 상징하는 민족주의, 사회진화론의 반동민족주의와 저항민족주의를 말하는 게 아니고, 신채호가 새롭게 정립하는 '자주적 민족주의'를 말하는 것 같습니다. 글쓴이는 이어서 신채호의 생애를 간략하게 정리하였습니다. 신채호는 자강론적 민족주의저항로 무장하고 있는 전반기는 영웅사관을 강조하여 민족의 영웅이순신, 최영, 을지문덕, 연개소문 등과 같은이 나타나 일제를 막아주기를 기대하면서 대한인들에게 자강의식을 심어주고 있었다고 검토하고 있습니다. 그리고 1920년대는 망명생활을 하면서 사회주의에서 아나키즘으로 사상적 진화를 하면서 결국에는 조선혁명선언이라는 대선언서를 만들어냄으로써 반일민족해방운동의 전략과 투쟁방식을 우리 민족에게 제시하였다고 검토하고 있습니다. 이어서 신채호의 역사의식에 대해서 이야기를 합니다. 글쓴이는 신채호의 역사의식을 처음부터 식민주의사관을 타파하고 근대적 민족주의 사관에 입각하여 우리나라 전 역사를 재검토하고자 노력하였지만, 안타까운 옥살이로 몸이 많이 상하여 일찍 타계하는 바람에 우리 역사의 전 과정을 그려내지 못한 것을 안타까워하고 있습니다. 그리고 조선혁명선언은 변증법적 유물사관에 의하여 작성된 것이라는 관점을 보이면서 앞의 황보윤식과는 차이를 보이고 있습니다. 조선혁명선언을 통하여 신채호는 민중사관을 지향했다고 보고 있습니다. 그리고 고대사에 집중되어 있는 신채호의 사관을 보았을 때 지나치게 민족주의와 영웅주의에 치우친 것은 단점으로 보인다고 지적합니다. 그러나 점차 개인영웅의 출현기대에서 민족의 영웅을 국민 전체로 확대해 가면서 민중사관으로 넘어간다고 신채호의 사상적 진화를 검토하고 있습니다. 글쓴이는 이어서 신채호의 언론활동에 대해서도 언급하고 있습니다. 여기서 글쓴이는 신채호의 언론활동을 망명 전과 망명 후로 시기를 구분하고, 망명 전에는 주로 자강주의에 입각한 애국계몽사상을 고취해 나갔다면, 망명 후의 언론 활동은 민중의 자각과 무력혁명론을 강조하였다는 논조를 보이고 있습니다. 그리고 끝부분에서 신채호와 아나키즘을 검토하고 있습니다. 신채호가 사회주의 사상 중에서 아나키즘으로 경도된 것은 크로포트킨의 아나키즘에서 영향받은 바가 크다고 말합니다. 그리고 아나키즘에 대하여 글쓴이는 "아나키즘이 거부하는 것은 권위주의로, 국민을 압박하는 정부나 조직만을 국한하는 것이 아니다. 개인이나 공동체의 자유와 안전을 위협하는 그 어떠한 종류의 권력과 압력에 대해서도 저항한다는 것"이라는 해석을 다시 내리고 있습니다. 마지막으로 신채호의 사상으로 우리 현실과 미래를 살펴볼 필요가 있다는 의견을 피력하면서 글을 정리하고 있습니다.

　다음으로 김대식님은 〈단재 신채호에 대한 아나키즘적 해석: "시간 속에 있는 시간 밖"〉이라는 제목의 글을 실었습니다. 글의 구성은 들어가는 말: 오늘날 왜 단재 신채호를 재평가해야 하는 것일까요? 1. 단재 신채호의 기록한다는 것의 의미: 말·글·정신. 2. 언론매체적 역사와 시공간적 삶의 주체성. 3. 신채호와 함석헌의 역사시공간인식, 그 아나키즘적 옹호. 4. 신채호의 아나키즘이 의미하는 것: 위체爲替 위조사건은 아나키즘입니다! 나오는 말: 단재 신채호의 아나키즘 이후를 생각하며 등 총 4장으로 되어 있습니다. 글쓴이는 머리글에서 오늘날 신채호를 재평가해야 하는 이유에 대하여 신채호는 삶살이 전반기, 후반기를 가리지 않고 아나키였다는 전제를 하고 싶었던 것으로 보입니다. 신채호의 아나키즘 수용에 대하여 앞의 황보윤식은 신채호가 민족해방투쟁을 하는 과정에서 아나키즘을 수용하는 것 같지만, 그의 삶살이 과정에서 아나키즘적 기질이 있었던 것으로 보고 있습니다. 그리고 앞의 박요섭은 신채호의 사상후반기에 전략적으로 수용한다고 보고 있습니다. 하여 김대식의 주장은 박요섭과는 매우 상치되는 주장입니다. 글쓴이의 또 다른 특징은 이제까지 나온 연구자들의 주장과는 전혀 다른 새로 접하는 독특한 성격을 가지고 있습니다. 곧 다른 전문 연구지들은 대중과는 무관하게 전공자들만의 독점 연구서인데 비하여 이 책은 연구서의 성격도 가지지만 일반독자를 의식하여 간행하는 취지도 가지고 있습니다. 그래서 글쓴이가 가급적 평이한 용어와 문장체로 써 나간 점과 평어체가 아닌 경어체로 글의 품격을 높여주었는데 또 하나의 특징을 보여주고 있습니다. 신채호를 연구하는 다른 연구자들은 신채호가 민중을 계도해야 할 객체적 존재로 보았는데 비하여 글쓴이는 신채호가 민중을 주체적 존재로 보았다라고 검토한 점도 독특한 성격을 지닙니다. 새로운 도전으로 보입니다. 이어 신채호가 초기에 보인 영웅주의를 비판하면서도, 신채호가 자신의 영웅주의를 스스로 비판하면서, "민중 중심의 역사에서 출발하려고 한 것은 매우 고무적인 사가史家의 태도"라고 높이 평가하고 있습니다. 앞에서도 이야기했지만, 신채호가 아나키즘을 민족해방운동의 방법론적으로 수용한 게 아니라는 점도 새로운 시도로 보입니다. 그 이유로 역사의 기술은 "시간의 자유, 관점의 자유, 행동의 자유에 의해서 기술되어야" 한다는데 두고 있습니다. 이런 까닭에 신채호의 핏속에 처음부터 존재했던 아나키적 기질이 시간이 흐름 속에서 후반기에 나타났다고 보았던 이유입니다. 또한 신채호에 대하여 다른 연구자들이 신채호를 "민족주의자로 단정 짓고 일정한 시공간적 한계성에서 벗어나지 못한 사상가, 이념적 신봉자로 평가"하는 것을 신랄하게 비판하고 있습니다. 그러면서 글쓴이는 기득권 세력들은 신채호의 아나키즘을 "기득권 세력의 체제적 붕괴와 저항에 직면할 힘에 대한 부담감"으로 보는 우상을 가지고 있다고 비평을 합니다. 또 글쓴이는 우리 사회에서 아나키즘의 연구가 이루어지지 못하고 있었던 것은, 아나키즘을 '무정부주의'로 번역한데서 선입감이 주입되었기 때문이라고 주장합니다. 이어 글쓴이는 신채호가 말하는 '민중직접'이라는 뜻에 대하여 다음과 해석하고 있습니다. "민중이 민중 스스로 자기 힘으로 자기 의지를 가지고 일본으로부터의 해방과 독립을 폭력으로라도 쟁취해야 한다는 것은 어떠한 타협도 불허한다는 강력한 사상적/행동적 의지"라고 말합니다. 이어서 제2장 언론매체적 역사와 시공간적 삶의 주체성에서는 신채호가 "인권의 자유, 곧 공적公的으로 말할 수 있는 자유"에 대하여 개념을 정리하고 있습니다. "말의 자유, 말할 자유라는 것은 인간이 사유한다는 특수성을 의미합니다. 말할 자유가 있어야 인간입니다."라고 정의를 내리고 당시 친일세력은 일본제국주에 빌붙어 언론言路, 곧 말길, 말의 도道를 차단하려고 탄압하고 통제하는 세력"이라고 규정을 짓고 있습니다. 이에 대하여 신채호의 언로활동은 "신문은 단순한 종이가 아니라 민중의 정신이 오롯이 활자화하는 대중매체입니다.... 단재가 신문을 통한 글쓰기를 한 것은 민중의 자유가 억압당하지 않기 위한 민중의 자유권, 권리의 평등을 외친 것입니다."라고 언론매체에 대한 개념정립도 해 주었습니다. 이어 제3장, 신채호와 함석헌의 역사시공간인식, 그 아나키즘적 옹호에서는 함석헌이 말한 민중의 개념민중은 역사의 주체이자 혁명의 주인을 신채호에게 대입하면서 신채호의 역사도 민중의 정신에 의해서 추동되어야 한다는 점을 강조하고 있습니다. 그래서 글쓴이는 "민중의 직접적 행동과 운동은 역사의 원동력입니다. 그래서 신채호와 함석헌이 모두 민중의 존재를 최고의 가치로 삼았습니다"라고 주장합니다. 제4장 신채호의 아나키즘이 의미하는 것: 위체爲替 위조사건은 아나키즘입니다! 라는 주제의 글에서는 신채호의 위조외국환교환사건에 대하여 "제국주의가 가진 화폐의 권력과 폭력은 약소국들의 자유를 짓밟고 민중의 자유로운 거래수단을 빼앗아 자신의 화폐를 강압적으로 사용하도록 하는 처사는 혁명을 불러일으킬 수밖에 없습니다."라고 평가하고 이러한 사고의 발상이 곧 아나키즘적 발상이라고 주장합니다. 그리고 '화폐의 자유'라는 새로운 개념도 도입하고 있습니다. "화폐 또한 자유이고 생존입니다. 민중의 삶에서 필수적인 보편적 가치입니다. 그것을 일정한 제도, 은행 기관, 체제, 국가가 독점할 수 없습니다. 따라서 화폐의 해방 역시 아나키즘의 행동방식이자 이는 아나키즘의 사상과 전혀 다르지 않습니다." 이런 주장에서 나온 인식이 바로 신채호의 위조외국환교환이라고 보고 있습니다. 화폐는 금융자본주의를 대표하는 상징입니다. 화폐의 소유의 다과에 따라 빈부의 차이가 심화됩니다. 글쓴이는 사유재산제도의 철폐를 강력하게 주장하였던 신채호가 위체사건을 일으킨 것은 민족해방전쟁을 위한 준비 단계에서 이루어진 것으로만 치부해서는 안 된다고 주장합니다.. 바로 신채호가 "화폐의 공유재를 실시하여 착취가 없는 사회를 건설하려는 아나키스트로서 행동이었다고 파악하고 있습니다. 끝으로 나가는 말에서는 "'민족' 내부의 '민중' 주체"라는 말은 단재의 역사학을 이해하는 데 중요한 핵심어"라고 보았습니다. 글쓴이는 신채호의 아我와 비아非我의 이론을 다음과 같이 대입하면서 결론을 내립니다. "우리는 비아非我: 국가, 체제, 제도, 자본, 지주가 아我가 아니라는 것을 분명하게 인식해야 합니다. 그런 의미에서 단재의 역사학은 다른 말로 '역사인식론', '역사적 자아인식론'이라고 해야 할 것입니다."

다음으로 박광수님의 글 〈아나키스트 예수와 제자의 삶〉이라는 주제의 글을 실었습니다. 예수를 세상에서 처음 아나키스트라고 주장하는 연구자들도 있습니다. 아나키즘이 "인간의 해방", "절대 자유 추구" "일제 권력의 부정", 인류의 구원세계주의 등을 주장한 것을 보면 분명 예수는 원초적 아나키즘 창조자라고 볼 수 있습니다. 박광수님은 예수를 아나키스트였다고 보고 그 제자들의 삶을 다음과 같이 그렸습니다. 아나키스트였던 예수2.1권력을 거부했던 예수, 2.2. 세 가지 시험을 통한 마귀의 제안을 거부한 예수, 2.3. 예수의 권세관, 2.4. 가이사의 것은 가이사에게, 2.5. 예수의 재판과 침묵 그리고 마무리 말에서 아나키스트 예수를 따르는 제자들의 삶을 검토하였습니다. 글쓴이는 머리글에서 최근의 한국사회의 정치현상에 대하여 "광화문에 그어진 보이지 않는 사상의 삼팔선은 필자는 생각하기에 차라리 아나키즘이 낫겠다는 생각이 든다. 사람이 살아가는 세상은 국가도 필요하고, 정책도 필요하지만, 그 국가가 하는 일이 사람이 살 수 없도록 만드는 족쇄라면 차라리 모두가 아나키스트가 되어, 그 국가의 권력을 거부하는 편이 낫겠다는 생각이 든다. 진보가 권력을 잡아도, 보수가 권력을 잡아도, 그놈이 그놈인 세상, 참으로 한심스러운 생각이 든다. 이런 의미에서 본다면, 진정한 아나키스트였던 한 분에 대해서 생각해 보게 된다." 바로 그 분이 예수라고 글쓴이는 말합니다. 그리고 제1장에서 먼저 예수가 왜 아나키스트였는지에 대하여, 1) 권력을 거부하였다. 곧 세속 권세를 반대하였다. 2) 비폭력주의자였다. 어떤 권력도, 권위도, 계급도 없는 새로운 사회를 세우라고 권했다. 3) 무소유와 4) 반권위주의자 였다는 증거를 들었다. 글쓴이가 든 내용들은 분명 아나키즘이 가지고 있는 핵심사상입니다. 특히 경제논리에 대하여 글쓴이는 "예수에게 돈은 인간의 죄와 죽음을 낳는 욕망 자체이고, 순종順從을 요구하는 권력 자체이다. 그러나 이는 예수가 돈이 아닌 다른 것까지 황제에게 속한 것은 아니라고 보았음을 의미하기도 한다. 즉, 황제는 동전 외에 다른 것에 대해서는 어떤 권리도 없다는 것이다. 가령 인간의 생명, 즉, 삶과 죽음에 대해 황제에게는 어떤 권한도 있을 수 없다는 것이다."라는 주장을 통하여 물질과 생명은 서로 바꾸어 질 수 없는 존재로, 인간의 생명은 인위적인 것으로 통제될 수 없다고 함으로써 예수의 문제를 인간 자체에 초점을 맞추고 있다는 것을 강조하고 있습니다. 그리고 예수의 제자들의 삶을 통하여 예수의 아나키즘을 간접적으로 그려내고 있습니다. 그러나 예수의 아나키즘적 종교사상은 후대 로마의 정치권력과 결탁313년, 밀리노칙령을 하면서 변질되었다는 주장을 내놓고 있습니다. "이제는 점점 더 빛을 잃어 가고 있는 것은 분명하다. 너희는 세상의 빛이요, 소금이라 했고, 소금이 맛을 잃으면, 길가에 버리어져 지나가는 사람들에게 밟힐 뿐이라 하였다. 오늘의 기독교가 맛을 잃고, 버리어져 지나가는 사람들에게 밟혀가고 있다."라는 그리스도교 성경의 인용문을 가지고 결론을 짓고 있습니다.

끝으로 배용하님의 글, 〈전복을 목적으로 하지 않는 반란-아나뱁티스트와 아나키즘〉입니다. 배용하님의 글은 매우 독특합니다. 간결한 문체가 눈에 와닿습니다. 용어를 새롭게 가다듬은 것도 신선합니다. 그리고 우리나라 사람들의 글쓰기 양식인 서론과 본론과 결론의 3단논법으로 글을 쓰지 않았습니다. 자유양식으로 글을 써 내려갔습니다. 곧 소제목으로 글을 자연스럽게 연결하면서 평이하게 썼습니다. 서양학자들의 글쓰기 형식과 비슷하다는 느낌을 받습니다. 배용하님 글의 핵심은 나라/정부를 이분법적으로 구분하고 있습니다. 곧 노아의 방주하느님의 정부와 '세상의 정부'인간의 권력의 구분입니다. 그리고 교회의 가치도 이분법적으로 구분합니다. '제국교회'현실교회와 '자유교회'하나님의 교회입니다. 이러한 두 가지 핵심 주제어를 가지고 열 꼭지의 주제로 나누어 글을 써 내려 갔습니다. 1. 좋은 소식, 2. 아나키와 노아의 방주, 3. 기독교인과 아나키즘 4. 그리스도인 아나키 상태와 아나키즘의 차이와 유사점. 5. 세상 방주정부를 이용하려는 교회의 종말. 6. 세계적으로 사고하고 지역적으로 행동하라. 7. "대장부가 되어라!"-자유와 기독교 무정부주의. 8. 정의라는 방아쇠 9. 기독교 아나키즘과 평화운동. 10. 글을 나가며-인간에 대한 믿음입니다.

첫째 꼭지, 좋은 소식에서는 배용하님이 늦게 신학공부를 하고 보니, 기존 종교의 부조리와 매너리즘, 그리고 무기력의 한계에 부딪쳤다고 합니다. 이런 고민 속에서 그리스도교의 한 분파인 아나뱁티스트재세례파, 초대교회로 회귀하자 신앙을 갖게 되었다고 합니다. 이게 그에게 좋은/기쁜 소식입니다. 배용하님은는 아나키즘/아나키스트에 대한 명확한 정의를 내리고 글쓰기를 시작합니다. 아나키는 '지도자 무용론'을 주장하는 자이고, 아나키스트는 '지배통치 무용론'을 주장하는 자라고 새롭게 조명을 하였습니다. 일반적으로 아나키즘을 무권력/무권위로 정의를 내리는 것보다 훨씬 값어치가 큰 정의라고 말하고 싶습니다. "아나키와 노아의 방주"에서는 노아의 방주方舟, ark와 세상의 방주에 대하여 정의를 내리고 있습니다. 노아의 방주는 하나님의 나라/정부입니다. 노아의 방주는 곧 '아나키 정부'라고 말합니다. 다스리지 않았는데 다스림이 있고 통제가 없는데도 정연한 질서가 있고, 법치가 없는 자유가 넘치는 정부를 노아의 방주/정부라고 말합니다. 인간의 정부에는 하나님의 자유=인간의 자유가 존재하지 않는다고 보았습니다. 기독교인과 아나키즘에서는 예수를 완벽한 아나키스트로 표현하고 있습니다. 그 이유를 예수가 "가이사 것은 가이사에게"^{마태복음 22장 15~22절}라고 한 말에서 예를 들고 있습니다. 여기서 재미있는 비유가 발견됩니다. 세상의 사람들은 필요에 의하여 자신들의 종으로 부리기 위해 정부를 만들었는데, 거꾸로 자신들이 정부의 종이 되고 말았다는 말은 참으로 명쾌한 말입니다. 그리스도인 아나키 상태와 아나키즘의 차이와 유사점에서 글쓴이는, 노아의 방주처럼 강제력이 없는 완전히 해방된 상태에서 정의/평등/평화/해방이 존재하는 생태계가 바로 기독교 아나키스트가 가는 길이라는 해석을 내리고 있습니다. 그리고 세상 방주를 이용하려는 교회의 종말에서는, 현실교회인 제국교회는 복음을 왜곡하고 있다고 비판합니다. 현실의 제국교회에서는 하나님의 자유가 없는데 어떻게 온전한 자유가 가능한지를 따져 묻고 있습니다. 이어 "세계적으로 사고하고 지역적으로 행동하라"는 꼭지에서는 세속의 정부에 대하여 천부인권을 제약하는 악으로 규정하고 있습니다. 그리고 자유교회/하나님 교회의 생활모습을 설명하고 있습니다. "노아의 방주/정부에 존재하는 자유교회에는 세속교회처럼 권위적/경쟁적/혁명적인 갈등과 경쟁 같은 것이 없고 오로지 연대와 봉사, 헌신의 삶만 있다"고 합니다. 바로 이러한 자유교회의 삶의 모습이 '기독교 아나키스트'들의 삶의 모습이라고 말합니다. 또 "대장부가 되어라─자유와 기독교 무정부주의"라는 꼭지에서는 그리스도교 아나키즘이 세상의 정부에 저항하는 것은 세상의 정부^{방주}가 인간의 자유를 제한하고 통제하기 때문이라고 말합니다. 그렇지만, 노아의 방주에는 그리스도를 통한 완전한 자유만이 존재한다고 설명합니다. 이어 "정의의 방아쇠"라는 꼭지에서는 아나뱁티스트에 대하여 이야기합니다. 아나뱁티스트는 "반전운동, 평화운동을 한다. 따라서 제국교회의 경쟁적/권위적/투쟁적 태도에 반대한다. 이런 면에서 아나뱁티스트는 아나키즘과 맥을 같이한다"는 정의를 내리고 있습니다. 기독교 아나키즘은 민족주의를 토대로 하는 세속방주를 반대한다고 합니다. 기독교 아나키즘에서 말하는 반정부라는 말은 반反노아 정부를 일컫는다고 함으로써 일반적인 아나키즘이 세속적인데 비하여 기독교 아나키즘은 하나님의 나라 안에서의 아나키즘 운동임을 분명히 하고 있습니다. 그래서 기독교 아나키즘은 세상 정부로부터 소외된 사람들노동자 등을 자유로 나라로 이끄는 노력을 한다고 말합니다. 제국교회에는 하나님의 정의가 없기 때문에, 그들이 부르짖는 평화는 거짓 평화이고 그들이 부르짖는 자유는 거짓 자유라고 비평합니다. 실감을 느끼는 말입니다. 끝으로 배용하님은 마감글 "인간에 대한 믿음"에서 "기독교 아나키즘은 세상정부의 온갖 기만과 술수에서 벗어나 하나님의 방주로 들어가 진정한 해방의 자유를 꿈꿔야 한다. 세상의 권력과 권위로 오염된 '세상의 방주'에서 나와 하나님/노아의 방주로 들어가려고 노력"하는 자세가 기독교 아나키즘이라는 말로 끝을 맺고 있습니다. 아름다운 글입니다. 기독교 아나키즘에 대한 명확한 이해를 할 수 있게 해주는 글이라고 생각됩니다. "하나님이 보시기에 참 좋은" 글이라는 생각이 듭니다.

　이렇게 다섯 분의 귀한 글들을 이 책에 실었습니다. 신채호에 대하여 각자의 연구성향을 달리하면서 각자의 견해를 밝혀내고 있습니다. 그리하여 어떤 면에서는 글쓰기의 형식이나 글알맹이에 통일성이 없을 수도 있으나 아나키즘의 특징이 바로 자율성입니다. 자주성입니다. 따라서 다른 책에서처럼 일견一瞥되는 통일성을 갖추지 않고 있습니다. 이 점이 이 책이 갖는 또 하나의 특징이라면 특징이 되겠습니다. 그리고 다양한 직업을 가진 연구자들이 자기 위치장소와 입장시각에서 글을 썼기에 각자가 품고 나오는 이론적 견해와 공리적公理的 입장도 다릅니다. 곧 이 책은 아나키즘에 대한 무지개식 공리주의가 물씬 풍기는 책입니다. 무지개색은 무한한 빛을 품고 있지만, 7개 색으로 융합되어 나오듯이 이 책은 무지개처럼 무한한 생각의 특성/상상의 특성들이 숨어 있지만 하나의 무지개빛이 되어 나오고 있습니다. 무지개가 이 산타락 부패한 자본주의 사회에서 저 산아나키즘으로 이루어진 자유와 평화와 행복이 휘날리는 사회으로 구름다리를 놓듯이 이 책은 독자들로 하여금, 저 산으로 안내하는 책자가 되리라 믿어 의심치 않습니다. 종이책이 빛을 잃어 가는 요즘 세상에, 기꺼이 출판을 맡아준 도서출판 대장간의 편집위원, 교정위원님들께 감사를 드립니다. 그리고 이 책이 나올 수 있도록 동분서주 발품을 팔면서 세상에 정의正義가 바로 설 수 있기를 고대하며 수고로움을 기꺼이 받아들인 함석헌평화연구소 김대식박사님께도 감사를 드립니다. 올바른 정신을 가지고 정의롭게 살아가고자 하는체보다는 義에 살고자 하는 여러분에게 일독을 권합니다.

취래원 풍사당 집필실에서

함석헌평화연구소 소장 황보윤식 씀

단재 신채호

신채호의 민족아나키즘과 역사철학적 인식

-1920년대 이후를 중심으로-

황보윤식 • 함석헌평화연구소 소장

말들임

　단재丹齋:한놈 신채호에 대한 인간적/학술적 연구와 민족해방운동에 관련 연구는, 해방 이후, 반공친미 독재자 이승만이 권력을 잡고 있을 때는, 거의 이루어지지 않았다. 흔들리지 않는 지조를 지닌 비타협적 성격의 신채호는 이승만의 외교론/위임통치론의 주장에 대하여 한 점 부끄러움 없이 죽는 그 날까지 비난을 해왔다. 신채호는 처음부터 이승만의 임시정부 국무총리와 대통령에 선임되는 것을 반대하였다. 그런데 '분단형 해방'이 되고 난 후 남쪽 지역에 분단국가 대한민국 정부가 수립되고 이승만이 권력을 장악하게 된다. 신채호는 처음부터 이승만의 임시정부 국무총리와 대통령으로 선임되는 것에 반대했다. 이 때문에 이승만 독재권력 하에서 타협적 외교론을 주장했던, 즉 이승만에 시종일관 반대하였던 신채호와 관련된 연구를 함으로써 혹시라도 화를 당하지나 않을까 하는학자들의 나약함이 빚어낸 분위기로 인해 신채호 연구자가 거의 없었던 것으로 보인다. 마치 '철혈독재자' 박정희 때 장준하張俊河의《韓國光復軍》의 활동과 관련한 이야기를 나라 사람들이 자발적으로 꺼내지 않았던 것과 같은 맥락이다. 그러다가 이승만이 4.19혁명에 의하여 미국으로 쫓겨 난 뒤부터 서서히 신채호가 일반에 알려지기 시작한다. 글쓴이가 이 분야에 미천하여 많은 연구물을 섭렵하지 못한 탓으로 신채호 연구의 시발점을 정확히 알 수는 없다. 다만 박태원朴泰遠이 의열단을 연구하면서 김원봉과 신채호의 관계를 언급한다. 朴泰遠, 1947. 104~106쪽 신채호의 본격적 연구는, 홍이섭洪以燮이 1960년에 처음 시작한 것으로 본다. 홍이섭, 〈丹齋史學의 理念〉 단재사학의 이념, 1960. 이어 외솔회에서 펴내는 《나라사랑》3집에 단재 신채호 선생을 특집으로 다룬 잡지가 발간되어 나온다. 그리고 이선근李瑄根을 대표로 하는 《단재신채호전집편찬위원회》가 설립되는 등, 신채호전집출판 관계 단체들이 생겨난다. 그리하여 《신채호전집》上, 下형설출판사권이 나오고, 이어 보유편상중하도 나온다. 그리고 개정판총4권까지 나오게 된다. 이후 신채호를 주제로 한 연구물들이 본격적으로 나오기 시작한다. 곧 박사학위 논문이만열, 《단재 신채호의 역사학 연구》과 일반 논문신일철, 〈신채호의 무정부주의사상-단재신채호의 역사사상연구의 제삼부로서-〉이 뒤를 이어 나오게 된다.

최근에는 신채호 관련 연구자들이 무수히 많다. 연구자들이 논문/연구물을 쓸 때마다, 신채호의 이력을 언급하지 않은 학자/연구자들이 없을 정도로 신채호의 성장과정은 너무나 잘 알려져 있다. 따라서 이 글에서는 많은 학자/연구자들의 글 내용과 중복을 피하면서 주로 신채호가 사상적 진화를 통하여 아나키즘을 포지抱持하는 과정을 "신채호의 민족아나키즘과 역사철학적 인식의 변화-1920년대 이후를 중심으로"라는 주제를 설정하고 살펴보기로 한다. 사상의 진화는 어느 시간대에서 딱히 정해서 진화되는 게 아니다. 진화과정을 밟는다. 그래서 편의상 신채호의 1900년대 역사철학적 인식-사회진화론적 저항민족주의, 1910년대의 역사철학적 인식-민본주의론적 신국민주의, 1920년대 역사철학적 인식-자주민족적 아나키즘이라는 시대로 나누어 살펴보지만, 딱히 정확성을 갖는 신채호 삶의 시대구분은 아니다. 그래서 편의상이라는 단서를 붙여둔다. 이들 연구물에서 보면, 신채호를 위대한 애국계몽사상가, 불굴의 항일독립운동가, 아나키스트, 민족해방운동가, 그 외 탁월한 낭가사상을 발굴한 역사가, 민족문학가, 민족언론인, 민족주의자로 평가하고 있다. 그런 신채호는 그가 살았던 일제병탄기日帝倂呑期: 일제강점기, 일제는 우리 땅을 저들의 행정구역으로 강제 편입하여 '식민지조선'이라 불렀다. 글쓴이는 신채호식으로 당대當代를 대한大韓, 또는 조선朝鮮이라 표현하겠다, 일제의 가혹한 탄압에 의하여 민족해방의 기쁨도 향유하지 못한 채 안타깝게 짧은 생을 마쳤지만, 그 짧은 세월 동안 그가 남긴 글글글과 행행行은 현재를 살아가는 우리에게 지조론적志操論的 선비상을 보여주고 있다..

한놈 신채호는 세상에 눈을 뜨면서 1900년대 나라 안에서 활동하다가 일제의 침략이 노골화되면서 이를 막지 못하는 엘리트권력왕실과 관료들의 행태에 구역질이 났다. 그는 일제에 의한 조선 병탄倂呑이 올 것이라는 분노를 느끼고 망해가는 조국의 모습을 차마 눈 뜨고 볼 수 없어 처음에 러시아의 얼지 않는 항구도시 블라디보스토크Vladivostok가 중심을 이루고 있는 프리모르스키Primorskii, 연해주로 망명을 떠나게 된다. 이후 중국의 상하이, 베이징 등지로 전전하며 애처로운 망명생활을 하게 된다. 망명생활의 간난 속에서도 민족혼을 살리는 글과 일제 타도를 위한 투쟁 활동을 꾸준히 하게 된다. 그는 1900년대 외세의 침략을 직접 경험하면서 그의 정신 속에 처음 받아들인 사상은 제국주의의 반동/침략부르주아 민족주의에 대항하는 저항/식민지민족주의였다. 곧 제국주의의 민족국가론을 지탱해 주는 사회진화론에 바탕을 둔 민족주의였다. 이러한 저항민족주의를 사상적 바탕으로 하고 신채호는 '고난의 여정'을 걸으면서 1910년대 사회주의사상을 접하게 된다. 그리고 민중/신국민을 발견한다. 게다가 러시아의 11월 인민혁명프

롤레타리아에 의한 볼셰비키혁명과 3.1인민기의人民起義, 1919: 이를 신채호는 3.1운동이라 이름하였다 를 통하여 '민인/민중의 힘'을 발견하게 된다. 여기서 1910년대 신채호는 새로운 지식과 삶의 경험을 통하여 그의 정신 속에 새롭게 깃드는 사상이 있었다. 바로 민인/민중을 바탕으로 하는 민본주의사상民本 민족주의이었다. 이에, 사회진화론적 민족자강사상에 바탕한 항일국권회복운동을 탈피한다. 그리고 나라國家에 대하여 엘리트 계급 중심의 왕정이 아닌 민중이 직접 주체가 되는 공화정을 사회체제/질서의 핵심으로 인식하면서 민본주의적 '국권회복'과 항일투쟁이라측면에서 반일反日의식을 갖게 된다. 이후, 1920년대의 신채호는 중국의 상하이와 베이징 등지를 오고 가며 많은 동지들을 규합하고 지지를 얻는다. 그리고 사회주의적 인식을 가지면서 반일反日민족해방투쟁의식을 갖게 된다. 그러는 과정에서 자연스럽게 일제를 타도하는 수단으로는 비非폭력의 공수空手 투쟁으로는 민족해방은 불가능하다는 생각에 이르게 된다. 아나키스트들의 적과 싸우는 폭력적 투쟁방식이 전술적으로 옳다는 생각에 미치게 된다. 따라서 그는 1910년대 가지게 되는 민본주의적 항일의식에서, 노예상태의 민족/인간을 해방시켜야 한다는 아나키즘적 '반제反帝민족해방이라는 혁명의식'을 갖게 된다. 그리고 그 자신이 직접투쟁을 위한 자금을 마련하기 위한 과정에서 일제에 강제 체포外國爲替 僞造事件: 외국환위조사건되어 일제의 괴뢰만주국 따렌大連의 뤼순旅順 감옥에서 옥살이를 하다가 안타까운 생을 마감하게 된다. 이렇듯 신채호에게서 발견되는 사상은 민족주의만이 아니다. 민본주의도, 아나키즘도 발견되어 나온다. 이는 곧 신채호의 사상적 진화를 말해준다. 신채호의 역사철학적 인식의 진보는, 1900년대에 사회진화론에 바탕한 저항민족주의와 역사철학적 인식, -자강주의로 나카난다. 1910년대는 무력투쟁론에 바탕한 민중신국민의 발견과 함께 민본주의 역사철학적 인식-민중주의로 진화한다. 그리고 1920년대 이후는 자주적 민족주의+민중적 민본주의에 바탕한 아나키즘적 역사철학적 인식−민족아나키즘으로 진화한다. 신채호를 연구하는 대부분 연구자들이 신채호의 사상적 진화를 민족주의에서 아나키즘으로 발전하였다고 보고 있다. 그러나 좀 더 신채호의 글과 활동을 살펴보았을 때 그의 역사철학적 인식의 진보 중간 단계에서 민본주의가 찾아진다. 곧 민중/민인의 발견이다. 신채호는 이를 신국민新國民이라고 하였다. 그리고 후반기 사상은 그 자신도 밝혔듯이, 딱 꼬집어서 그가 '원색적原色的 아나키스트'로 살았다고 보기는 어렵다. 철저한/완벽한반反국가주의/反민족주의/비非폭력주의 아나키스트가 아니었다는 점이다. 다만 시대의 필요에 의하여 민족주의를 바탈로 하여, 아나키즘을 사상적 전략으로 받아들이면서 아나키스트의 투쟁수단을 전술적으로 활용하였다는 판단이다. 그러나 신채호가 아나키즘으로 사상적 진화를 하는 것은 그의 체질이었다고 본다. 이와 같이 신채호는 그의 생전에 한/조선반도가 시시각각으로 변화하는 당시 시대상황에서 튀어나오는 사상들을 적극적으로 활용하여 자신의 사상/역사철학적 인식을 진화시켜 나갔다고 본다. 곧 신채호가 아나키즘적 사회인식을 수용하는 것은 시대변화라는 상황에 따른/필요에 의한 그의 역사철학적 인식의 변화에 의한 것으로 본다. 곧 당시 세계사상계의 전반적 흐름과 반제민족해방투쟁 과정에서 나타나는 현실적 여건의 변화, 그리고 신채호 개인이 사회변화에 적극적으로 대응하는 자세에서 비롯되었다고 본다. 때문에, 신채호 삶 전체를 조명하는 사상을 딱히 잘라서 '이것이다'라고 단언하기는 어렵다고 본다. 신채호의 사상적 진화/역사철학적 인식의 진보는 그의 유연한 사고에서 기인한다. 불굴의 지조/신념비타협의 반일민족해방전쟁을 바탕으로 한 새로운 사상에 대한 체험과 수용이었다. 그의 신념, 곧 사상의 기저에는 불변의 신념인 민족해방의 위업을 달성해야 한다는 자주적 민족정신이 깔려 있었다. 곧 자주적 민족/민족정신은 피압박민족으로써 민족해방의 위업을 독자적으로 해결해야 하는 당위성이 내재되어 있었다. 따라서 신채호 생애 후반기 사상적/역사철학적 인식의 바탕을 이루는 민족주의는 사회진화론에 바탕을 둔 반동민족주의도 저항민족주의도 아니다. 이들 굴곡된 민족주의를 극복한 '자주적 생명을 지닌 민족의 정신'이 그의 민족주의였다. 이에 따라 제국주의적 부르주아 민족국가가 아닌, 역사공동체로써 '민족공동체'라는 새로운 개념을 자신의 승화된 민족주의 신념으로 삼게 된다. 따라서 민족공동체라는 불변의 신념 위에 아나키즘을 수용하게 된다. 그리고 노예적 상태에 놓인 민족공동체의 인간해방을 위한 전술로써 아나키스트의 폭력적 혁명방식을 수용하게 된다. 따라서 죽는 그 날까지, 그가 가지고 있었던 불변의 신념은 민족공동체의 해방이었고 민족해방의 사상적 바탕은 민족아나키즘이었다. 그리고 인간해방/민족해방을 위해 아나키스트의 폭력에 의한 투쟁전술을 수용하여 민중에 의한 직접혁명적 전쟁방식을 주장하였다. 따라서 1919년 전후로 신채호에서 나타나는 역사철학적 인식은 민족공동체+아나키즘 사상+아나키스트의 투쟁전술=민중직접혁명이었다. 그래서 신채호 삶의 마지막 단계에서 만나는 진보된 사상과 역사철학적 인식은 함석헌의 사상처럼 융합사상이다. 융합사상은 곧 무지개사상이다. 글쓴이는 신채호의 무지개사상을 '민족아나키즘'이라고 이름을 붙여보았다.

이 글에서는 신채호의 사상적 진화/역사철학적 인식의 진보과정을 그의 글과 행동을 중심으로 살펴보고자 하였다. 그러나 이 글은 신채호의 아나키즘 사상과 관련하여 검토하는 글이기에 신채호의 1900년대/1910년대 삶살이와 역사철학적 인식은 여기서 직접적 설명은 접어두고, 신채호의 후반기 사상인 '민족아나키즘'만 떼어내어 검토하였다. 신채호 자신도 아나키즘을, 당시에 일반적으로 통용되고 있던 '무정부주의'라고 표현하였다. 그러나 글쓴이는 무정부주의라는 번역어는 분명히 오역이요 엘리트 권력자들의 음해였다고 본다. 무정부주의란 번역어는 아나키즘의 원뜻을 곡해한 타당성과 합리성, 모두를 결여한 말이다. 그래서 아나키즘anarchism이라는 원어를 그대로 사용하였다. 따라서 이글의 제목을 〈신채호의 민족아나키즘과 역사철학적 인식〉으로 정하고 세부적으로는 1) 1920~30년대, 역사상황. 2) 신채호의 망명생활과 무력투쟁론, 3) 신채호의 민족아나키즘과 민중직접혁명론, 4) 신채호의 역사철학적 인식 등으로 나누어 살펴보았다. 마감글에서는 민족의 수난기에, 민족의 풍전등화 같은 고난의 시기에, 박은식朴殷植, 정인보鄭寅普, 신채호와 같은 지조를 가진 역사철학자가 거의 없었다는 생각에 '신채호의 지조'를 시론試論조로 조금 언급하였다.

1. 1920~30년대, 역사상황

1920~30년대, 세계의 역사시간은 엄청난 변화를 겪고 있었다. 한국은 일제의 억압적 식민통치 제2기1920~1930에 들어간다. 그리고 세계는 자본주의가 갖는 필연적인 모순에 의한 제국주의가 일으킨 '제1차세계폭력전쟁'일반적으로, '제1차세계대전'이라고 부른다. 이하, 제1차대전이라 표기이 1918년 말, 막을 내리고, 베르사유체제가 시작된다, 1929년에는 자본주의 모순이 폭발하는 '경제대공황'도 일어난다. 1920년대 대한大韓의 정치적 상황은, 일제의 총검에 의한 무자비한 무단정치가 우리의 3.1민중기의에 의하여 막을 내리면서 민족분열을 획책하는 기만적 문화정치라는 식민통치가 시작된다. 일제의 문화통치는 일종의 민족을 분열시켜 최후에는 민족을 말살하려는 기만정책의 전초적前哨的인 성격을 갖는다. 그리고 경제적으로는 일제 내부의 산업화가 본궤도에 진입하면서 농촌의 많은 인구가 도시의 공장으로 이동을 하게 된다. 이에 일제는 식량쌀 생산에 차질을 빚게 되고

쌀값이 상승하게 되면서 노동자의 임금도 더불어 상승하는 처지에 놓인다. 그래서 자본가의 이익 확대를 위해서는 노동자에 대한 저임금정책이 필요했다. 이에 일제는 자본가의 자본획득의 극대화를 위해 대한大韓을 그들의 식량생산지로 만드는 정책을 쓴다. 그것이 산미증산계획産米增産計劃이다. 이로 인해 당시 대한나라는 일제 자본가를 위한 쌀 수탈지로 변하게 된다. 그래서 이 땅의 4대강 주변의 삼각주를 중심으로 제방을 쌓아 논과 밭으로 만들었다. 이 탓으로 강폭은 좁아지고 폭우가 내리면 대홍수를 만나게 되는 원인이 되었다. 강둑으로 조성된 대량의 논과 밭이 조성되고 쌀생산이 극대화 되었음에도 불구하고, 대한땅의 인민/민인들은 오히려 배고픔이 거지 수준으로 전락하게 된다. 일제가 우리 농민들이 생산한 쌀을 죄다 일제본토로 가져갔기 때문이다. 또 일제 식민지조선에서 민족자본의 성장을 막고, 일제의 자본시장화하기 위해 조선총독부에 의해 강제되었던 회사령會社令이 허가제에서 신고제로 바뀐다. 이 탓으로, 일제 독점자본이 대한땅에 침투하면서 일제식 자본주의가 이식하게 된다. 이어 1931년 이후는 일제가 우리 민족에 대한 언어도단의 민족말살정책을 쓰게 된다.

사회문화적으로는 언론/출판의 자유가 제한적으로 허용되면서 나약한 문화예술인들이 일제가 파놓은 음모와 함정에 빠져들어, 일제에 대한 자발적 노예로 전락해 갔다. 이런 시기에 일제 문화정책에 편승하여 언론지들도 창간하게 된다.《朝鮮日報》조선일보. 1920.3.5.;《東亞日報》동아일보, 1920.4.1. 이와 함께, 아나키즘과 공산주의를 포함하는 세계 사상조류의 하나인 사회주의운동이 반동민족주의와 함께 최고조에 달하는 시기이다. 사회주의 사상이 이데올로기로서 우리 땅에 소개되자, 동아일보 사설에서는 볼셰비즘마르크스-레닌주의과 함께 사회주의를 과격주의로 표현한다.1920. 5.12~5.14일자 그리고 사회주의 소개와 함께 그 전파에 대하여 적되, 민중들의 태도는 "묵시적 태도를 보였으며, 일종의 새로운 복음新福音처럼 생각하고 있었다."라는 표현도 하고 있다.동아일보, 1920. 8.12일자 동아일보 기사에서 과격파/과격주의는 사회주의사상을 의미한다. 당시 일제의 문화정책에 호응한 식민지조선인의 문화운동은 신한국新韓國: 자본주의적 경제제도+자유주의적 정치제도를 갖는을 건설하려는 의도였다. 이 당시 가장 많이 소개된 근대 용어는 자유주의自由主義/실용주의實用主義/인본주의人本主義/사회주의社會主義/볼셰비즘Bolshevization/아나키즘Anarchism/생디칼리즘syndicalisme이었다. 또 이 당시 자주 소개된 인물과 사상에 관련된 것은, 생시몽Saint-Simon의 이상적 사회주의, 마르크스Marx, Karl의 역사적 물질주의, 레닌 Lenin의 공산적 볼셰비즘, 크로포토킨Kropotkin의 상호부조적 아나키즘 등이다. 당시 국내언론들은 이들 인물과 사상을 모두 과격파 인물, 과격주의 사상으로 표현함으로써 일제총독부의 대변인 역할을 하였다. 이렇게 소개된 과격주의 이론은 당시 지식인들에게 어떻게 인식되었을까. 당시 언론과 지식인들은 공산주의와 무정부주의로 오역되었던 아나키즘을 사회주의 사상으로 인식한 것은 맞았으나, 공유주의公有主義를 마르크스가 주장하고, 무정부주의아나키즘: 무강권주의를 허무주의虛無主義: 모든 제도와 관습의 속박에서 개인을 해방시켜 자유로운 사회를 만들자는 사상임에도 이를 부정적으로 해석/보도함로 인식한 것은 착각이었다. 사회주의에 대한 부정확한 인식은 이 시대의 일반적 현상으로, 당시 지식인들의 시대적 지식의 한계라고 할 수 있다. 언론에서조차 레닌의 혁명사상과 무정부주의아나키즘를 동일시하고 있었던 것은 이 당시 지식인들이 사회주의 사상을 인식하는 보편적 현상이었다.동아일보, 1921년 6.1일자 그러다가 시간이 가면서 사회주의 여러 갈레 사상에 대한 구분을 거의 정확하게 인식하게 된다. 그러면 1920년대 초 대한사회가 사회주의를 수용하게 되는 배경을 살펴보자. "동아일보가 지적한 것처럼 1) 지리적 여건– 시베리아/만주에 연해 있고, 2) 경제적 여건– 식민지경제에서 기아선상에 있었고, 3) 정치적 여건– 식민지상태에서 자유를 갈구하고 있었고, 4) 사상적 여건– 근대사조/사회주의 사조와 접촉이 없었다"임대식, 1994, 159쪽라고 한 것처럼 근대사조에 대한 전파가 늦었기에 새로운 사상에 대한 갈망이 있었다고 본다. 그리하여, 뜻있는 민족해방투쟁을 하는 의인義人/지사志士들에 의하여 조선공산당이 결성되고1925, 사회주의 잡지들도 발간되어 나온다. 대표적으로 《共濟》공제, 《大韓獨立報》대한독립보, 《新生活》신생활 등이다. 신생활의 경우, 이 잡지의 필진이동휘, 김명식 등들이 일제 경찰에 강제로 붙잡혀 재판을 받게 되는데 당시 국내 언론지 동아일보에서는 이를 '사회주의 재판'이라고 보도하였다.동아일보, 1922.12.27.일자 사회면

이즈음에 국내에서는 3.1인민기의에 이어, 사회주의적 민족감정을 표출한 전국적인 6.10학생만세기의도 일어난다1926, 대한제국 황제 이석; 순종의 이산일 이어 일제의 학생들과 충돌하면서 광주학생기의1929. 10.30도 일어난다. 광주학생기의는 1930. 3월까지 계속된다. 국내에서는 일제의 감시와 탄압으로 민족해방운동이 어렵게 된다. 그리하여 1910년대 의인/지사들이 일찍이 만주/연해주로 몰려들었다. 그러나 만주/간도에서도 대한의 독립군/민족해방군들에게도 많은 일들이 있어난다. 일제 관동군에 의하여 만행이 이루어지는 간도참변間島慘變=경신간도학살사건, 자유시참변自由市慘變., 만주사변滿洲事變 등의 잔인한 사건들이다. 간도참변은 옛 우리 땅이었던 중국 둥베이東北지역 중국의 지린성吉林省, 연변에서 랴오닝성遼寧省에 이르는 넓은 지역에 흩어져 살던 대한인을 무참하게 학살한 사건이다.《朝鮮統治史料》2, 159쪽 이하. 이는 이 지역에 있는 무장독립군/민족해방세력무기는 체코제를 구입함.들이 국경을 넘나들며 일제 기관을 공격하고 주요 적敵들을 저격하는 일을 자주 일으켰다. 게다가, 봉오동전쟁와 청산리전쟁에서 일제군 제19사단의 월

강추격대대越江追擊大隊를 전멸할 정도로 대파하자. 이에 대한 보복으로, 혼춘사건琿春事件, 1920.10.2.을 조작만주 마적馬賊을 사주하여 일제 영사관을 습격케 하고, 이것을 우리 대한인이 한 것으로 꾸밈한다. 그리고 이를 빌미로 간도지역 대한인들을 참혹하게 학살, 방화, 겁탈하는 만행을 저지른다. 조선통치사료 2, 349쪽 이후. 자유시참변=흑하사변黑河事變은 현재 러시아 땅 아무르주의 스보보드니Svobodny=自由市에서 러시아군에게 우리 독립군부대/민족해방운동세력들이 사상 최대의 학살을 당한 사건을 말한다. 원인은, 일제가 간도참변을 일으키자. 만주지역에서 활동하던 김좌진金佐鎭_이 이끄는 북로군정서, 홍범도洪範圖가 이끄는 대한독립군大韓獨立軍 등이 활로를 모색하기 위하여 백두산 지역으로 들어가려던 계획을 바꾸어청산리지역에서 일제추격대와 전투를 하는 과정에서 북간도 미산密山으로 모여들었다. 여기에다, 상하이에서 조직된 고려공산당高麗共産黨의 상하이파이동휘계열: 서시베리아집단+자유대대自由大隊, 오하묵吳夏默/최고려崔高麗계열와 이르쿠츠크파+사할린 의용대박일리아 Illya 계열: 동시베리아집단 사이에 갈등 대립이 발생하자. 홍범도 계열이 미산에서 자유시로 이동을 한다. 이 두 계열의 지휘계통 통합/통일 설득에 실패한 러시아의 적군赤軍: 볼셰비키혁명당들은 자유시에 들어오는 자유대대, 사할린의병대, 홍범도의 대한독립군, 최진동崔振東, 이명 崔明祿의 도독부군都督府軍 등 한인무장 부대들을 그나저나 할 것 없이 포위하여 대대적으로 무차별로 학살하였다. 이렇게 한인 독립군부대들이 차마 생각하기도 끔직한 참살慘殺을 당한다. 여기에다, 만주사변까지 일어난다. 일제는 태평양지역까지 먹어 삼키기 위해 만주사변을 조작한다. 곧, 만주지역을 일제가 전쟁에 필요한 군수물자 조달과 주요자원의 공급처로 삼기 위해 이 지역을 식민지화하려는 계획을 세우고 류탸오후사건柳條湖事件: 만주철도 폭파사건을 조작한다.1931.9.18. 일제는 만주철도의 파괴가 중국인의 소행이라고 트집을 잡아 만주 침략을 시작한다. 그 결과 박정희朴正熙도 장교로 소속되어 있었던러허성[熱河省열하성] 주둔 만주군 보병 제8사단에 배속됨 관동군은 만주전역을 점령하고 만주괴뢰국滿洲傀儡 國을 세운다. 그리고 일제는 국제연맹을 탈퇴한 다음, 파시즘 체제로 돌입한다. 이어 루거우차오사건盧構橋事件: 루거우 다리근처에서 일본 군 한명이 실종—사실이 아님—된 것을 핑계로 일제군이 중국군을 공격한 사건을 조작하고 중국과 일제가 싸우는 중일전쟁中日戰 爭을 일으킨다. 그리고 태평양전쟁太平洋戰爭으로 이어간다. 루거우차오사건을 계 기로 중국대륙은 일제에 대항하기 위해 중국공산당과 5.4운동 이후 상하이에서 성립되는 중국국민당이 본격적인 통일전선을 형성한다. 곧 제2차 국공합작國共合 作의 본격화다.

1920~30년대는 이와 같이, 식민지/반식민지 사회에서 사회주의 사상아나키즘 도 포함된에 바탕을 둔, 자주적 독립국가 건설운동/민족해방투쟁이 일어나고 있 었다. 이들 독립운동/민족해방투쟁은 제국주의의 반동反動/부르주아 민족주의 에 대한 반反강권사상으로써, 저항 민족주의를 사상적 기반으로 하고 있었다. 따 라서 침략세력에 대한 대응에서는 아나키즘도 사회주의/공산주의자와 연대하 여 일제권력에 반대하여 맞서 싸웠다. 이러한 와중에 국내에서 사회주의세력아나 키즘 포함과 민족주의세력이 "민족 유일당 민족협동전선"이라는 명분을 걸고 연대 하여 신간회新幹會를 청설한다. 그러나 일제 타도 이후의 사회기구/조직을 위한 사회질서를 논할 때는 분명히 세 사상思想끼리는 서로 갈등과 대립을 빚었다. 아 나키즘은 국가건설이 아닌 자유와 평등공동체를 지향했던 까닭에 권력을 정점 에 두면서 권력기구 창설을 지향국가주의하는 공산주의와 사회주의, 그리고 부르 주아 민족주의 사상과는 분명한 선을 그었다. 이 때문에 아나키스트들은 운동노 선에서 권력 지향의 국가건설을 반대하면서 본질적 인민해방투쟁에 핵심을 두 었다. 그래서 일제 권력과 타협하는 자치론, 민족개조론, 준비론, 외교론, 위임

통치론 등 타협주의자들을 반대하였다. 타협妥協이라는 말 속에는 1) 일제지배의 기정사실화─ 일제통치에의 순응 2) 주권독립/민족해방정신의 포기, 3) 무력투쟁/해방전쟁 수단에 대한 반대라는 속내가 들어있었다. 이는 곧 무력투쟁, 민족해방전쟁을 도모하는 민족세력과 분열을 획책하는 일제의 의도에 부응하는 짓거리임에 틀림이 없었다. 1900년대부터 우리 민족이 주체적으로 자주적인 민족해방/주권독립을 주장해 왔던 반反타협주의자 신채호는, 이러한 타협주의자들의 속내를 간파하고는 더욱 더 아나키즘을 자신의 전략적인 투쟁사상으로 받아들이게 되었던 것으로 보인다. 이것은 당연한 이치였다. 1920~30년대 신채호의 역사철학적 인식과 관련하여 깊이 생각해 볼 문제는 우리가 익히 알고 있는《天鼓》, 〈조선상고사/총론〉, 〈조선혁명선언〉, 〈북경선언문〉이다.

이 시기, 신채호의 역사철학적 인식을 이해하기 위하여, 아나키즘의 일반성에 대하여 잠시 이야기하고 넘어가자. 아나키즘도 민족주의사회진화론적와 함께 근대사조의 한 흐름에 속한다. 아나키즘의 핵심적 본질은 '인간의 발견'에 있다. 곧 인간의 속성인 천부적 자유주의/자치적 자율주의의 발견은 15세기 이후14세기 말에도 조짐은 있었다 유럽에서 나타나는 르네상스와 종교혁명, 세계의 발견을 통한 종교적 신 중심이 아닌, '인간 중심'의 사고思考에 눈을 뜨면서이다. '인간적 사고'는 곧 아나키적 정신이다. 아나키즘이 정치적 용어로 사용되기 시작하는 것은 유럽의 봉건시대를 거쳐 근대로 오면서이다. '인간적 사고' 중에서 가장 크게 찾아진 가치는 '천부적天賦的 절대 자유'에 대한 발견이다. 인간이 태어날 때부터 선천적先天的으로 받아 나온 '천부적 자유'는 인간의 권력에 의하여 만들어지는 어떤 천부외적天賦外的인 인위적 제도나 기구/조직에 의하여 침해를 받아서는 안 된다는 이념이다. 이러한 아나키즘은 프랑스혁명을 거쳐 오면서 그 용어가 정착을 보게 된다. 아나키즘 용어가 정착되는 과정을 보자. 아나키즘적 사고의 배양은 19세기경 영국의 고드원William Godwin에 와서다. 고드원은 정치적으로, 정치제도를 폐지함으로써 인간사회가 갖는 일체의 사회악에서 해방될 수 있다고 보았다. 그리고 경제사상으로는, 사적 소유권은 인간의 빈부격차를 만들어내는 불평등의 원인이 된다고 보았다. 국가권력에 의해 법이라는 이름으로 만들어진 정치제도 및 사적 소유권 폐지의 실현은 폭력을 수반한 혁명적 방법프랑스혁명을 지칭이 아닌 계몽에 의한 인간 지식의 계발로 가능하다고 보았다.윌리엄 고드원/강미경, 2006, 150~264쪽 이어서, 고드원에 의해 배양된 아나키즘의 씨앗을 든든한 나무가 되도록 토양을 만들고 싹을 키운 사람은 독일의 막스 슈티르너Stirner, Max이다. 그는 '고유한 자기 자신의 실존'만을 강조하였다. 곧, 국가에 대한 상대적 존재로써 '창조적 인격을 가진 나'만을 인정하였다. 이것은 나개인를 배제하는 국가권력을 부정否定: 국가는 유령이다.함으로써 인간의 실존을 바탕으로 하는 아나키즘적 인식을 드러냈다.이를 개인주의적 아나키즘이라 한다 막스 슈티르너가 발아시킨 아나키즘이라는 신비의 나무에 열매가 맺게 된다. 달콤한 첫 열매는 프랑스의 프루동Proudhon, Pierre Joseph에 의하여 따지게 된다. 아름드리나무로 자라고 있는 아나키즘이라는 나무에서 첫 열매를 딴 프루동은 아나키즘이라는 열매를 정치적 용어로 부각시켰다. 이리하여 세상에 아나키즘이라는 열매가 정치적으로 나돌기 시작하였다. 프루동은 프랑스 최초 스스로 아나키스트라고 자칭하고, 인간사회 삶의 양식을 '상호주의'에 두었다. 그는 "재산은 모든 악의 근원이다. 재산의 사회적 평등 없이 정치적 평등도 있을 수 없다." 고 보았다. 또 사회적 부富는 상호협동하는 노동의 결과물이므로 어느 특정인엘리트 귀족계급과 자본가 계급이 독점해서는 안 되며 사회 전체의 소유여야 한다고 주장하였다. 이러한 그의 사상을 '상호주의'相互主義라고 부른다. 그는 자유로운 작은 '상호조합'들이 연대할 때 국가주의와 자본주의 체제를 대신하여 아나키사회를 이루는 토대가 된다고 보았다.피에르 조제프 프루동/이용재, 2003, 135~229쪽 참조. 이와 같이 아나키스트들은 특정계급권력과 자본과 이를 옹호하는 제도/기구에 의하여 인간 개개인의 자유가 제한/통제되는 것을 거부하였다. 이후 상호주의 아나키즘 열매는 러시아의 크로포트킨에 의하여 상호부조론相互扶助論이라는 상큼하고 아름다운 열매로 세상에 희망의 빛을 전하게 되었다. 크로포트킨은 찰스 다윈의 생물진화론, 허버트 스펜서Herbert Spencer의 사회진화론에 대항하여 하늘이 보내준 최고의 선물, 상호부조론을 주장한다. 크로포트킨 Kropotkin은 "자연에는 상호경쟁의 법칙도 있지만, 상호부조의 법칙도 존재한다. 자연은 생존경쟁에서 살아남기 위해서는 상호부조의 법칙이 중요하다"라는 이론을 전개하였다크로포트킨/김영범, 2005, 33쪽. 상호부조론은 이후 아나키즘의 핵심 이론이 된다. 개인의 '천부적 절대 자유'라는 원리를 바탕으로, 전 인류가 상호부조/다양한/소박한 삶을 추구하는 작은 정치기구'아주 작은' 자율적 소공동체를 만들어 서로 연대하면서 정부에 '직접 참여'를 하자는 주장이 크로포트킨의 아나키즘 사상이다. 아나키즘의 본질을 한 마디로 줄여서 말하면, 인간 개개인과 자연이 개인적 자유를 바탕으로 상호우애적相互友愛的/상호부조적相互扶助的/상호배려적相互配慮的/상호호혜적相互惠的으로 '자유연대'하는 사상을 말한다. 이러한 사상적 본질을 갖는 아나키즘은 맑스주의와 갈등하고 대립하면서 이론적 성장을 거듭한다.

아시아특히 동아시아는 19세기 서양 부르주아적 제국주의의 반동민족주의에 침략을 당하면서 식민지/반식민지로 전락한다. 그리고 반동민족주의에 대항하는 사회진화론적 식민지민족주의/저항민족주의가 발생한다. 아나키즘은 이들 저항민족주의와 함께 아시아에 사회주의사상으로 유입이 된다. 우리 역사에서 아나키즘이 유입/수용되는 시기에 대해서는 서로 엇갈리는 주장들이 있다. 우리나라에 사회주의로써 아나키즘이 유입流入되는 시기는 1880년대라는 주장이 설득력을 갖는다. 그리고 수용受容하는 시기는 대한나라가 일제의 강제에 의하여 '식민지조선'으로 전락되는 시기라는 주장이 타당성을 갖는다. 곧 동아시아에 사회주의아나키즘을 포함하는가 유입될 때, 개화기 조선에도 일제나 중국보다는 조금 늦기는 해도 비슷한 시기에 유입이 되는 것으로 보인다. 그러나 이 시기는 단순한 유입이었지, 본격적인 수용은 아니었다. 아나키즘의 전문연구가 이호룡은 당시 식민지조선 내부에서는 아니지만, 일본에 거주하는 조선인 지식인들에게 아나키즘이 전파해 있었다고 적고 있다. 그런데 국내에 아나키즘무정부주의을 나쁜 쪽으로 소개하고 있는 신문으로《漢城旬報》1883.10.3.이 창간. 1886. 1. 25, 《漢城周報》로 전환이 있었다.구승회, 2004, 172쪽. 이로 보아 국내에도 아나키즘이라는 사상이 전파되고 있었던 것으로 본다. 그러나 아나키즘이 대한사회에 전파되어 있었다고 보더라도, 본격적으로 소개되고 수용되는 것은, 1919년 3.1인민기의 전후前後로 보는게 맞다. 이 당시 아나키즘이 지식인들 사이에서 유입/수용되었다 하더라도, 인간의 삶 자체에 대한 문제보다는 당대의 당면과제인 식민지민족주의, 또는 반일反日민족해방투쟁/전쟁의 방편으로 수용되었다고 보는 게 맞다고 본다.

2. 신채호의 망명생활과 무력투쟁론

1920~30년대, 신채호의 망명생활과 연결하기 위하여, 그리고 신채호의 타고난 성품을 알아보기 위해서 신채호의 삶살이를 간략하게 살펴보자. 많은 연구자들이 신채호의 이력에 대하여 나름대로, 많은 이야기들을 하고 있기에 여기서는 신채호의 사상진화/역사철학적 인식의 진보에 맞추어 이야기를 하고자 한다. 신

채호의 조상은 기호지방 남인南人계열의 산동 신씨山東申氏 혈통으로, 당시 충남 대덕군 산내군 어남리 익동에서 태어났다. 신광식申光植 × 밀양박씨 密陽朴氏 지금은 대덕군이 대전광역시에 편입되어 이 지역 대학의 신채호 연구자들과 대전사람들은 신채호를 대전 출신이라고 한다. 신채호 집안은 단재/한놈 3세 때 신씨 집성촌인 충북 청원군 낭성琅城, 낭성의 귀래리고드미 지역은 권씨權氏 집성촌도 있음으로 이사를 가게 된다. 신채호는 어린 시절8세 때 아버지를 여원. 그의 할아버지申星雨, 申叔舟 후예가 낭성에 세운 서당에서 한학漢學을 공부하였다. 10세 무렵에는 중국 송나라 사마광司馬光, 1019-1086이 지은《資治通鑑》자치통감과 중국 유가사상의 정수를 담고 있는 사서삼경四書三經을 읽어내고14세 때, 또한 시문詩文에도 뛰어났다고 한다. 특히 중국의 진수陳壽가 지은《三國志》삼국지, 기원전 3세기와 시내암施耐庵/나관중羅貫中이 지은 《水滸志》수호지도 즐겨 읽었다고 전해진다. 여기서 신채호의 성정性情을 읽을 수 있다. 손주 신채호를 아꼈던 할아버지는 신채호를 풍양 조씨와 혼인시키고16세 2년 뒤에 충남 천안의 목천에 사는, 대한제국 학부대신學部大臣을 지낸 바 있는 신기선申箕善, 호 陽園에게 소개한다. 신기선은 한때, 동도서기론東道西器論: 전통적인 유교적 가치관과 질서를 유지하면서 서양의 기술技術과 기기器機만을 수용하여 국가의 자강自强을 이루자고 주장하는 개화파의 사상의 입장을 가진 개신유학자로, 갑신정변甲申政變 때 김옥균金玉均 계열의 개화파로, 개화당 내각에 참여한 바 있다. 이조판서: 오늘날 행정안정부 장관, 홍문관 제학弘文館提學: 경서와 서적관리를 하는 부서의 종2품 관직 그러나 갑신정변의 실패로한때 유배전라도 여도되었다가 다시 갑오개혁 때, 김홍집金弘集 내각의 공부대신工務衙門과 군부대신軍部大臣, 그리고 중추원中樞院: 왕의 비서실격으로 오늘날 대통령 비서실 부의장을 역임한 바 있다. 이런 탓으로 신기선은 그의 서재에 당시 근대 서적들을 많이 가지고 있었던 것으로 보인다. 그는 의병들이 일어났을 때 의병해산을 권유하는 남로선유사南路宣諭使가 되어 선유활동제천 의병장 李範稷에게을 한 적도 있다.

또 보안회保安會:일제의 조선황무지 개간권 요구에 항의하는 배일排日단체 회장을 지내기도 한다. 그런 그가, 을사늑약乙巳勒約: 제2차한일협약: 을사5조약으로 조선이 일제의 반半식민지화로 전락하자, 일제에 아유阿諛: 손을 비비며 아첨함하면서 대동학회大同學會: 이완용, 조중응이 일제로부터 기름=자금을 받아 유학자들을 친일화시키려는 친일단체의 회장이 되기도 한다. 뒤에 대한제국이 일제의 식민지조선으로 완전히 전락하게 되자, 신기선은 아예 대동학회를 통한 일제부역에 종사하게 된다. 이러한 경력을 가진 신기선의 집서재을 드나들면서 개화 관련 서적을 읽는 가운데 신채호는 개화지식인이 된다. 그리고 신채호의 나이 19세 때 신기선의 추천을 받아 성균관成均館: 조선시대 최고학부에 입학/수학경학과經學科, 3년간 수학하면서 선비/유생이 된다. 성균관에서 수학을 하는 동안 조소앙趙素昻, 趙鏞殷, 변영만卞榮晚, 유인식柳寅植 등 많은 선인善人/의인義人들과도 교분을 쌓게 된다. 그리고 성균관에서 독서회를 조직하고 신학문인 사회과학/서양문물에 대하여 연구하였다. 이때 사회진화론도 접하게 되는 것으로 본다.이덕남, 1996, 41쪽 이런 연유로 당시 개화운동에도 적극적으로 참여하게 된다.1898, 독립협회/만민공동회운동에 참여, 한때 투옥되기도 함.

조선개화기, 신채호의 후반기 사상적 성향을 알기 위해, 초반기 그의 사회진화론적 자강사상에 기반한 애국계몽운동에 대한 활동을 간단히 살펴보자. 1) 성균관 학생으로 있으면서 한문漢文 무용론 주장22세, 1901, 2) 중추원中樞院에 헌의서獻議書: 성균관 유생 30명과 함께, 제국에 걸맞게 나라법규를 고쳐, 황제의 존엄성을 세워야 한다는 건의서의 제출 3) 러일전쟁露日戰爭, 1904~5 당시, 일제가 대한나라의 토지약탈을 음모하는 황무지개간권 요구가 있게 되자, 조소앙趙素昻: 趙鏞殷과 함께 〈抗日聲討文〉항일성토문의 작성/반포, 4) 단발斷髮 종용운동과 함께 스스로 단발 결행을 하는 등 활동을 하였다. 특히 항일성토문은 나라를 팔아먹을 궁리를 하고 있던 이하영李夏榮

일당의 매국적 흉계를 규탄하고, 일제침략의 불가함과 황무지개간 허차약안許借

約案: 일본의 황무지개간권을 허용하는 계약서에 동의한 친일매국 대신大臣, 오늘날 장관을 이름,

이하영, 현영운 등에 대한 규탄1904.6을 한 성토문이다. 이러한 그의 행동으로 볼 때,

이 시기 신채호는 '개화지식인'으로 성장하여 '가장 진보적 사상'을 갖게 된 것으

로 보인다.이만열, 2010, 5쪽 이후, 신채호는 고향인 낭성으로 내려가 신규식申圭植,

1879~1922이 설립한 문동학원文東學院에서 잠시 개화/자강사상을 교육하였다. 문

동학원이 신지식을 배우고자 하는 많은 청년들이 모여들어 배움터가 비좁아지

자, 당시 3신동神童으로 불리던 신규식申圭植은 신백우申伯雨 신채호 등과 함께 청

원의 신충식申忠植집에 산동 신씨의 본관명을 따서《山東學院》산동학원을 개설하여

운영을 한다. 이러한 계몽주의적 교육활동을 하면서 조선왕실에서 치르는 합시

合試: 특별한 경우 치르는 과거시험에도 합격한다. 그리고 26세에 성균관박사에 임명이

된다. 때는 러일전쟁露日戰爭 때여서 조선뿐만 아니라, 세계정세가 어수선했다.

신채호는 이러한 정세에 공부를 더 이상할 수 없다고 판단하여 곧바로 사퇴하고

4.6 삭발을 한 다음, 고향으로 내려가 산동학원에서 세계정세의 소개, 신학문 교

수敎授 등 교육을 통한 애국계몽활동을 전개한다.

신채호가 고향 낭성의 산동학원에서 교육을 통한 계몽활동을 하고 있을 때

다. 마침, 이곳에 며느리산동신씨를 보기 위해 들른 장지연張志淵, 뒤에 1914~1918년까지

조선총독부의 기관지《매일신보》에 고정 필진이 되어 친일적親日的 시와 산문을 발표함.이 앞의 항소

문 '항일성토문'을 쓴 신채호를 알아보고, 그를《皇城新聞》황성신문의 논객論客: 사

회현상에 대해 자기의 생각과 의견을 언론에 기사로 내보내는 논설기자으로 추천한다. 이것이 신

채호가 언론지의 논설論說/시론時論/사론史論을 통한 본격적인 애국계몽활동을 하

게 되는 계기가 된다. 곧이어 주필主筆이 된다. 신채호는 황성신문 주필로 활동

을 하면서, 저항민족주의를 바탕으로 한 애국계몽 관련 사설을 써나갔다. 그런데 신채호가 황성신문 주필로 활동을 한 지 얼마 안 되어 대한나라의 역사에 씻지 못할 불행한 일이 일어났다. 일제의 음모와 함정에 의하여 을사늑약이 강제되었다. 그러자 황성신문에서 같은 주필로 있던, 장지연이 그 울분을 참지 못해 황성신문에 "이날이야말로 목 놓아 통곡할 날이 아니던가"〈是日也放聲大哭〉시일야방성대곡과 일본의 강압적인 을사늑약 체결과정을 담은 〈5건조약청체전말〉五件條約請締顚末: 일제와 강제로 맺은 5가지 조약의 체결 경위라는 논설《皇城新聞》2,101호을 싣게 된다. 이것이 문제가 되어 일제에 의하여 장지연 등 10여 명이 구속되고 황성신문은 무기한 정간80여일을 당하게 된다. 이후 신문은 다시 속간1906. 1.24이 되었지만, 일제에 의하여 '뛰어난 문장가'로 불리던 신채호는 퇴사를 하게 된다. 그리고 수개월 실직과 함께 간난艱難 속에 지내게 된다.신백우, 1973, 313쪽 그러던 중, 박은식의 소개와 양기탁梁起鐸, 1871~1938의 주선으로《大韓每日申報》대한매일신보로 자리를 옮겨 양기탁, 박은식과 함께 정의正義의 필체로 민족혼을 불러일으켜 나간다.1905~1907동안 논설주간; 1907~1910 동안 주필 이때 신채호는 뛰어난 문장력과 당당한 필체로 시론時論: 남녀불평등, 대한제국의 교육정책 등을 비판하면서 애국교육을 강조과 사론史論: 독사신론등을 써서 항일언론 활동과 동시에 민중들에게 애국계몽적 민족의식을 고취 시켜 나갔다. 을사늑약이 강제된 가운데 의인義人들에 의하여, 헌정연구회憲政研會, 李儁 등이 결성를 확대/개편한《大韓自强會》대한자강회의 설립으로, '애국계몽적 자강自强사상'이 대한제국기 저항민족주의운동의 기조基調가 되었다. 이 무렵, 비밀결사조직인 신민회新民會도 창설된다. 신채호도 신민회 회원이 된다.윤경로의《105인사건과 신민회 연구》2004에는 신민회 회원명단에 신채호가 빠져 있다 그리고 신민회의 자강주의와 저항민족주의를 그의 역사철학적 인식으로 삼는다.

신채호의 삶살이는 1900년대 국내에서 사회진화론적 애국계몽운동기를 마치고 1910년대, 망명생활기로 접어든다.1910.4.8, 망명, 31세 그는 첫 부인풍양 조씨과 이혼하고 책 보따리를 싸 들고 첫 망명지 러시아로 들어간다. 신채호는 처음에 중국 베이징으로 가려다, 안중근安重根, 1879~1910이 이토 히로부미를 처형한 일로 신민회 간부들안창호, 이갑, 유동열, 이종호, 김희선 등이 일제 통감부에 체포되어 조사를 받게 되는 일이 생긴다. 이후, 이들이 무혐의로 석방되었으나1910.2 국내에서 국권회복을 위한 활동이 어렵다는 판단을 하고 해외망명을 결정하게 된다. 이에 신채호도 이들과 함께 국외로 망명하기로 한다. 이들 신민회 간부들은 중국 칭다오에서 해외 국권회복운동을 하는 인사들과 함께 국권회복/진보적 민족항쟁을 위한 방략方略: 일의 계획과 작전방향을 논의하기로 하였다. 그 회의에 참여하기 위해 신민회 지도부 일행 중 안창호安昌浩 등은 김포 행주산성의 행주나루터에서 강화도 교동지금 인천의으로 가서 배편으로, 칭다오[靑島]로 가기로 했다. 그러나 신채호 등은 기차 편을 이용하기로 했다. 그리하여 평안북도 정주定州에서 내린 신채호는, 안창호 일행이 칭다오에 도착하는 시간을 감안하여 이승훈李昇薰이 교장으로 있는 오산학교를 들리기로 한다. 신채호는 여기서 대대적인 환영을 받고 약20일간 머물며 이승훈의 가르침도 받게 된다. 오산학교에서 수양동우회사건修養同友會事件: 안창호가 중심이 되어 결성한 교육/계몽 등 반일사회운동단체로, 일제는 1937년 중일전쟁을 일으키면서 예비검속 차원에서 조선의 지식인들을 단속하기 위해 조작한 사건 이후, 6개월만에 병보석으로 출소하여, '사상전향회의'를 소집해 변절전향서를 발표하고 남산의 조선신궁 참배, 황궁 요배, 일본 국가 제창, 황군전몰장병을 위한 묵념도 거리낌 없이 하면서 친일작가가 되는 이광수李光洙도 만났지만, 신채호는 이광수에 대하여 별로 신경을 쓰지 않았다.이광수의 인간 됨됨이를 이때 알아보았다고 한다 그런 탓인지, 이광수는 나중에 〈脫出途中의 丹齋印象〉탈출도중의 단재인상에서 단재를 비꼬는 글을 쓰게 된다. 글 제목에서도 단재가 죄를 짓고 일제 경찰에 쫓겨 탈출한다는 인상을 주는 제목을 달고, "단재는 결코 뉘 말을 들어서 제 소신을 고치는 인물이 아니었다. 남의 사정을 보아서 남의 감정을 꺼려서 저 하고 싶은 것을 아니 하는 인물이 아니었다"라는 말을 한다. 이것은 단재의 지조志操=義=정직성=선비정신를 고집불통利=억지으로 묘사하고 있는 장면이다. 신채호는 20여 일 머물던 정주 오산학교를 떠나 칭다오로 향하였다. 정주에서 기차 편으로 중국 랴오닝성遼寧省에 있는 지금의 단둥시丹東市: 옛지명, 안동현安東縣으로 간다. 여기서 다시 배편으로 중국 산둥반도의 엔타이烟台를 거쳐 칭다오로 가서, 안창호 일행과 합류하여 칭다오회담에 참여하였다. 회의 참석자는 신민회 일행들과 중국, 러시아 등 여러 지역에서 조국을 떠나 망명생활을 하면서 국권회복운동을 하는 의인/지사義人/志士들이 참석하였다. 이들은 국권회복운동 방략에 대하여 1주일 동안 논의를 계속하였다. 그러나 즉각적 국권회복투쟁을 하자는 급진파성재 이동휘李東輝,1873~1935 주축와 국내진공작전國內進攻作戰을 하기 위한 무장세력 양성기지를 먼저 세우자는 온건세력안창호 주축의 대립으로 의견일치를 이루지 못하였다. 의견대립을 해소하기 위한 방안으로 이들 망명인사들은 먼저 칭다오에서 신문을 발간하기로 하고, 칭다오 독일총독에 발간 허가를 요청하였으나 독일총독의 반대로 무산된다. 뒤에 칭다오회담은 다음과 같은 내용을 결정하기에 이른다. 1) 만주북간도로 불린 지린성 미산[吉林省 密山]에 농토를 매수하여 토지개간사업을 행한다, 2) 미산에 무관학교를 설립하고 독립운동의 중심지를 만든다. 3) 이의 추진을 위해 군사교관, 일반과학 교수 및 농사전문가를 초빙한다. 등에 합의하였다.주요한, 1964, 51쪽 그리고 교관으로, 신채호, 유동열, 이갑, 김지간 등을 선정하였다. 이에 따라 신채호도 이들과 함께 영국 국적의 배를 타고 지금은 러시아 땅露領: 극동시베리아의 연해주, 흑룡주 일대를 말함으로 이동하였다. 이 지역은 옛 우리 역사 발해의 땅으로 연해주의 항만도시인 블라디보스토크가 있는 곳이다. 당시 연해주중심 도시 블라디보스토크는 1870년대 부터 조선 민족특히 함경도 지역의이 당시 조선 봉건권력의 수탈에 못 이겨, 이곳으로 도망해와 촌락을 형성하고 농사를 지으며 벼농사도 개발하였던 곳이다.1863년 13 가구로 시작하였다. 신용하, 2001, 313쪽 조선 민족이 형성한 이 촌락을 '신한인촌'이라고 부른다.開拓里, 高麗거리 新韓村 이후 연해주는 국내에서 일제통치에 반발하여 조국 을 떠나온 조선인들이 늘어나면서 조선인 80만 인구의 큰 도시로 발전하였다.이 훈구, 1932, 89쪽. 신민회 일행들이 이곳으로 이동해 왔을 때는, 이미 최재형崔在亨, 최봉준崔鳳俊, 문창범文昌範, 김학만金學萬 등이 항일계몽단체인 한인민회韓人民會를 설립하고 이곳 주민들에게 항일투쟁의식을 심어주고 있었다. 이러한 연해주에 해외망명 세력들도 모여들었다. 대표적으로, 먼저 의병 출신인 이범윤李範允, 홍 범도洪範圖, 유인석柳麟錫, 이진룡 등이 이동해 왔다. 그리고 이상설李相卨, 이위종李 瑋鍾, 이동녕李東寧, 정순만鄭淳萬, 정재관鄭在寬, 김성무金聖姆, 이강李剛, 이종호李鍾浩 등 신민회회원들도 모여들었다. 모여든 사람들이 많아지면서 자연스럽게 지역 출신별로 계파가 형성되었다. 기호세력서울·경기·충청 출신, 북파세력함경도 출신, 서 도파세력평안/황해 출신, 그리고 19세기부터 이주해 와 사는 1.5~ 2세대의 청년세 력청년근업회이 있었다. 이들은 나중에 신채호와 씨줄 날줄로 연결되면서 신채호 와 함께 반일민족해방투쟁을 하는 의인/지사들이다. 특히 신채호는 그의 활동과 연관하여 보았을 때 진보적 성향을 띠었던 서도파와 신민회의 급진적 사람들과 가깝게 지낸 것으로 보인다.

신채호 일행들이 북간도 미산해외동포들은 밀산密山으로 불렀음에 도착할 무렵에, 일 제에 의해 조국이 변탄倂吞: 國恥국치되었다는 청천벽력과도 같은 비보를 듣게 된 신채호는 비통한 나날을 보낸다. 미산은 현재 중화인민공화국 헤이룽장성黑龍江

省]지시시鷄西市의 행정구역에 해당된다. 미산에 한인촌한흥동韓興洞, 1909이 건설된 것은, 조선 후기에 삼정三政: 전정田政, 군정軍政, 환곡還穀 등 세금 수취제도의 문란으로 가렴주구가 심했던 조선을 피하여 연해주로 탈출해와 살고 있던 조선농민들이 미산으로 건너와 벼농사를 개발하면서이다. 이훈구는 1870년대로 보고 있다. 94쪽. 이후 한흥동은 독립운동/민족해방운동기지로 발전하게 된다. 이에 신민회도 연해주와 미산지역으로 국내 동포들을 대거 이주시키는 일을 하였다. 우리가 흔히 북간도=북만주라고 부르는 지역이 바로 미산密山일대 지역을 말한다. 신채호도 연해주 신한촌에 머물다 미산 한흥동으로 건너갔다 왔다, 하면서 조국해방을 위한 준비를 하던 때가 1910년대이다. 여기서 신채호는 항일언론투쟁에만 머무는 지식인으로 살기보다는 지식을 실천하는 지성인으로서 반일민족해방투쟁을 통한 일제 타도에 뛰어들기로 작정을 한다. 이럴 즈음에 신민회 사람들 사이에 칭다오회담 이전부터 있어 왔던 갈등이 재연되었다. 그것은 구舊한국군 장교 출신인 유동열柳東說과 김희선金義善 등은 장기적인 독립운동기지 건설과 무관학교 설립 후 독립군을 양성하자는 것은 시간낭비라고 주장하였다. 그래서 당장 중국지역의 간도와 러시아지역의 연해주로 모여든 조선인을 모아 독립군을 조직하여 국내로 진격하자는 의견이었다. 그러나 의견일치를 보지 못하였다. 그러자, 이들 두 사람은 자신들의 주장대로 중국 산둥성 옌타이山東省 烟臺에서 독립군을 모으는 일을 암암리에 추진하다가 일경에 체포되어 독립군 모집운동은 무산되고 만다. 김희선은 일제의 회유에 말려들어 친일분자로 변신 이러한 상황에서 신채호는 미산과 연해주를 오가며 3년여 머물게 된다.

한편, 칭다오회담에서 결정된 북간도 미산에다 군사학교를 설립한다는 계획은 자금줄이었던 이종호의 변심으로 결정을 보지 못하고 있었다. 그러나 신민회

간부 출신 이동녕李東寧, 주진수朱鎭洙, 이회영李會榮 등은 백두산지구에 있는 서간
도지닌성吉林省 류허현 싼위안푸柳河縣 三源堡 신한민촌新韓民村에 무관학교를 건설하
기에 이른다. 일제 총독부에 의한 '데라우찌총독암살음모사건'이 조작되면서 무
관학교 건립이 잠시 주춤했지만, 끝내는 싼위안푸에 신흥무관학교新興武官學校를
세우는 데 성공하였다. 이 무관학교는 만주 군벌의 탄압을 피하기 위해 처음에
는 신흥강습소로 불렀다가 뒤에 신흥무관학교로 이름을 바꾸었다. '신민회가 나
라를 새로新 일으킨다興'는 흥국興國의 뜻에서 신흥新興이라 이름을 붙였다. 신흥무
관학교에서는 4년제 본과 외에 6개월/3개월의 속성과를 두어 찾아오는 모든 애
국 청년들과 의병들에게 철저한 현대식 군사교육과 군사훈련을 시켰다. 이럴 즈
음에 신채호는 미산에서 연해주 블라디보스토크로 되돌아가 연해주 한인 2세대
인 최재형, 그리고 신민회간부이상설李相卨, 정재관鄭在寬, 이동휘 등과《勸業會》권업회
를 조직한다. 일제의 서西시베리아주재 첩보자료에 의하면, 권업회 창립 당시 신
채호는 평의원으로 서적부장書籍部長에 선출되고 있다.전집 8, 201쪽 그리고 권업회
는 기관지《勸業新聞》권업신문를 발간한다. 신채호는 이 신문의 주필을 맡게 된
다. 권업회는 겉으로 순수 경제단체로 위장하였지만, 한인촌 사회의 권익옹호
와 일제타도打倒를 목적으로 하는 민족운동 단체로, 권업신문 또한, 일제타도와
한인촌의 한인들에게 민족의식 고취와 권익옹호를 위한 기사를 주로 내보냈다.
이와 별도로 연해주에는 권업회가 창립하기 얼마 전에 안창호 주도로 연해주의
1.5~2.0세대를 중심으로 청년근업회靑年勤業會가 설립하여 활동하고 있었다.1911.
초, 창립 연해주에서는 이곳 한인들에게 항일의식을 고취하고 이들의 권익을 위해
발간되고 있던《海朝新聞》해조신문,《大東公報》대동공보가 있었다. 그러나 경술국
치를 전후하여 일제의 간악한 요청을 받아들인 러시아의 폐간압력으로 종간終刊
되고 만다. 그러자 청년권업회는 이 두 신문사의 활판을 인수받아《大洋報》대양

보를 발행하고 있었다. 대양보는 신채호를 주필로 초빙하였다. 신채호는 대양보 주필로 들어가기 전, 안창호로부터 미국으로 건너와서 미국본토와 하와이에서 발간되고 있던 신문《新韓民報》: 하와이는《國民報》의 주필을 맡아주기를 바란 적이 있다. 백원보가 안창호에 보낸 편지, 전집 8, 149쪽 그러나 신채호는 이에 응하지 않고, 대양보 주필을 맡는다. 장도빈이 안창호에 보낸 편지, 전집 8, 168쪽 대양보의 주필로써 신채호가 내보낸 논조論調는 일제의 식민통치에 대한 공격성 기사였다. 이외, 조선/일본/ 청나라, 기타 조선인에 이해관계를 가지는 구주歐洲 제국諸國의 시사문제 등 타도 일제打倒日帝에 관계되는 종합적인 내용으로 기사가 채워졌다. 일제의 '서시베리아주 재 일본총영사관'이 한국 총독부와 일본본토에 보고한 첩보보고서 등《朝鮮人 狀況 報告》, 전집8, 205쪽 및 197~316쪽 참조 그런데 러시아당국이 느닷없이 페스트 전염 방지 명분을 걸어 연해 주 한인거류지인 개척리를 봉쇄하였다. 이리하여 대양보는 새로운 신한촌으로 이전하고 새로 간행을 하게 된다. 1911.9.9,〈권업회 연혁〉, 전집 8, 177쪽 대양보는 시간이 갈수록 타도 일제를 고취시키는 기사를 내보내는 빈도가 많아졌다. 그러자 블라디보스토크 일본 총영사관에서 비열한 태도를 취해 왔다. 대양보 신문사의 활자 15,000자 93kg를 야밤에 훔쳐갔다. 절도 짓에 앞장을 선 야비한 자는 충실한 애국지사 이범윤, 안중근 등과 함께 의병을 이끌고 일본수비대와 싸웠던로 알려져 있던 악질 밀정 엄인섭嚴仁燮이었다. 엄인섭은 절도한 활자를 블라디보스토크 일본 총영사관 기토 가쓰미木藤克己 통역관에게 전달하였다. 이리하여 활판活版을 할 수 없었던, 대양보는 14호를 끝으로 신문발행에 필요한 활판인쇄기 등을 권업회로 이관을 하고 신문발간을 중단하게 된다. 이러한 상황에서 권업회는 대양보를 인수하면서 청년 근업화와 단체통합도 하게 된다. 대양보를 흡수한 권업신문은 재정난 및 일제와 외교관계를 맺고 있는 러시아의 탄압으로 폐간될 때까지제1차대전과 함께 폐간 연해주와 젠다오間島의 해외동포들에게 일제타도의식을 고취시켜 나갔다. 한편 신채호는 대양보의 〈청년 노동자에게 바란다〉1911.8 대양보 13호, 전집8, 321~322쪽라는 논설에서는 노동의 신성한 가치를 논하고 있다. 그리고 신채호는 권업신문의 〈是日 이날〉1912. 8.29. 이라는 글에서는 "일본에서 사회주의가 발생한 원인은 귀족계급이 평민계급의 착취에 있었다."고 인식하였다. 이호룡, 2013, 154쪽. 이와 같이 신채호가 노동의 가치와 사회주의 발생원인을 논했다는 사실은 그가 1919년 '3.1민중기의'가 일어나기 전부터 사회주의에 대한 지식을 이미 습지習知하고 있었다는 말이 된다.

신채호는 연해주에서 망명여정을 마치고, 중국본토베이징로 돌아가려 했다. 이는 연해주의 해외망명세력 간, 그리고 연해주 이주민 2세들러시아로 귀화한 한인과 조선인임을 고집한 한인간의 알력과 암투로 이 지역에서 항일투쟁이 어렵다고 보았기 때문으로도 보이지만, 그것보다는 언론활동으로는 주권회복과 민족해방을 위한 직접적 답을 찾을 수 없다고 본, 신채호의 심정에 변화가 왔던 것으로 보인다. 이후 그는 민중/민인의 무력투쟁에 의한 민족해방투쟁으로 가야 한다는 생각을 이때부터 가지게 되는 것으로 본다. 이런 마음을 갖게 된 신채호는 딱히 권업신문을 떠나지 못하다가 결단을 내린다.1912. 10월 이전 신채호는 권업신문을 그만두면서 매우 어렵게 살았던 모양이다. 이런 소식을 상하이에서 들은 신규식申圭植, 1879~1922은 여비까지 보태주면서 상하이로 불러낸다. 그래서 신채호는 중국 상하이로 이동을 한다.전집8 32쪽 이제 신채호의 망명여정은 상하이에서 이어진다. 이후 신채호는 상하이와 베이징을 중심으로 '타도일제투쟁'에 몰두를 하게 된다. 신채호는 상하이에 머물면서 신규식에게 1년여 영어를 배운다. 그리고 베이징에 가서는 중국 아나키스트들이 일본 도쿄에서 만든 아나키즘 잡지《天義報》천의보,1907.6, 동경에서 창간된에 실린 류스페이劉師培의 논설도 읽게 된다. 신채호는 류스페이의 글 속에 담긴 크로프트킨의 상호부조론을 숙지하고 이를 바탕으로 상하이 민족운동가들문일평, 조소앙, 홍명희 등과 토론을 할 때도 종종 아나키즘에 대하여 이야기를 나눈 것으로 보인다. 또 이 잡지를 통하여, 1905년경 황성신문에 있을 때, 장광설을 통하여 이미 알고는 있었지만, 당시 일제국가의 아나키즘 원조라 할 수 있는 아나키스트 고토쿠 슈스이[幸德秋水]에 대하여 자세히 알게 된다. 그리고 일제 땅에는 사람다운 사람이 고토쿠밖에 없다고 말할 정도였다. 고토쿠 슈스이는 안중근의 이토 살해를 찬양하고 조선의 독립은 당연하다고 조선독립운동에 경의를 표한다는 논문을 쓰고, 또 일제의 천황제도를 반대하는 서한을 일제 왕에게 보냈다는 이유로 '대역죄인이 되어1910.5 사형을 당한 아나키스트였다.1911.1.24. 신채호는 고토쿠가 옥중에서 쓴, 《基督教抹殺論》기독교말살론의 내용을 읽고 이에 크게 동감한다. 여기서 신채호의 이후 나오는 글들을 이해하기 위하여, 잠시 기독교말살론의 내용을 대략적으로 살펴보자. "1) 그리스도교도들은 성서聖書가 신神의 언어라고 말하지만, 오히려 신神의 적敵인 다원이즘의 생존경쟁의 이론에 지배되어 수많은 진화의 과정을 거쳐 이루어졌다. 2) 성서는 신神의 언어가 아니다. 인간에 의해 쓰여졌고 조작되었다. 3) 그리스도교는 고대의 태양숭배, 생식기 숭배에 그 기원을 두고 있다. 4) 그리스도교인들이 그리스도교에 의존해 서 있는 곳의 기초는 무지無知 때문이다."권문경, 2012, 129~130쪽. 글쓴이가 註의 원문을 재번역함.라는 내용을 담고 있다. 이후, 신채호는 '기독교말살론'에서 영향을 받은 내용의 글용과 용의 대격전, 1928들은 쓰게 된다. 이리하여 신채호는 고토쿠에게서 영향을 받고, 이어 천의보와 베이징대학의 아나키스트 교수들과 인연을 맺으면서, 1905년경 배아 상태의 아나키즘 사상이 배양되고 있었던 것으로 보인다.

또 상하이에서 망명 민족운동가들에 의하여 최초로 설립된 타도일제를 부르짖는 단체인 동제사同濟社: 在上海韓人共濟會, 1912. 7.4, 이사장: 신규식, 총재: 박은식, 共濟社/同舟社라고도 불림에 가입하였다. 동제사는 이어 상하이 프랑스 조계지에 일제 타도 운동을 담당할 중견인中堅人: 중심역할을 담당할 투사를 양성할 목적으로 교육기관, 박달학원博達學院으로 개편한다. 신채호는 박은식, 홍명희洪命熹, 문일평文一平, 조소앙 등과 함께 교수로 활약하면서 재중국조선인들에게 민족의식과 항일의식을 고취시킨다.민필호, 1978, 78쪽 어느덧 객지에서 망명생활 5년째에 들어서는 해다. 신채호는 단군교경술국치 후 대종교로 개칭 교주 윤세복尹世復의 초청으로 지금 중국 둥베이 삼성東北三省의 하나인 랴오닝성 만족자치구인 환런현遼寧省 桓仁縣 우리산五女山오녀산에 있는 고구려 주몽朱蒙의 첫 도읍지인 졸본성卒本城=우리산성을 찾았다. 여기서興道川 1년여 머물면서 대종교에 입교를 하고, 대작이자 명작인《朝鮮史》조선사: 뒤에《朝鮮上古史》조선상고사로 이름이 붙여짐를 쓰기 시작한다. 그리고《東昌學校》동창학교에서 조선사를 가르쳤다. 그러나 일제와 중국관헌의 압력으로 얼마 안 있어 강제 폐교를 당하는 바람에 역사교사를 그만두고 중국 둥베이東北 지역 지린성吉林省의 환런桓因 주변과 지안集安, 퉁화[通化] 지역의 고구려유적지들을 답사하면서 광개토대왕비, 장군총, 고구려 퉁거우고분군通溝古墳群, 국내성 등 고구려 유적지에서 고구려의 기상을 체험하고 민족의 탯줄 백두산白頭山에 올라 감격의 심정과 함께 뜨거운 눈물을 흘렸다. 신채호는 만주지역 고구려유적들에 대한 실지 답사를 마치면서 큰 충격과 함께 역사적 안목을 넓혔던 것으로 보인다.이만열 1990, 34쪽. 백두산을 오르고 나서 신채호는 이회영의 권고로 베이징北京으로 이동을 하게 된다. 이곳에서 3.1민중기의가 일어날 때까지 4년간 머물게 된다. 그러면서 만주에 있을 때 고구려역사 유적지를 답사/체험한 지식과 경험, 역사적 혜안을 가지고 우리 역사朝鮮史 서술에 전념을 하게 된다. 그러면서 틈틈이, 민족해방투쟁의식과 민족의식혼=낭가사상을 고취시키는 단편의 우화적/환상적 역사소설《꿈하늘》1916.3, 미완성작품을 집필하게 된다. 꿈하늘에서는 역사를 '아我와 비아非我의 투쟁기록'으로 보는 신채호의 '민족주의사관'이 반영되어 있다. '아'우리와 '비아'남의 투쟁으로 보는 변증법적 역사철학적 인식은, 사회주의적 사상을 수용하면서 1912년경도 사회진화론적 민족주의에서 벗어나지 못하고 있다는 인상을 받는다. 그러나 한편으로는, 애국계몽적 실력양성론을 비판하면서, 일제 타도에 필요한 것은 암살과 같은 테러가 희망적임을 내 비추고 있다. 곧, 신채호의 비타협적 무력투쟁의 신념을 드러낸 미완성의 역사소설이라고 말할 수 있겠다. 여기서 신채호의 역사철학적 인식을 찾아볼 수 있다. 그것은 러시아의 볼셰비키혁명, 3.1인민기의를 만나기도 전에 폭력을 수반하지 않은 어떠한 사상도 생명력이 없다는 내용이 담겨있는 것으로 보아, 신채호가 아나키즘을 본격적으로 수용하기 전부터 본능적으로 아나키적 기질이 있었지 않았나 하는 생각이 든다. 그러나 폭력적 투쟁방법무력투쟁론을 주장하였다고 해서 신채호가 벌써 1916년경에 아나키즘을 자신의 사상적 무기로 삼았다고 보기에는 이르다. 아직은 배양단계였다.

신채호의 망명생활 7년째에 들어선다. 1917년이다. 국내에서 조카香蘭향란의 혼인문제가 있자. 신채호는 자기 조국을 밀입국해야 했다. 그것은, 일제 측 극비의 정보문서에 의하면, 단재는 연해주 망명 때부터 늘 일제의 공안당국에 의하여 대표적인 불령선인不逞鮮人:불쾌한 조선인, 요시찰인要視察人: 늘 사찰대상 인물으로 지목되어 감시와 체포, 숙청의 위험 속에서 활동하고 있었기 때문이다.윤병석, 〈해제 단제신채호전집〉, 전집 8, 8쪽. 일찍 타계한 신채호 형의 딸 향란은 신채호가 국내에 있을 때 망명을 하기 전까지 거두어 키워 왔던 탓으로 친자식과 마찬가지였다. 그런 탓에 어렵사리 밀입국하여 조카의 혼사 문제를 해결하고자 했다. 그런데, 단재의 망명 이후, 향란을 맡아 기른 평안남도 진남포鎭南浦: 지금은 南浦特別市의 임林

아무개라는 사람이 친일파 신랑집에 팔아넘기는매끽賣喫 행위에 분노하여 조카의 혼인을 취소시키려 했다. 그러나 조카 향란은 단재의 뜻을 거절하였다. 그러자, 신채호는 조카와 의절義絕, 의절의 표시로 손가락 절지하고 평안남도 진남포에서 서울을 거쳐 다시 일제가 짓밟고 있는 조국의 땅을 뒤로 하고 상하이로 돌아온다拱命熹, 1960. 전집 9권 82쪽 상하이로 돌아온 신채호는 계속하여 일제 타도를 위하여 동분서주한다. 그리하여 해외에서 반일민족해방투쟁을 하는 세력의 결집과 임시정부 수립을 촉구하는 〈大同團結宣言文書〉대동단결선언문, 국한문혼용에 서명을 한다.1917.7 여기에는 신규식, 박은식, 조소앙, 박용만, 윤세복 등 17인이 서명하였다. 대동단결선언문을 보면, 1) "대한제국마지막 황제 이척李Ш=묘호 순종純宗이 주권을 포기하고 대한의 나라사람들이 나라의 주권을 계승했으므로, 이에 쫓아 민주공화정을 수립해야 하며, 경술국치는 대한국민의 三寶영토, 국민, 주권 계승원리에 어긋나는 무효행위이다.국민주권론 2) 국내에서 민족운동, 독립운동을 하다 구속된 인사를 대신하여 해외에 있는 동지들이 그 책임을 감당해야 한다.동포연대론 3) 국민주권에 의한 임시정부신한新韓에 대해 구상한다.공화정부론 4) 국제환경에 비추어 내외 반일단체의 통합통일적 단체→통일적 국가의 수립임시정부→ 완전한 법치국가 수립 등 3단계 공화정부 구성안 제시. 5) 통일적 단체를 수립하기 위한 민족대회의民族大會議를 제안. 6) 독립에 유리한 국제환경론러시아의 3월혁명, 폴란드/아일랜드/모로코 등 나라의 독립선언 거론독립선언론, 그리고 마지막으로 찬동통지서가 첨부되어 있다. 이러한 주장들은 나라의 '주권불멸론'에 바탕한 것으로, 1900년대 저항민족주의 사고에서, 보다 승화된 일제 타도운동의 방식이 나왔음을 보여주고 있다. 이러한 대동단결선언문에 신채호가 서명을 했다는 것은 그의 역사철학적 인식 또한, 사회진화론에서 탈피하였음을 보여준다. 이후, 신채호는 상하이에서 다시 베이징으로 이동을 하기 전, 신규식은 동제사를 "조선사회당"으로 이름을 바꾼다1917.8 그리고 러시아에서는 세계 최초 사회주의혁명1917. 10월혁명이 일어난다. 이러한 분위기 속에서 베이징으로 온1918 신채호는 베이징대학의 도서관을 출입하면서 그 대학의 생물학과 교수이자 아나키스트인 리스쩡李石曾을 만나게된다. 그리고 그의 주선으로 베이징 근교의 보타암普陀庵에 자리를 잡고 조선사 집필을 계속한다. 또 생계수단으로 원고를 써서 중국의《中華報》중화바오, 나중에 의奻자 누락 때문에 투고를 중지함,《北京日報》베이징르바오에 논설을 기고하여 근근이 먹거리를 해결하였다. 베이징대학을 출입하면서 베이징대 도서관에 소장된 방대한《四庫全書》사고전서, 1781도 열람하기도 한다. 당시 베이징대학은 사회주의 사상의 중심지였다. 더구나 총장 차이 위안페이蔡元培 당시 교장으로 부름은 아나키즘 조직인 파리그룹 주主 회원으로 중국 아나키즘의 창시자이자, 중국 5.4운동의 정신적 지주가 된다. 이들 중국 아나키스트의 잡지인 천의보를 통해 아나키스트에 대한 기본인식을 습득하게 된 신채호는 1918년부터, 아나키즘에 대한 사상적 이론을 본격적으로 습득하는 것으로 생각된다.

대동단결선언의 발표, 러시아 볼세비키혁명1917.10의 성공, 제1차대전의 종결과 공리주의公理主義 승리 등이 이 시기에 다발적으로 일어나게 된다. 그리고 제1차대전의 뒤처리를 위하여 '파리강화회의'가 개최되고 '민족자결주의'가 채택된다. 이러한 세계정세에 고무되어 서서히 우리 땅에서도 침략자 일제를 조속히 타도해야 한다는 움직임이 하늘로부터 그 기운을 내려받고 있었다.《新韓靑年團》신한청년단의 민본주의와 평화주의 선언1919.4.2., 평화회의에 제출한 독립청원서에서, 그리고 무오《獨立宣言書》독립선언서의 발표, 일제의 수도 도쿄 한복판에서의 〈2.8독립선언〉 발표 등이 그 증거다. 신채호도 참여하는 신규식 주도의 신한청년단은 망명지에서 대한민국임시정부 수립의 토대를 만드는 계기가 된다. 곧 신한청년단의 활동으로, 만주 지린吉林에서 만주와 연해주 및 중국, 미국 등 해외에서 활동 중인 민족운동가대한의군부 주도들 39명신채호 포함의 명의로 우리나라 최초의 독립선언서가 발표된다.음력, 무오년 1918.11.13 이를 〈무오독립선언〉조소앙이 집필이라 부른다. 그 내용을 보면, 한일병합의 무효를 선포하고, 우리 민족운동/주권회복의 근간이라 할 수 있는 "섬은 섬으로 돌아가고, 반도는 반도로 돌아오게 할 것"이라는 전략 위에 그 전술로 무력투쟁을 주된 항전논리로 설정한다. 구체적인 내용을 보면, 1) 한일병합조약 무효선언 2) 보편적 진리인류의 平等, 平和, 公義, 自由의 규정, 3) 강권주의군국주의, 무력겸병, 전쟁 타파, 4) 공리주의만민평등의 대동평화사회 수립, 5) 자주독립국가 수립의 필요성과 사명성 강조 6) 일제 타도 후 건국의 청사진 제시평등한 권리, 균등한 소유, 동등한 교육 7) 독립쟁취의 수단육탄혈전=무력투쟁 등의 내용이 담겨 있다. 바로 이어 〈2.8독립선언〉장소: 현재 교토의 YMCA 호텔 입구의 함성이 울린다. 이러한 일련의 독립선언의 함성은 국내까지 울려 퍼지면서 우리 역사상 피압박 민인/민중이 주체가 된 〈3.1인민기의〉를 일으킨다. 이를 기미독립선언己未獨立宣言이라 한다.1919. 신채호는 이를 3.1운동이라고 표기한다 그새 신채호는 나이 40이 되었다. 당시 나이로는 원로지식인에 속하는 나이이다. 각계 각층에서 독립선언의 함성이 터져 나온다. 이어 3.1인민기의의 행동대장 역할을 하였던 의인/지사들조재은趙在健, 함석은咸錫殷=함석헌 육촌 형, 오학수吳學洙, 지중진池仲振, 박영우朴永祐 등이 국내에서 나와 압록강 유역의 현 중국 단둥丹東= 당시는 安東縣으로 와서《大韓獨立靑年團》대한독립청년단을 조직한다. 이와 같은 민족해방/일제타도를 위한 움직임이 국내와 국외 각처에서 일어나면서 해외망명지 상하이에서 임시정부가 만들어진다는 소식이 들려왔다.

드디어 상하이 망명지에서 임시정부가 수립된다. 1910년대는 신채호가 민중/

민인/인민을 인식하는 시기다. 따라서 3.1민중기의에서 희망을 본 신채호도 민중/민인신국민을 바탕으로 하는 민본주의 색채를 더욱 분명히 하면서 민중/민인에 의한 즉각적인 민족해방의 위업 가능성을 재확인한다. 3.1민중기의가 일어나자. 국내는 물론, 해외 항일독립운동/반일민족해방운동 세력들이 남/북만주, 연해주, 베이징 등지와 미국, 일본 등지에서 곧바로 대한민족의 독립을 확신하고 상하이로 달려갔다. 해외망명 인사들은 임시정부를 만들기 위해 출신도별로《臨時議政院》임시의정원 의원을 뽑았다. 의원의 자격은 대한의 국민으로, 중등교육을 받은 만 23세 이상의 남녀에 한하고, 인구 30만 명에 의원 1명으로 하여 총 57명으로 하는 의원수를 배정하였다. 이렇게 해서 임시의정원이 설치되었다. 이에 신채호도 충청도 대표로 참여하게 된다.제1회《臨時議政院紀事錄》: 조지훈, 1964, 663쪽에는 신채호 명단이 빠져 있다 당시 임시의정원에 참석하였던 사람들은 민족해방투쟁세력이동녕, 이시영, 이회영, 이동휘, 신채호 등과 민족주의 독립운동세력안창호, 신규식, 김규식, 박용만, 신석우 등外 단순 부르주아 민족주의세력이광수, 현순, 조완구, 조성환, 김동삼, 조영진, 조소앙 등이었다.윤병석, 전집 총목차, 23쪽 이들 29인은 상하이 프랑스 조계지 지금의 상하이 진선푸로金神父路에서 사무소 설치와 함께 임시정부의 출발선을 이루는 임시의정원을 조직하고 제1회 회의를 개최하였다.1919.4.10. 이날 임시의정원은 임시정부를 수립한다는 선언과 함께 나라 이름을 신석우의 제안에 따라《大韓民國》대한민국으로 정하였다.4.10, 1948년 7월 1일 대한민국 제헌국회는 이 국호를 계승한다. 여운형은 대한의 이름에 반대하였다 이를《上海臨時政府》상하이임시정부, 《大韓民國臨時政府》대한민국임시정부라고 한다. 상하이임시정부 외에 7개의 임시정부도 있었다. 이중 4개의 임시정부, 곧《朝鮮民國臨時政府》조선민국임시정부/《高麗共和國》고려공화국/《間島臨時政府》간도임시정부/新韓民國政府신한민국정부는, 언제, 어디서, 누가, 어떤 동기動機로 설립을 하였는지는 자세히 알 수가 없고, 다만 당시 뿌려진 전단지를 통하여 알

뿐이다. 그리고 이어서 서울에서《漢城臨時政府》한성임시정부: 일명 大朝鮮共和國, 1919.
4.23. 선포도 설립된다, 연해주에서는 대한국민의회大韓國民議會 주도의 소비에트식
《露領政府》노령정부, 1919.2, 대통령: 손병희도 생겨난다.조동걸, 1981, 57쪽.

임시의정원은 회의제2차를 계속하였다. 그리고 세계 최초 민주공화제民主共和
制, 제1조라는 정체政體가 명시된《大韓民國臨時憲章》대한민국임시헌장도 제정하였
다. 그리고 대한민국의 국가구성원을 인민人民이라 하였다. 이어 정부조직에 들
어갔다.조각組閣 일단 국무총리뒤에 한성정부는 집정관총제라 함 중심의 내각책임제를 골
자로 하는 정부조직기구였다. 이어 뒤에 교통총장을 지내는 신석우갑부출신, 조선
일보 사장가 이승만을 국무총리로 추천하였다. 그런데 여기서 신채호와 관련하여
문제가 발생하였다. 신채호는 이승만이 상하이임시정부 국무총리로 추천되는
것에 반대하였다. 이러한 과정에서 안창호, 이동녕, 이승만이 국무총리로 추천
되었다. 그리고 신채호는 미국 하와이 호놀룰루에서《大朝鮮獨立團》대조선독립단,
1918.3, 1933년 하와이《大韓人國民會》에 통합됨.을 창설한 바 있는 박용만朴容萬을 추천하
였다. 그러나 분위기는 이승만으로 기울고 있었다. 이에 신채호는 이승만 선출
에 극구 반대하였다. 반대 이유는 3.1인민기의 직전1919. 2 이승만이 미국 대통령
월슨에게 한국에 대한 위임통치청원서연합국들이 장차 한국독립을 보장한다는 조건 하에 일
본의 현 통치에서 한국을 해방시켜 국제연맹의 위임통치하에 두는 조치를 취할 수 있도록" 하는 내용의를
제출한 일이 있었다. 이는 곧 당시 한국민족의 자주독립의 의지를 꺾고 반일민
족해방투쟁에 재를 뿌리는 민족배반적 행위라고 생각하였다. 신채호는 이미 당
시 세계정치사조인 민족자결주의의 환상에서 깨어 있었다. 그리고 일제의 정치
음모를 꿰뚫고 있었다. 실력양성운동부르주아 민족주의자들이니, 민족개량주의이광수
등 나약한 문인들니, 자치론 등 타협주의이승만 등 위탁통치론자니 하는 것은 일제의 모략

에 말려드는 일이라고 확신하였다. 그런데, 위임통치론 등 타협론자가 정부 수반首班이 된다는 것은 가당치 않다는 생각이었다. 그리하여 이에 투표로 결정하기로 했다. 막판에 박용만이 탈락하고, 이승만, 안창호, 이동녕 3명이 후보로 올라왔다. 결과에 불복하여 신채호는 박은식, 김창숙과 함께 퇴장하였다.어느 기록에는 이승만을 반대하는 신채호를 청년들이 옆방에 가두었다고 한다: 朱耀翰, 1971, 227쪽. 신채호 등이 퇴장한 가운데 투표한 결과, 이승만이 국무총리로 선출되었다.전집 8권, 540~543쪽 참고. 그러나 이승만은 미국에 있는 바람에 부임하지 않았다. 이동녕이 임시로 국무총리를 대행하였다. 이승만이 국무총리에 부임하지 않는 채, 임시정부는 활동을 개시하였다. 아마도 이때부터 벌써 신채호는 나라의 독립과 민족의 해방을 위해서는 일제日帝는 말할 것도 없고, 어느 외국과도 타협을 해서는 안 된다는, 타협론에 대하여 상당한 거부감을 갖고 있었던 것으로 보인다. 곧 앞에서 이야기한 것처럼, 1918년 베이징에서 중국의 아나키스트들과 일본 아나키스트의 영향을 받아 신채호는 민중을 기반으로 하는 혁명을 하여야 한다는 아나키즘으로 사상적 진화를 이미 하고 있었던 것으로 본다. 그러나 신채호는 이승만이 국무총리에 선출된 것은 못마땅하였지만, 이동녕이 대행을 하였기에 임시정부에서 활동을 계속하기로 했다. 그리하여 제5회 임시의정원에서 각종 위원회가 설치되고 신채호는 그의 의지와는 달리 전원위원회 위원장을 맡게 된다.

그러다가 임시의정원 제6회 회의 때에, 이승만의 요청으로 다음과 같은 의안이 상정되었다. 1) 국무총리제를 대통령제로 개편하는 안, 2 정부개혁안과 임시정부 헌법개정안이 그것이다. 토의 끝에 원안대로 가결이 되고 대통령 선출에 들어갔다. 현 국무총리인 이승만을 대통령으로 승격하자는 안에, 신채호는 격렬하게 반대하다가 의정원직충청대표에서 해임이 된다. 신채호가 없는 임시의정원

17명 출석은 자연스럽게 만장일치로 이승만을 대통령으로 선출하였다. 그리고 마침내 '통합한성정부+대한국민의회 노령정부+상하이정부된 대한민국 임시정부'의 성립이 공포되었다. 그리고 제2차 헌법개정에서 "조선 황실을 우대한다."는 조항이 삽입된다. 이는 임정이 봉건적 왕정체제와 철저하게 결별하지 못했음을 시사해 준다. 신채호는 이 대목도 불만이었다. 그나저나, 이승만이 임시정부 대통령으로 선출되자. 신채호는 "이승만은 이완용보다 더 큰 역적이오. 이완용은 존재하는 나라를 팔아먹었지만, 이승만은 나라를 찾기 전에 팔아먹었으니 더 큰 역적이란 말이오."최종고, 2011, 262-263쪽.라는 말을 남기고 임시정부와 결별을 선언한다. 이후 신채호가 빠진 임시정부의 정책노선을 보면, 뒤에 '제1차대전'의 결과 세계평화를 보장하기 위해 열린 파리강화회의베르사유회의, 김규식, 여운형 파견와 미국의 워싱턴에서 열리는 태평양회의워싱턴회의에 대표를 파견하는 등 조선의 독립을 위한 외교노선을 분명히 하였다. 이에 신채호는 반反임시정부의 태도를 확실히 하고 나섰다. 자연 이승만이 대통령에 선출된 것에 반대하는 세력이 형성되면서 임시정부 안에는 창조파임시정부 해체론: 신채호, 박은식, 김창숙, 박용만, 여운형 등와 개조파새 정부 구성은 불가: 이승만 안창호 등로 분열되는 조짐을 보이고 있었다. 그러든 말든 신채호는 완전히 임시정부를 떠난다. 곧 위임통치론, 외교론, 준비론, 참정권 등, 반反무장투쟁론을 주된 전략으로 삼고 있는 임시정부의 외교노선에 반대하여 신채호는 애국계몽적 저항민족주의의 한계를 민중에 의한 무장투쟁론으로 극복하면서 아나키즘신채호의 아나키즘 사상으로 진화는 나중에 다시 이야기하기로 한다.과 연결하게 된다. 이후, 신채호는 비타협적 무장투쟁론을 신념으로 가지면서 철저하게 반反상하이임시정부/ 반反이승만노선을 걷게 된다. 그리하여 반反임정 활동으로, 임시의정원 경상도 대표였던 김두봉金枓奉, 그리고 1921년 귀국하여 조선노동공제회朝鮮勞動共濟會의 중앙집행위원이 되는 아나키스트 신백우 등과 함께 신규식의 도움으로 상하이임시정부의 대변지《독립신문》사장, 이광수에 대항하는 주간신문 《新大韓》신대한, 1919.10.28. 국한문혼용, 주 2회 발간 목표, 주필 신채호, 편집장 김두봉을 발간하게 된다. 신채호는 신대한 창간호의 창간사에서부터 임정의 독립운동 노선을 비판하기 시작하였다. 이에서 보면, 1) 민족주의를 가지고 일본과 싸우자.민족전쟁, 2) 자본가와 노동자의 관계 규정과 계급투쟁 강조반자본주의 3) 민족해방의 방법론으로 자치론이완용, 송병준 등이 주장하는 참정권, 위탁통치론 등 외교론의 한계성또 다른 식민지로 빠진다. 지적비타협주의 4) 무력투쟁血戰으로 현실의 일제를 파괴하는 것이 곧 건설임을 강조.반일항전주의 5) 결론으로 칼과 붓으로 독립군을 지원하자항전연대론는 말로 끝을 맺는다.전집 5, 5쪽 이렇게 신대한이라는 반反임정의 신문이 발간되어 나오자. 임정 대변지 독립신문의 주간 이광수는 〈신뢰하라, 용서하라〉 등의 논설을 통하여 신채호의 논설을 계속 비난하였다. 신채호가 논리정연하게, 지배와 피지배의 불합리와 사회불평등의 인식과 함께 본격적인 계급투쟁을 강조한 점은 이번 신대한의 창간사에서다. 그러나 창간사 서두에서 "민족주의를 가지고"라는 말의 뜻은 신채호가 반동/저항 민족주의가 아닌, 저항민족주의를 극복한 자주적 민족주의를 뜻한다. 어찌했던 이러한 신대한 창간사에 대하여 독립신문 이광수는 "파괴는 곧 화합은 깨는 일이다"라고 비난하였다. 이를 시작하여 신대한 신문은 내우외환에 빠지게 된다. 곧 여운형呂運亨이 일본의 초청을 받아 일본도쿄을 방문하고 온 사실이다. 이에 상하이에 있던 독립운동가/민족해방운동가들은 상하이에서 '유호임시국민대회'이하, 국민대회를 개최/기획하고 〈宣佈文〉선포문 작성에 들어간다. 이때 우여곡절이 있었지만, 선전위원宣傳委員인 신채호/원세훈/한위건 등의 주장대로 국민회의 명의의 〈선포문〉이 작성 발표된다. "여운형, 최근우崔謹愚, 신상완申尙玩 등이 일본을 방문한 것은, 대한민국 정부와 일반 국민의 뜻과는 하등에 관계가 없다. 이들이 일본에 간 것은, 일제에게 우리가 자치自

治와 동화同化에 있는 것처럼 착각될 수 있으니 이는 독립의 적이다. 따라서 이들을 사형에 처해야 한다."전집8, 536쪽. 이러한 신채호 등 선전위원들의 선포문은 국민대회의 의사와는 반하는 내용이었다. 이에 임정 기관지《독립신문》의 총무이자, 임정 고수파固守派였던 옥관빈玉觀彬, 신국권申國權 등의 요구로 제2회 유호임시국민대회가 개최되었다. 여기서 새로운 기초위원이 선정되어 선포문를 새로 작성하여 발표하기에 이른다.전집8, 535쪽 그리고 다시 제3회 유호임시국민대회를 열어 신채호 등이 작성/발표한 선포문여운형 등 3인의 도일渡日은 민의를 위반한 것이고 개인행동이다라고 한은 국민회의 결의사항과 다른 내용이 포함되어 있어 무효이며 이들의 사죄를 요구하는 결의를 하였다.전집8, 537쪽. 이로 인해 신채호는 임시정부와 관계가 더욱 악화되기에 이른다. 이에 임정의 대변지 독립신문과 신대한은 서로 상반된 논리를 가지고 반박하는 등 논쟁이 가열되었다.正과反 이에 임시정부 이동휘와 각료들이 적극적으로 나서 독립신문과 신대한 발행인, 주필, 기자들을 초대하여 화합을 도모하고자 했다.전집 8권, 539쪽. 그리고 이광수가 쓴, 〈탈출 도중의 신채호〉전집 제9권에 77~81쪽.에서 보면, 당시 임시정부의 국무총리로 있던 이동휘는 신채호를 회유하고자, 이광수를 내세워 독립신문 주필로 초빙하고자 했다. 그러나 신채호의 단호한 신념이승만을 대통령으로 하는 문제와 타협론적 외교정책과 지조志操로 두 신문사의 갈등이 봉합되지 못하자. 임시정부와 독립신문사 측은 신대한 신문을 인쇄하는 인쇄소에 압력을 가하여 신문인쇄를 못하게 하였다. 이 때문에 신대한 신문은 18호를 끝으로 발행을 중단하지 않을 수 없었다. 이에 신채호는 더 이상 상하이에 머물 필요가 없었다. 하여 다시 베이징으로 이동하게 된다.1920.4 이래서 신채호의 망명여정은 1920년대로 접어든다. 여기서 잠시 신채호와 관련하여 정치결사인《신대한동맹단》1919. 10 설립과 관계에 대하여 살펴보자. 신대한동맹단은 독립을 위한 실천 단체로, 그 실체가 잘 알려져 있지 않다.

다만 북경에서 반反임정운동을 전개하고 있는 박용만朴容萬과 연관되어 있다는 것과 청년단원은 40명이고, 단장은 임시정부 창조파임시정부를 새로 탄생시키자였던 남형우南亨祐였으며 부단장은 신채호가 맡았다는 것 이외는 알려진 게 없다. 그러나 신대한이 신대한동맹단의 기관지였다는 주장에는 석연치 않은 점이 있다. 그것은 신대한동맹단의 실천적 실체가 불투명하기 때문이다.

신채호는 상하이에서 《신대한》이 폐간되면서 베이징으로 이동해 온 후, 반反임시정부 사람들박용만, 김창숙, 고일청 등 50여명과 모임을 갖고, 일제를 우리 땅에서 몰아내기 위한 군사통일운동의 실효를 거두기 위해, 《第二回普合團》제2회보합단: '대한민국군정부'라는 뜻을 조직한다. 원래 《普合團》보합단은 국내 평안북도 의주에서 김동식金東植/백운기白雲起/박초식朴楚植/김중량金仲亮 등이 만든1920년 3월에 출범한 《大韓青年決死隊》대한청년결사대가 5월에 단체 이름을 보합단으로 바꾸었다 무력투쟁단체로, 국내는 물론 자주 만주지역의 두만강과 압록강 유역으로 들어가 중국군과 합세하여 일제기관에 대한 파괴, 관헌의 암살, 친일밀정 숙청 등 무력을 통한 민족해방투쟁을 한 단체이다. 신채호 등이 제2회보합단이라는 명칭을 쓴 것은 국내에서 처음으로 무력투쟁을 운동전략으로 세운 보합단을 계승한 단체라는 뜻으로 사용하였다고 본다. 이호룡은 상하이 임정을 제1보합단으로 하고 이에 대응으로 신채호 등이 대한민국군정부, 곧 제2보합단을 조직하였다고 본다. 이호룡, 2013, 182쪽. 국내 보합단은 일제의 탄압과 보합단원들이 대량 체포되는 바람에 본부를 지금의 중국 랴오닝성 단둥시 콴뎬만족자치현으로 이전하면서, 무장투쟁을 전개하였다. 신채호는 이러한 최초 비타협적 무장투쟁단체인 보합단을 계승한 제2회보합단의 내임장內任長=내무부장관 격을 맡게 된다. 제2회보합단의 내면적 목적은 타협적 위임통치론 등 외교노선을 추구하는 상하이임시정부 및 임시의정원을 타도하고 무장투쟁에 바탕을 둔 민족해방전쟁론을 구현하는 반反상하이임시정부, 《大韓民國軍政府》대한민국군정부 성격으로 수립되었다고 보는 게 맞다. 하여 보합단이 만주/간도 일대에서 일제 축출逐出운동을 벌이고 있는 각 무장독립운동 및 무장민족해방투쟁 단체들과 연계하여 무력항전을 통한 민족해방전쟁을 수행共進하는 뜻에서 普合團제2회 보합단 이라 하였다. 전집8, 848쪽. 제2회보합단에서는 임정을 타도하는 성토문聲討文을 내게 된다.

신채호는 제2회보합단의 성토문을 작성하기 전에 잠시 베이징에서 연해주 포크라니치니아로 건너가 연해주를 중심으로 민족해방운동을 벌이고 있는 지사들박용만, 문창범, 유동열과 반일민족해방항전의 전개 방향에 대하여 논의를 벌인 적이 있다. 그러나 이들 인사들과 논의에서 의견이 분분하여 연해주에서 민족해방전쟁의 가망성을 찾지 못한 채, 다시 베이징으로 오게 된다. 베이징으로 돌아온 신채호는 민족해방전쟁의 방향을 잡기 위해 이회영李會榮/신숙申肅/박용만朴容萬 등 9명과 함께 《軍事統一促成會》군사통일촉성회: 군사통일주비회: 군사단체의 통일에 관한 협의회를 발기한다. 그리고 무장항전을 하고 있는 각 지역의 교섭대표남만주지역에 배달무裵達武, 북만주/연해주지역에 남공선南公善을 파견하여 국민대표회의를 성립시킬 회합준비를 모색하였다. 신채호는 국민대표회의를 준비하는 동안 김창숙과 박순병朴純秉의 도움으로 순한문체필진이 중국인인 경우는 백화문으로 월간지 《天鼓》천고:연고를 발행하게 된다. 천고는, 다음 장에서 이야기하기로 한다. 신채호는 국민대표회의를 준비하는 가운데 상하이에서 신채호, 김창숙金昌淑, 박은식, 원세훈元世勳 등 임시정부의 요인 15인과 함께 〈우리 동포에게 고함〉이라는 격문檄文을 발표한다. 1921.2. 전집 8권, 806쪽. 격문의 내용을 보면 "임시정부는 처음부터 잘못되었다. 국민대표회의를 통해서 전 국민의 의사에 기초한 통일적이고 강력한 정부수립이 필요하다."는 내용을 담고 있다. 그리고 신채호가 주장한 '국민대표회의'를 소집할 필요가 있다고 주장하였다. 이렇게 국민대표회의를 소집하기 위한 노력은 계속되었다. 그리고 제2보합단의 내무장을 맡은 신채호는 제2회보합단 54인의 명의로, 임정 타도의 〈聲討文〉성토문을 발표한다. 1921.4.19, 전집 8권, 755~757쪽, 여기에 의열단 간부들도 서명을 한다. 그 내용을 보면, 1) 이승만, 정한경 등이 미국에 위임통치 청원서를 낸 것을 성토한다. 위임통치는 식민지가 되는 것을 뜻함으로 이를 주토誅討:죄를 물어 처벌함 매장埋葬: 땅에 묻음하지 않을 수 없다. 따라서 위임통치 청원은 무료다. 2) 민족자결주의를 제창한 미국의 윌슨은 한국의 독립에 냉담하다. 민족자결주의에 대한 불신을 보여줌 3) 위임통치 청원서는, 매국적 이완용, 합방론자 송병준, 자치론자 민원식과 같이 나라를 그르치는 요물이다. 4) 칼과 총, 아니면 적수공권赤手空拳으로 혈전함이 조선민족의 정신이다. 5) 친일, 친미, 친영, 친러주의는 그들 나라의 노예가 되는 일이다. 6) 〈在美國民會〉재미국민회 총회장인 안창호도 이승만, 정한경의 위임통치 청원을 지지하니, 그 죄책을 용서할 수 없다. 7) 위임통치론을 주장하는 이승만을 대통령으로 추대한 것은 그 죄가 무거워, 임시정부와 임시의정원의 철저하지 못한 독립노선을 극렬하게 반대한다. 이렇게 이승만과 임정을 반대하는 성토문을 발표한 제2회보합단은 1) 절대독립론, 2) 무장투쟁론, 3) 민족혁명론을 제기하였다. 이러한 성토문은 임정의 항일투쟁 노선과 분명한 차별을 두는 일로 국내외에 큰 파문을 일으켰다. 이렇게 격문과 성토문을 통해 전달된, 국민대표회의 소집 요구에 대하여 만주지역에서도 김동삼金東三, 이탁李鐸, 여준呂準 등이 이승만 퇴진과 임정의 개조를 요구하며 '대한민국임시정부 개혁안'을 작성하고 국민대표회의 소집을 요구했다. 이러한 노력 등이 결집되면서 드디어 북경시 외곽의 산파이쯔화원三牌子=暢觀樓에서 군사통일주비회가 열렸다. 주비회로 줄임 이 자리에, 하와이의 독립단獨立團, 대표: 權承根, 金鉉九, 朴健秉, 북간도국민회北間島國民會, 대표: 金九禹, 서간도군정서西間島軍政署, 대표: 宋虎, 국내의 대한국민회大韓國民會, 대표: 남공선/노동회靑年勞動會, 대표: 金甲/통일회統一會, 대표: 신숙, 申星模, 黃學秀, 국내청년회대표: 李章浩, 李光東, 그리고 러시아 연해주의 국민의회國民會議 등이 참여하였다. 이 모임에서 중국 동북지역의 군사적 통일을 합의하고 무장항쟁을 다음과 같이 결의하였다. 1) 중국 동북지역의 무장독립군 부대를 통합한다. 2) 독립운동노선은 무장투쟁유격전으로 한다. 3) 독립군 통솔문제를 논의한 끝에 상해 임시정부를 신임하지 않는다. 4) 광범위한 지역에서 일제 타도를 위한 항일세력들을 하나로 묶는 '민족연합전선'을 수립하기 위해 국민대표회의를 소집한다 등이 결의되었다. 주비회의 결정에 따라 통일당 신성모申性模, 1891~1960를 상하이임시정부에 파견하여 임시정부와 임시의정원 불신임 결의문 전달과 함께 임정의 해산을 요구하였다.대동 4호, 1921. 7.19.: 전집 8, 726~730쪽. 그리고 주비회의 결정대로 국민대표회의 선전 및 촉진을 위해 신채호를 주간主幹으로 하는 국한문체의 週報《大同》대동지표지는 맨 위에 한글 풀어쓰기체로 〈ㄷㅏㅣㄷㅗㄷ〉 그리고 그 밑에 한자전서체로 大同, 밑으로 계속하여 발행일자, 목차 등을 쓰고 그 옆에 단기檀紀로 발행날짜를 썼다.를 발행하기로 했다. 이렇게 국민대표회의 소집 노력은 적극적이었다.

국민대표회의를 발의한 신채호는 북경군사통일회의 결정에 따라 국민대표회의 결성을 위하여 만방으로 노력하였다. 뒤에 한국독립유일당 베이징촉성회 조직에 참여하는 김정묵金正默, 그리고 의병장 이범윤李範允이 이끌었던 항일무장단체, 의군부義軍府에 참가하였던 박봉래朴鳳來와 함께 임시정부〈統一策進會〉통일책진회를 발기하게 된다. 이에 신채호가 쓴 것으로 보이는 대동주보1921.7.21.일자에 실린〈통일책진회발기취지문〉을 보면, "1) 진정한 독립정신 아래 통일적 광복운동을 하고, 2) 정부문제를 근본적으로 해결하여 시국을 수습하고, 3) 군사단체를 완전히 통일해서 혈전을 꾀한다" 방침을 세웠다고 되어있다.전집 8권, 735쪽. 적은 규모이나 이 단체의 발기와 선언서는 군사통일주비회의 움직임과 함께 이승만에게 큰 타격을 주어, 그를 태평양회의 참가를 구실로 상하이를 떠나게 만들었다. 뿐만 아니라, 임시정부를 개혁하기 위한 국민대표회의 소집을 촉발시키기도 하였다. 한편 임시정부 내에서도, 국민대표회의 소집문제를 둘러싸고 기호파이승만을 지지하는와 서북파가 분열하고 서북파도 여운형/안창호는 국민회의 개최에 동의하고 김구와 이시영은 반대하였다. 여운형/안창호 등이 국민대표회의 소집에 동의하는 배경에는 이승만 중심 임시정부의 핵심 외교전략임에도 국제사회에서 인정을 받지 못하고 있는 실정을 감안했기 때문으로 보인다. 이는 이승만이 대미외교를 위해 워싱턴군축회의태평양회의에 참석하려다가 개최국인 미국으로부터 문전박대당하는 일이 뒷받침해주고 있다. 당시 한국대표단은 한국 문제를 의제議題에 포함시켜 줄 것을 간청하는 진정서와 임시정부의 독립요구서, 그리고 국내 대표양기탁, 이상재, 서재필 등, 60개 단체 372명들이 이름으로 연서된 〈韓國人民致太平洋會議書〉한국인민치태평양회의서: 한국민이 대평양회의에 보내드리는 문서, 국내에서 1921. 9월에 작성되어 상하이 임정에 전달됨. 1921.12.28.을 접수 시켰으나, 그 요구는 받아들여지지 않았다. 결국, 상하이 임정은 이러저러한 일들로 유명무실한 존재가 되고 말았다. 여기에다 러시아 아무르주Amur oblast 1858년 아이훈 조약으로 중국으로부터 할양받은 헤이룽강 유역에 있는 자유시自由市, 알렉세프스크에서 공산주의를 이념으로 하는 한인 민족해방세력 간의 주도권 다툼으로 민족해방세력들이 엄청난 사상자를 낸 〈자유시참변〉까지 일어나게 된다. 이러한 가운데 각 지역의 독립운동/민족해방운동 단체와 인사들로부터 국민대표회의 소집은 적극적인 호응을 받게 되었다. 마침내 〈국민대표회의주비회〉가 결성되었다. 그리고 '소집선언서'를 발표하고, 9월 1일에 국민대표회의를 개최한다고 공고하였다. 그러나 몇 차례 회의소집이 연기

되는 등 곡절을 겪은 뒤에 국민대표회의가 개막/개최되었다. 1923.1.3. 상하이, 74차례 회의가 있게 된다. 이렇게 많은 반일독립운동/반제민족해방운동을 주도하는 인사들에 의하여 국민대표회의는 소집되고 신채호는 창조파북경파로 활약하게 된다. 국민대표회의는 상하이 프랑스 조계지 민꿔로民國路에 있는 침례교회당에서 120여 단체, 125여명이 모인 가운데 개최되었다. 회의는 참석자들이 임시정부 개편안에 대하여, 1) 임시정부를 항일구국투쟁의 최고 지휘본부로 두되 조직/기구를 새롭게 개조하자는 개조파안창호가 중심이 되는 서북파 민족주의세력, 김동삼 중심의 서간도 서로군정서, 김철수가 중심이 되는 상하이파 고려공산당이 해당, 2) 임시정부를 부정/혁파하고 민족해방/독립운동 활동을 하고 있는 모든 단체가 참여하는 〈국민대표회의〉가 독립/민족해방운동의 새로운 지도조직을 만들어야 한다고 주장하는 창조파신채호, 박용만이 중심이 되는 북경 군사통일촉성회, 문창범, 원세훈이 중심이 되는 연해주의 국민의회, 김만겸, 한명세가 중심이 되는 이르쿠츠크파 고려공산당 등, 이들은《朝鮮共和國》조선공화국이라는 국호를 새로 제정하였다. 3) 국민대표회의를 부정하고 이승만 중심의 임시정부를 지지하는 중도파임정 옹호파: 김구, 이시영 및 미주의 교민단과 동지회로 의견이 갈려 대립하였다. 이렇게 각 세력의 주장이 첨예하게 대립/갈등하는 가운데, 성과 없이 63일만에 토의는 종료가 된다. 국민대표회의는 성과 없이 끝났지만, 이 영향임시정부를 둘러싼 대립과 갈등으로 임시정부의 존재는 유명무실하게 되었다. 이런 상황에서 임시정부는 임시의정원을 개최하여 수년 동안 독립운동가들을 혼란시켜 온 위임통치청원과 기타 실정의 책임을 물어서 '임시대통령 이승만 탄핵안'을 통과시켜 이 문제를 일단락짓고, 박은식을 2대 대통령으로 선출한다.

국민대표회의가 독립운동/민족해방운동을 하는 각 세력 간에 의견대립으로 결렬된 가운데 신채호는 의열단의 김원봉金元鳳, 義伯을 만나게 된다. 그 이전에 만날 수 있었을 가능성도 있다. 朴泰遠, 1947, 188쪽. 그러면 여기서 이해를 돕기 위해 의열단에 대하여 간략하게 이야기를 나누고, 본 이야기로 들어가 보기로 하자. 국내에서 우리 항일독립운동/반제反帝민족해방투쟁을 하는 지사志士들에 대한 일제 경찰의 거미줄 같은 검거망 때문에 국내활동은 거의 불가능하게 된다. 그래서 아나키즘/사회주의 사상을 지닌 반제민족해방항전을 하는 지사/협사俠士들은 국외에 근거지를 두고 국내로 잠입하여 일제기관과 관원에 대한 파괴와 테러를 감행하게 된다. 곧 반일투쟁 전략의 변화다. 이러한 의義로운 조직의 하나가 13명이 조직한 의열단이다. 1919. 11.10: 1919. 11. 9일이라고 보는 연구자도 있음, 金昌洙, 1981, 272쪽. 의열단은 중국 동베이 지린성吉林 바호먼巴虎門: 현주소 지린시 光華路 57호밖 판씨여관潘氏客店에서 결성되었다. 처음 단장=義伯: 황상규黃尙奎, 1890~1941 나중에 베이징으로 중심활동지를 옮기면서 70여 명의 비밀단원을 확보한다. 의열단은 민족주의 계열의 《大韓獨立義軍府》대한독립의군부: 1919. 2월 말 결성, 지린성에서 여준/조소앙/김좌진 등이 중심이 되어 결성하였다. 뒤에《朝鮮獨立軍政司》조선독립군정사로 개칭한다가 관여하여 결성된 단체이다. 대한독립의군부는 대한독립선언서무오독립선언서,1919. 2. 작성자: 조소앙에서 "육탄혈전으로 독립을 완성"할 것을 결의한 무장단체軍府이다. 그리고 "아나키즘 이데올로기를 정신적 바탕으로 하고 있었다. 의열단에 아나키즘 사상을 심어준 사람은 유자명柳子明, 일명 柳興湜이다. 유자명은 3.1인민기의 이후, 신의주를 거쳐 상하이로 건너가, 여운형을 만나《新韓靑年黨》신한청년당, 1918.8. 상하이에서 설립과 상하이 임시정부의 임시의정원의 의원으로 활동을 하면서, 신채호의 강연을 듣게 된다. 이것이 계기가 되어 신채호와 친밀한 관계를 유지한다. 또, 크로포트킨의 저서《相互扶助論》상호부조론 등을 읽으면서 아나키즘에 공감하게 된다. 유자명은 크로포트킨의 상호부조론이 일제침략을 타도하는 이론적 배경이 된다고 생각하면서 일제에 의해, 식민지조선으로 전락한 당면문제는 '계급적 모순'보다 '민족적 모순'이 먼저라고 생각하게 되었다. 이러한 아나키즘 사고는 의열단과 관계를 맺는 인연을 만들어 주었다. 김원봉은 유자명의 아나키즘 사고에서 영향을 받아, "일반민중은 행동으로 나타난 폭력만 보고, 폭력 속에 있는 정신은 이해하지 못할 것이다. 끊임없는 폭력과 함께 꾸준한 선전, 선동, 계몽이 필요하다 "하는 아나키스트적 사고를 하게 된다. 따라서 의열단은, '4대강령'구축왜노驅逐倭奴, 광복조국光復祖國, 타파계급打破階級, 평균지권平均地權과 함께 5파괴五破壞 대상조선총독부/동양척식회사東洋拓殖會社/매일신보사/각 경찰서/기타 왜적의 중요 기관, 그리고 '적敵7가살'七可殺: 1. 조선총독 및 고관, 2. 일본군부수뇌부, 3. 대만총독, 4. 매국노, 5.친일파 거두. 6. 적탐敵探=밀정密偵, 7. 반민족적 토호열신土豪劣紳: 민족탄압세력과 손잡고 인민을 착취하는 대지주나 자본가의 행동강령을 전략으로 세우고, 철저하게 파괴와 테러를 가하는 전술활동을 하였다.조지훈 1964, 678쪽; 이원규, 2019, 32쪽 이렇게 의열단에 대하여 핵심적 내용을 설명하는 것은, 신채호의 〈조선혁명선언〉을 이해하는 토대를 주기 위함이다. 베이징을 찾았던 김원봉은 유자명의 소개로 신채호와 상면하게 된다. 여기서 김원봉은 신채호를 상하이로 초청하면서 상하이에 있는 의열단의 '폭탄제조소'이종호집을 개조한를 시찰하고 의열단의 "독립운동이념과 방략을 이론화"하는 〈義□團宣言〉의열단선언의 작성을 부탁하게 된다.1922. 12, 43세 김원봉으로부터 의열단선언문을 집필해 달라는 요청을 받은 신채호는 의열단의 직접적 투쟁방식이 자신의 평소 신념과 일치하였던 까닭에 김원봉의 부탁을 받아들인 것으로 본다. 그리고 1개월 뒤에 의열단선언문을 작성하여 김원봉에게 넘긴다. 신채호는 의열단선언의 제목을 〈조선혁명선언〉이라고 하였다. 이에서 의열단선언서는 조선혁명선언이 된다. 의열단은 조선혁명선언을 소책자팜플렛로 인쇄하는 한편, 일제 조선총독에게 경고하는 경고문傳單, 〈조선총독부관공리에게〉김창수, 1981, 289쪽도 함께 인쇄하였다. 이로 보았을 때, 신채호는 의열단선언서=조선혁명선언서를 쓰면서 자신이 지녀왔던 이제까지의 자주적 민족주의+민중적 민본주의 사상에다 아나키즘을 이데올로기적으로 융합한 것으로 보인다. 이리하여 신채호는 그가 황성신문 주필로 있을 때1905에 고토쿠 슈스이幸德秋水의 장광설을 읽고 아나키즘에 대한 인식을 하였지만, 아나키즘으로 사상적 무장을 한 것은 아니었다. 그러다가 북경에서 중국 아나키스트들과 대화를 나누고 또 그들이 만든 잡지 천의보를 통하여 아나키즘 싹을 티웠던 것으로 본다.2013 그리고 러시아의 볼셰비키혁명에서 자극되고 국내의 3.1인민기의를 보면서 적극적으로 아나키즘으로 무장하고1921 이를 바탕으로 하는 아나키즘으로 역사철학적 인식을 하게 되는 것으로 본다. 이러한 사상의 종합적 사고가 조선혁명선언에서 응집된 것으로 보인다. 신채호의 아나키즘과 관련한 역사철학적 인식은 다음 장에서 다시 설명하기로 한다.

신채호는, 상하이에서 조선혁명선언을 발표한 후에, 두 가지 이유로 베이징 근교의 관인사觀音寺: 현재 베이징 신화통신사 건물 자리인 '베이징시 선무문내상방교[北京市宣武門內象坊橋]에 있었던로 들어간다. 하나는 조선혁명선언을 집필하고 나서 생활고를 해결하기 위하여 집필에 열중해야 했던 점. 다른 하나는, 신채호의 노력으로 개최된 국민대표회의가 결론 없이 끝나면서, 심적 고통과 함께 회심灰心: 외부와 연락을 끊고 조용히 있고 싶은 마음이 일면서 잠시 절에 들어갔던 것으로 보인다. 대략 12개월간 머물면서 불교의 깊은 진리도 깨닫게 된다. 그리고 《維摩經》유마경, 《楞嚴經》능엄경, 《大乘起信論》대승기신론 등을 친구들에게 읽을 것을 권한다. 이만열, 1990, 44쪽. 이러한 연구지식을 바탕으로 《조선사》의 계속 집필과 《前後三韓考》전후삼한사 집필에 들어간다. 이를 두고, 연구자들이 신채호가 관음사에서 승려생활을 하였다고 하나, 절에 들어가 집필을 하다 보면 자연스럽게 그곳 승려들의 생활에 따라 생활했을 것으로는 본다. 따라서 그 자신이 불교에 귀의歸依한 것 같지는 않다. 불교에 귀의했다는 자신의 기록이나 지인들의 증언이 없다 신채호가 관인사에 머무는 동안 아나키스트 이회영, 김창숙, 유자명 등을 만나 반일反日민족해방을 위한 항전 방략方略에 대하여 논의를 계속하였다. 이로 보아, 1923년 조선혁명선언을 발표한 이후, 신채호가 주로 만나는 의인義人들은 아나키스들이었다. 한편 항일비밀결사 단체인《多勿團》다물단,1925,4 결성의 선언문을 기초해 주었다는 주장도 있으나, 그 기록은 찾을 수 없다. 후일 다시 살펴보기로 한다. 신채호는 〈조선혁명선언〉를 발표한 이후 아나키스트로써 사고와 행동을 뚜렷이 보이게 된다. 이 시기에 베이징에서 쓴 〈浪客의 新年漫筆〉낭객의 신년만필: 허황 되고 실속이 없는 사람이 새해에 생각 없이 쓴 글, 1925. 1. 2, 동아일보, 전집 6, 200~203쪽. 수필에서 이러한 경향이 뚜렷하게 나타나고 있다. 곧 크로포트킨의 상부상조론에 영향을 받았음을 숨김없이 토로하고 있다. 신채호는 크로포트킨을 석가, 공자, 예수, 마르크스와 함께 세계 5대 성인으로 묘사하였다. 이 수필에서 신채호는 우리 역사에 대하여 식민지조선의 상태를 "環海환해: 바다로 둘러친 삼천리가 일개 大監獄대감옥"상태라고 하였다. 또 "송곳을 박을 땅도 없이 타인에게 빼앗기고"라고 전제를 한 다음, 민족의 자유, 계급의 평등 등, 혁신적 사회혁명을 거론한다. 그리고 소작인의 농민운동이 있어야 함을 강조하고, 친일화하는 유산계급을 일본과 같은 적으로 규정하였다. 전집 6, 585쪽 또 "상류사회를 그리는 예술지상주의 문예를 장음문학독자를 미혹에 빠지게 하는 허상의 글이라고 비탄悲歎하고 이광수 문학 등 글쟁이의 글은 사회적 비판을 가진 '참여문학'이어야 한다."라고 강조하였다. 전집 6, 589쪽. 이와 함께 지배층을 교활한狡猾漢: 더럽고 간사한 놈으로 표현하고 있다. 이로 보았을 때 〈낭객의 신년만필〉은 자주적 민족주의+자유적 아나키즘+ 해방적 사회주의=혁신적 색채를 띤 수필이라 할 수 있다. 이 수필이 자주적 민족주의적 색깔을 띠었다는 것은 "우리 조선사람은 매양 이해 이외에서 진리를 찾으려 하므로, 석가가 들어오면 조선의 석가가 되지 않고, 석가의 조선이 되며,

공자가 들어오면 조선의 공자가 되지 않고, 공자의 조선이 되며, 무슨 주의가 들어와도 조선의 주의가 되지 않고 주의의 조선이 되려 한다. 그리하여 도덕과 주의를 위하는 조선은 있고 조선을 위하는 도덕과 주의는 없다. 아! 이것이 조선의 특색이냐, 특색이라면 특색이나 노예의 특색이다. 나는 조선의 도덕과 조선의 주의를 위하여 곡하려 한다."현대문체로 고쳐 씀, 전집 6, 583쪽. 여기서 신채호의 민족주의는 민족국가의 주된 사상을 이루는 반동민족주의도 저항민족주의도 아닌, 식민지민족의 해방차원에서 제기하고 있는 자주성을 생명으로 하는 민족정신, 곧 자주적 민족주의임을 알 수 있다.

이어 1926년47세에 들어서면 신채호가 아나키즘에서 이론적 영향을 받아 본격적인 실천에 들어가는 것으로 보인다. 곧《在中國朝鮮無政府主義者聯盟》재중국조선무정부주의자연맹, 1924.4 조직에 가입한다. 신채호는 국내에서 조직되는 신간회新幹會, 1927.2. 창립에도 국외발기인으로 참여하게 된다. 신간회는 '민족유일당민족협동전선'이라는 표어 아래 민족주의 진영과 사회주의 진영이 제휴하여 창립한 민족운동단체이다.회장: 이상재 이어 신채호는 중국 광둥[廣東]에서 조직된《無政府主義東方聯盟》무정부주의동방연맹, 1927. 9, 조선, 중국, 일본, 대만, 안남, 인도 등 6국 민족대표 120명 참석에도 조선대표로 참석한다. 1928년49세은 신채호의 아나키즘 활동이 가장 활발하였던 시기로 보인다. 조선혁명선언을 쓴 이후, 아나키즘적 역사철학의 인식을 확고히 하게 된다. 신채호는 이 해를 혁명기원의 해로 보았다. 그래서 조선혁명선언을 쓴 이후, 〈예언가가 본 무진戊辰〉1928. 1.1., 〈선언〉1928, 〈용과 용의 대격전〉1928 등 수필과 소설을 쓰게 된다. 이들 글에는 고토쿠 슈스이의 기독교말살론에서 영향을 받은 내용들이 많이 들어있다. 〈예언가가 본 무진〉예언가가 보는 새해 무진년1928에서는 "우리는 아무 소유所有가 없다. 소유가 있다면 오직 고통苦痛 그것뿐이다. 고통의 인생도 죽기 전에는 이제나 나을까하는 미망微望-희미한 작음 바램이 있음으로 미신迷信이란 동무가 따라다닌다.… 비결가秘訣家의 예언豫言으로나 신년新年 무진을 맞이하자.…무진 기사己巳 양년兩年은 역대 이래, 조선의 비결가秘訣家가 조선의 신운명新運命을 개척하는 길한 해라 하여 대단히 보배처럼 보던 해다.… 진사성인출辰巳聖人出: 진사년에 성인이 나온다에서 진사辰巳는 다른 갑자甲子의 진사辰巳가 아니요 오즉 무진기사戊辰己巳: 무진년은 1928년, 기사년은 성인이 태어나는 길일이다.로 인정認定하여 온 까닭이다.…단군왕검의 조선건국이 무진기사戊辰己巳에서 시작하였다.…궁예의 후고구려도, 신라의 삼국통합도 무진기사에서 시작하였다. 조선의 건국도 무진기사다. 금년이 무진기사다.…"현대문체로 고쳤음, 전집 7, 〈용과 용의 대격전〉 5~21쪽, 〈선언〉, 157~159쪽라고 함으로써, 역사를 통해 무진戊辰해의 의미를 추적하면서 1928년이 '조선 성년의 해'가 될 것으로 믿었다. 그리고 '조선 성년의 해'를 〈선언〉이라는 글에서는, "우리의 세계무산 대중을 물고 깨물어 먹어온 자본주의 강도제국의 야수군野獸君: 짐승무리들은 배가 터지려 한다.… 동방 식민지 민중은 음참陰慘: 어둡고 비참한 '불생존의 생존'不生存의 生存: 살 수 없는 환경에서 겨우 버티고 살고 있다는 뜻을 가지고 있다.…저들은 수천년 묵은 괴동물怪動物: 도깨비 같은 짐승이다.… 강도적 야수다.… 우리 민중은 깨달았다. 혁명의 북소리가.…포화를 개시하였다.선전宣戰…우리 무산민중의 최후 승리는 확정필연의 사실이다. 우리 동방민중의 혁명이 만일 급속도로 진행되지 않으면 동방민중은 그 존재를 잃어 버리게 된다"본문에서 발췌함, 전집 7, 168~170쪽와 같이 일제의 의해 만들어진 현실의 모든 것을 부인하고 모든 것을 파괴하라는 대계大界: 온천지를 울리는 혁명의 북소리가 울리는 해라고 단언하였다. 그리고 〈용과 용의 대격전〉은 우화형태寓話形態의 혁명 소설이자, 역사소설이다. 여기서 드래곤我龍 민족의 용에 의한 "正體的 建設"정체적 건설이 이뤄지는 날은 〈선언〉의 "무산계급의 진정한 해방을 일구는 날"이라고 하였다. 무산無産 민중의 최후 승리는 확정/필연의 사실이라고 단정하였다. 이렇듯 1928년은 일제에 대한 파괴와 민족혁명을 통해 민중이 진정한 해방을 찾는 첫해라고 했다. 이어 1928년에는 드래곤용이 나타나 기의반란와 혁명을 꾀함으로써 허망한 천국天國=일제은 멸망할 것이라 했다. 신채호는 하늘의 세계를 상상의 개념으로 이해하고 인간이 하늘을 절대적으로 인식하는 태도를 비판했다. 신채호는 이 글에서, 하늘을 상제하나님가 있는 천국의 상징으로 나타냈다. 상제와 천국은 인간과 지국地國의 상대개념으로 그렸지만, 하늘의 존재는 땅의 존재를 억압하는 폭력의 상징으로 그렸다. 그리고 허상적 상제와 대적하면서, 지국조선땅에 존재하는 민중을 대변하는 용미리의 존재를 주인공으로 내보냈다. 그리고 용을 민중/인민의 희망으로 그렸다. "나리신다, 나리신다, 미리龍님이 나리신다. 新年신년이 왔다고, 新年신년 戊辰무진이 왔다고, 미리님이 東方동방 亞細亞아시아에 나리신다"와 같이, 미리님용은 민중의 염원을 대변하는 존재다. 그래서 민중의 개념을 부자와 귀한 자들과 대비되는 헐벗고 굶주린 빈민으로 그렸다. 곧 무산계급이다. 무산계급이 혁명을 통하여 최후의 승리를 거둔다고 하였다. 신채호는 종교적인 상상想像의 천당天堂을 현실의 일제와 비견하여 허망한 천당과 함께 일제가 멸망할 것을 예언하였다. 신채호는, 그리스도교가 예수를 이용하여 부활신앙으로 몰고가면서 인간을 구원하는 것처럼 보이지만, 실상은 종교적 깃발을 중심으로 망국亡國 민중과 무산無産 민중을 일시적으로 속여 천국에 대한 허망한 기복신앙祈福信仰만을 강조하고 현실의 모순을 자각하지 못하는 데 일조한다고 비난하였다. 결국 "기독교 정신은 강권자와 지배자의 편의를 보호하기 위한 이념의 일환인 셈이다."라고 말함으로써, 그리스도교 무용론을 이야기한다. 고토쿠 슈스이의 기독말살론에서 영향을 받은 신채호에게 있어서 예수교그리스도교와 천당 운운은, 늘 진화/진보해 나가는 '인간정신의 혁명성'을 마비시키는 정신세계로 보았다. 이는 곧 신채호가 고토쿠 슈스이처럼 아나키즘의 관점에서 종교적/신앙적 정신세계를 부정하는 태도라고 말할 수 있다. 한편 신채호는 아나키즘식 혁명^{직접혁명론}을 강조하였다. 혁명을 통하여 무無권력의 상태를 만든 다음, 드레곤의 정체적正體的 건설을 통하여 무산無産 민중의 최후 승리는 확정/필연의 사실이라고 단정하였다.^{전집7, 6~20쪽.} 이 세 작품의 글에서 나오는 공통된 주제어는 '무산대중', '무소유', '혁명', '파괴', '건설', '세계동방' 등이다. 이러한 용어를 거침없이 쓰고 있는 신채호는 분명 아나키즘 사상으로 정신적 무장을 하고 있다는 것을 알 수 있다. 그런데 '용과 용의 대격전'의 무대는 대한땅이다. 곧, 소설의 무대는 우리 민족이다. 따라서 신채호는 민족의 생존을 핵심으로 인식하고 있다. 이는 '자주적 민족주의'를 사상적 기저로 삼고 있음을 말해준다. 그런데 신채호는 1925년부터 우리 민족만을 강조하지 않는다. "세계무산대중"이라는 용어를 자주 쓰고 있다. 이는 신채호가 지협적 저항민족주의에서, 보편적 자주민족주의로 사상적 진보를 했다는 것을 말해준다. 그의 《도덕》^{1928년 작으로 추정}이라는 글에서도 '국수적 도덕주의'를 배척하고 있다.^{전집 7, 167쪽} 그래서 글쓴이는 신채호의 역사철학적 인식을 '자주성을 생명'으로 하는 민족정신/민족주의+무권력/절대자유의 아나키즘사상='민족아나키즘'^{시대적 한계성을 지닌}이라고 이름을 붙여본다.

여기서 잠시 민족의 개념에 대하여 생각해 보자. 우리가 일반적으로 말하는 민족이라는 개념은 유럽의 자본주의와 연결되어 나온 개념이다. 곧 자본주의와 함께 나타나는 제국주의적 민족국가의 민족의 개념이다. 그러나 자본주의의 사주를 받은 제국주의하에서 나타나는 부르주아적 '반동민족주의'에서 보이는 민족의 개념은 식민지사회의 '저항민족주의'에 부딪히면서 민족의 개념은 자주성/주체성을 생명으로 하는 새로운 철학적 원리로 자리매김을 하게 된다. 하여 어느 사회이건 같은 역사, 같은 언어, 같은 문화를 지닌 사회적 집단을 나타내는 개념으로써 민족이 새로 탄생하게 된다. 곧 제국주의적 민족국가의 민족이 아닌 '자주성을 생명으로 하는 민족', 곧 '자주적 민족'으로 재생산되었다. 따라서 한 민족을 이루는 일정 지역의 사람들은 자신들의 자주성을 가진 사회적 존재로 승화된다. 자주성을 가진 민족 구성은 다른 억압자가 와서 민족을 유린蹂躪하고 억압하면, 즉시 항거하고 저항한다. 곧 민족의 자주성을 수호하려는 본능을 드러낸다. 바로 신채호가 아나키즘으로 역사철학적 인식을 하면서 제국주의 민족에서 자주적/주체적/자율적 공동체로써 민족을 재창조하게 되는 이유이다. 따라서 자주적 민족을, 주체적 역사를 창조하는 민족정신을 바탕으로 신채호는 '민족아나키즘'으로 진보해 나갔다고 본다. 민족아나키즘에서는 민족국가는 존재하지 않는다. 민족공동체, 지역공동체 사회만이 존재한다. 신채호는 아나키즘을 수용한 이후, 국가의 개념에서 사회/공동체 개념을 바꾸어 쓰고 있다 이렇게 보편적 '민족아나키즘'으로 역사철학적 인식을 확고히 한 신채호는, 1924년부터 교류하고 있던 타이완 출신 청년 아나키스트 린빙원林炳文 그리고 일제 본토에서 아나키스트 단체인 흑우회黑友會에서 활동을 하였던 대한 유학생 이필현李弼鉉, 일명 李志永, 1902~1930과 함께 텐진에서 열리는《無政府主義東方聯盟》무정부주의동방연맹 창립대회에 한인 대표로 참석한다. 이때 신채호가 재중국조선무정부주의자연맹, 베이징회의에서 작성/발표한 〈宣言文〉선언문을 채택한다. 無政府主義運動史編纂委員會, 1978, 310쪽. 그리고 다시 무정부주의동방연맹 조직을 국제적으로 확대하기 위하여 신채호는 난징에서 한국, 중국, 일본, 필리핀, 대만, 베트남 등 각국의 아나키스트들을 모아서《東方無政府主義者聯盟》동방무정부주의자연맹을 결성하였다. 이렇게 국제적인 아나키스트단체가 만들어지자, 이들은 독일기술자를 고용한 폭탄/총기공장의 설치, 일제 고관의 암살과 시설 및 기관의 파괴, 항일선전문1928. 4월, 신채호가 작성의 발송, 기관지《東方》의 발행을 결의하였다. 그리하여 신채호는 이 사업에 소요될 자금당시 돈 6만4천원으로 추정을 조달할 계획으로 베이징 교통부 소속 우편사무관리국郵務管理局에서 외환업무계外國爲替係에 근무하던 린빙원과 비밀리 계획하여 화베이물산공사[華北物産公司]가 발행하는 외국환린빙원이 劉文祥, 일명 劉孟源 앞으로 보내는 위조외국환=200매, 액면가 총액 64,000원을 타이완[臺灣: 1895년 청일전쟁 이후 일본의 지배로 들어간]의 타이베이 지룽基隆과 타이중臺中, 타이난臺南, 가오슝高雄, 뤼순旅順, 다이렌大連, 일제 내륙, 관동조선주關東朝鮮州등 32개 우체국으로 나누어 보냈다. 그리고 위조외국환의 현금화를 위해 린빙원은 관동조선주關東朝鮮州: 오늘날 연변조선족자치주자역를, 이필현은 일본지역을, 신채호는 대만지역을 담당키로 하였다. 그리고 실행을 위해 세 명이 베이징을 떠나 담당 지역으로 출발하였다. 만주관동지역을 담당한 린빙원은 따렌[大連]의 뤼순우체국에서 위조외국환을 현금화하여 대한식민지조선으로 향하다가 쉬도 새도 모르게 일경에 체포되었다. 이러한 사실을 모르는 채, 대만지역을 담당한 신채호는 중국인 차림으로 베이징에서 배편橫濱-天津線으로 덴진→일제 본토큐슈九州지역의 모지꼬門司로 갔다가 다시 배편으로 타이완에서 내려 타이베이 지룽우체국으로 가서 위조외국환을 현금화2,000원하는 과정에서 은행직원의 신고로 기다리고 있던 일제의 지룽경찰에 강제로 붙잡힌다.1928. 5.8 이리해서 신채호는 현재 타이베이 지룽시 방재대루[基隆市防災大樓가 들어서 있는 당시 지룽경찰서로 강압적으로 끌려가 가혹한 심문을 당하게 된다.허원, 2019, 205-236쪽 이 사건으로 강제 연행된 사람은 린빙원과 신채호 외에 이필현, 이종원 그리고 중국인 양지칭楊吉慶 등 5명이다.전집 9, 918~9쪽. 이들은 만주괴뢰국 따렌의 뤼순旅順감옥에 갇히게 된다. 이어 따렌 지방법원에서 공판公判: 형사소송에서 죄의 유무를 묻는 심리재판이 열렸다. 공판 중에, 판사가 "사기사건에 연루된 것이 부끄럽지 않은가?"라는 질문에 신채호는 "나라를 찾기 위해 취하는 수단은 모두 정당한 것이니 사기가 아니며 민족을 위해 도둑질을 할지라도 부끄럼이나 거리낌이 없다"라고 당당한 답변을 했다. 재판 결과, 중국인 양지청은 석방되고, 이필원은 일제 밀정김천우 살해 및 시체유기 협의로 사형을 받게 된다. 이후 신채호는 4차례 재판을 받고 치안유지법治安維持法: 오늘날 대한민국의 국가보안법과 같은 위반과 유가증권 위조 등의 억지죄목으로 10년형을 강제로 선고받고 뤼순 감옥에서 옥살이를 당하게 된다.전집 8, 906쪽 및 911쪽 뤼순 감옥은 차디찬 시멘바닥에 깔고 자는 요는 형편없었고 덮은 이불도 아주 얇았다. 게다가 감옥의 식사라는 것은 상상하기 어려울 정도도 아주 열악하였다. 이런 식음과 취침환경에서 영하 20도의 혹독한 추위를 견뎌야 했다. 더구나 낮에는 노역勞役이라는 중노동에도 나가야 했다. 이런 영어囹圄의 환경에서도 신채호는 많은 글을 남긴다. 그 중에 대표적인 것이 논문집《朝鮮史硏究艸》1930, 1924.10.20.일부터 동아일보에 연재된 것 등을 묶어 단행본으로 발간, 조선도서주식회사가 있다. 신채호는 옥살이 기간 중에 안재홍安在鴻과 연락이 되어 자신이 체포되기 전 지인朴龍泰에게 맡겨두었던 원고를 받아《朝鮮日報》조선일보, 1931.6.10.~10.14일에 이를 연재한다. 이것이《朝鮮上古史》조선상고사와 《朝鮮上古文化史》조선상고문화사이다. 조선상고사는 원래 제목이 베이징 관인사에 거주하면서 쓴《朝鮮史》다. 이것을 안재홍이 자신의 서문과 함께 종로서원에서 《조선상고사》로 고쳐 미완성의 단행본으로 나온다. 1948와《조선상고사》1931~2, 1920년대에 쓴 것으로 보인다는 조선일보에 1931 10.15~12.3, 1932 5.27~31에 걸쳐 연재되나, 옥사로 미완성에 그치고 만다. 그러나 신채호는 자신이 옥살이를 할 때 자신의 의지와 무관하게 국내언론에 연재되는 것을 못마땅하게 생각하였다. 신채호의 건강이 날로 악화되자 뤼순감옥소측은 가족들에게 병보석을 통보하였다. 그러나 보석 보증인종친으로 파악됨이 친일파라는 이유로 보석석방을 거절을 하였다.신채호의 변함없는 지조를 본다. 그러나 추위와 건강악화로 뇌일혈腦逸血: 뇌출혈과 같은 말로, 뇌 안에서 피가 흐르는 병세이 일어나 의식불명의 상태가 되었다. 감옥소측은 가족에게 "신채호 뇌일혈, 의식불명, 생명위독"이라는 전보를 보냈다. 이 전보를 받자 부인 박자혜朴慈惠는 혼절을 하고 만다. 정신을 수습하고 급히 서둘러 아들 신수범, 당시 16세과 함께 뤼순감옥소를 찾았다. 신채호가 죽기 전에 도착하였으나, 매정한 감옥소의 일제놈들은 면회시간이 지났다는 이유로 면회를 거절하였다. 이렇게 해서 신채호는 부인과 아들의 얼굴조차 보지 못한 채 차가운 감옥의 철창 안에서 4년전 이회영이 애닯은 삶을 마감하였던 같은 감옥소에서 비운의 생을 마치게 된다.1936. 2. 21. 오후 4시, 향년 57세 시신은 뤼순에서 화장하여 서울로 이송이 되었다. 그러나 조선민사령朝鮮民事令, 制令 제7호. 1912.3.18. 관습 호적에 관한 법률 공포 이전에 망명하여 식민조선인의 호적이 없는 사람이었다. 하여 일제로부터 매장허가도 얻지 못하고 생전의 충북 청원에 옛 집터로 영면장소를 잡았다. 오호, 애통하도다.

3. 신채호식 민족아나키즘

일제강점기에는 아나키즘을 무정부주의無政府主義라는 용어로 번역하여 사용하였다. 그것은 일제의 게무야마 센타로煙山專太郎의 글 《近代無政府主義》근대무정부주의, 東京專門學校出版部, 1902에서 비롯되었다고 일반적으로 알려져 있다. 그러나 그 전부터19세기 말 사회주의운동이 동아시아세계로 전파가 되어오면서 일부 지식인들과 제국주의 정치권력자들에 의하여 아나키즘이 '무정부주의'로 오역이 되어 유통되고 있었던 것으로 본다. 유럽에서 만들어진 아나키즘이 동아시아에서 무정부주의로 오역된 것은 아나키즘anarchism이라는 용어가 그리스어 ἄναρχος án-archos'에서 유래하였기 때문으로 보인다. 그리스어의 an은 '부정否定/

거부하다'는 뜻이고, archos는 지배자권력자/독재자의 뜻을 가지고 있다. 그런데 일제강점기 지식인/권력자들은 이를 단순하게 '지배자가 없는'으로 해석하여 사회를 혼란시키는 '무정부주의'라고 오역한 것으로 본다. 그러나 archos를 권력자/독재자로 번역을 하게 되면 무無권력주의라는 번역어가 나오게 된다. 따라서 아나키즘의 바른 뜻은 부분적으로 "무無강권/무無권력주의"가 된다. 그런데 이를 무정부주의로 번역하여 유통이 된 것은 일제가 악의적으로 정치적 이용을 한 것으로 보인다. 마치 아나키즘이 사회를 혼란시키는 나쁜 사상처럼 호도糊塗시키는 음모였다는 생각이다. 사회에 반드시 지배자/지도자가 있어야 하는 것은 아니라는 것을 우리는 알아야 한다. 그러면 신채호가 아나키즘을 접하게 되는 시간에 대하여 알아보자.

신채호가 아나키즘을 접하고 자신의 사상으로 받아들이는 시기는 분명치 않다. 한 연구자는 1905~1906년으로 보고 있다.이호룡, 2013, 154쪽 그 근거는 신채호가 타이완 지룽에서 일제 경찰에 강제 체포되어 중국 따롄[大連]에서 일제 경찰에게 심문을 받을 때 "언제부터 무정부주의에 공명共鳴하였는가"라고 묻자. 신채호는 자신이 아나키스트가 된 계기를 "내가 황성신문에 있을 때1905년 경에 고토쿠 슈스이幸德秋水의 무정부주의에 대하여 쓴 글《長廣舌》장광설, 1902을 읽은 때부터이오."라고 말하고, 다시 경관이 "그대는 아나키스트인가"라고 묻자. "나는 의심 없는 무정부주의자요"라고 대답을 한전집 8, 920쪽.데서 근거를 찾고 있다. 그런데 아나키즘에 공명을 하였다고 곧바로 신채호가 자주적 생명을 핵심으로 하는 민족/민족정신을 버리고 아나키즘을 그의 사상으로 수용하였다는 뜻은 아니다. 그리고 그가 아나키스트라고 시인을 했다고 하는 시점은 1928년 4~5월의 일이다. 그러니까 신채호가 경찰심문을 받던 그 시점에서 자신이 아나키스트라는 현재진행형으로 한 말이지, 1905년 당시부터 아나키스트였다는 과거형으로 말한 것은 결코 아니었다고 본다. 그러면 '장광설'에 대하여 조금 살펴보고 가자. 아나키스트였던 고토쿠 슈스이는 이 책에서 사회주의를 "위대한 이념, 위대한 이성으로 표현하고 공업이 있고, 군비가 있고, 빈부의 격차가 있고, 생존을 위한 고투가 있고, 다수의 곤란과 기아, 죄악이 있는 곳에 사회주의가 반드시 구세주로 도래할 것이다."고 역설하고 있다. 幸德秋水/임경화, 2011, 151~155쪽. 그리고 〈암살론〉에 대해서도 "무능한 사회에 의해 다수의 복리가 훼손당하는 것을 방관하는 것은 암살보다 더 큰 죄악은 없다. 이것이 어찌 순교자의 마음이 아니겠는가. 암살자들은 개인이나 당파의 행위에 대한 사회의 판단과 제재가 무력한 데 절망하여 스스로를 대신해서 판단과 제재를 하려는 사람들이다. 곧 국가와 사회에 대한 개인의 절망이 무정부주의와 암살을 만들어냈다고 암살의 불가피성을 강조하였다. 幸德秋水/임경화, 2011, 157~160쪽. 이런 사회주의/아나키즘 사상을 가지고 쓴 장광설을 보았다고 해서 신채호의 아나키즘 수용시기를 1905년으로 잡는 것은 무리라고 본다. 그것은 신채호가 암살/폭력 등 아나키스트적 투쟁방식을 거론하는 것은 러시아의 볼셰비키혁명1917에서 보인 민중에 의한 무력투쟁의 소식을 접한 1918년 이후부터이다. 또 어떤 연구자는 신채호가 1916년 단편소설인 〈꿈하늘〉을 쓴 시기부터 아나키즘적 사상경향을 보였다고 한다최옥산 2003. 27쪽 그러나 꿈하늘에는 아我:한놈와 비아非我: 침략세력의 투쟁논리는 있어도 아나키즘적 윤리는 없다. 어찌했던 가장 반일적反日的인 신채호가 일제의 사회주의 선구자인 고토쿠 슈스이의 저서를 "합리적"이라고 말한 것으로 보아 고토쿠 슈스이의 다른 책, 곧 《社會主義神髓》사회주의신수: 사회주의의 핵심본질이라는 뜻, 1903, 가을라는 책도 읽은 것으로 본다. 이외 신채호는 중국 아나키스트들의 잡지인 《新世紀》신세기, 1907년 6월에 프랑스에 거주하는 중국인 아나키스트들이 창간한 잡지에 번역되어 실린, 러시아의 아나키스트 바쿠닌Bakunin, 프랑스의 아나키스트 푸르동Proudhon, 그리고 러시아의 크로포트킨의 글을 읽게 된다. 여기서 신채호는, 크로포트킨의 민중직접혁명이론과 개인의 자유를 바탕로 하는 상호부조이론에서 크게 감명을 받고조세현, 2010, 50쪽, 자강론적 애국계몽운동, 자강론적 저항민족주의에 대한 오류를 발견하게 된다. 그리고 러시아의 볼셰비키혁명과 3.1민중기의에서 민중의 존재와 인민/민인의 자유, 반권력/반권위적 인식을 확실하게 한 것으로 보인다. 따라서 신채호가 1905년 무렵에 아나키즘에 관심공명共鳴을 보인 것은 사실일지라도 그 당장 자신의 사상으로 수용한 것은 아니었다고 본다. 신채호가 베이징에 머물고 있을 때, 1910년대 말 무렵1918 중국에서는 아나키스트 모임인 〈巴里그룹〉파리그룹이 상당한 세력을 형성하고 있었다. 당시 베이징대 총장은 차이 위안페이[蔡元培]였다. 차이 위안페이는 중국 무정부주의 창시자로 파리그룹 회원이었다. 신채호는 베이징에 있으면서 이들 리스쳉, 차이 위안페이와 교류하면서 아나키즘을 폭넓게 이해하게 된 것으로 보인다. 그리고 생디 아나키스트 크로포트킨 사상을 실천하고 있던 중국 아나키스트 류스푸劉師復9가 발간하는 《晦鳴錄》회명록, 1912. 7.에 게재된 논설을 읽으면서 크로포트킨의 이론에 공감하게 된 것으로 보인다. 한편, 신채호가 조선혁명선언을 집필할 무렵 당시 아나키즘의 이론가로써 중국 리스쳉의 영향을 받은 유자명柳子明, 1891~1985을 통해 아나키즘 이론에 대하여 학습하였던 것 같다. 이만열, 1990, 43쪽 이러한 과정일본, 중국의 아나키스트와 한국의 아나키스트의 영향을 거쳐 신채호는 아나키즘에 바탕하여 역사철학적 인식을 하게 되었고 그 결과물이 조선혁명선언이 아닌가 하는 생각이다. 한편, 상하이 국민대표회의가 실패로 끝난 무렵1923, 8월 이후에는 이회영李會榮, 1867~1932을 통해서도 아나키즘에 관련하여 학습을 하였던 것으로도 보인다. 따라서 신채호가 아나키즘을 그의 반일민족해방전쟁의 이념으로 받아들이는 시기는 1918년 전후로 보인다. 신채호의 아나키즘 숙지/공명시기와는 다른 문제이다 그리고 1924년, 잠시 베이징의 관인사觀音寺에 있을 때, 아나키스트 이회영, 유자명과 교류하고 베이징대 중국인 아나키스트 리스청과도 만나 토론을 한다. 이후 계속하여 한국인 아나키스트 이을규李乙奎, 이정규李丁奎, 정화암鄭華岩, 백정기白貞基 등과도 교류를 하게 된다. 신채호가 관인사에 들어가게 된 동기 중 하나가 국민대표회의의 무산각 세력간의 파쟁과 대립에 대한 실망이 컸기 때문이라고 앞에서 말한 바가 있다. 이에서 신채호는 당시 형세판단을 보아 대규모 무력투쟁의 불리함과 독립운동세력 내의 뿌리 깊은 파쟁과 반목, 대외적으로 부르주아적 반동민족주의/제국주의의 확대일로 등으로 비추어 장래 저항민족주의는 무의미하다는 판단을 한 것으로 보인다. 따라서 소小집단적 무력투쟁인 테러, 암살, 파괴가 더 유리한 전술일 수 있다는 판단을 하는 것으로 생각이 된다. 신채호의 다음 글〈크로포트킨의 죽음에 대한 감상〉 1921. 1.29을 보자. "무정부주의는 내가 조사하고 연구하여 깨달은 바는 아니나, 그렇다고 해서 어찌 아니다不可라고 말하겠는가?.··· 나는 비단 무정부주의를 궁구窮究: 깊이 연구하지 않음하지 않았을 뿐 아니라, 곧 그 역사의 전말顛末을 상세히 보기에 이르진 못했고, 비단 크로포토킨의 죽음이 언제인지 모를 뿐 아니라 곧 그 생년이 어느 해인지 미처 기록하지 못하였다. 그가 평생 한 일에 대해 내가 아는 것은, 1 니꼴라이 정부에서 축출되었다. 2 레닌정부에게서 뜻을 얻지 못하다가 기구하게 떠돌아다니는 생활로 끝마쳤다는 것뿐이다.··· 레닌의 성공을 보고 크로푸토킨의 고집을 나무라는 사람은 진실로 어리석은 사람이다.··· 레닌이 옛사람이 되고 크로포토킨이 말하는 바는 어린아이도 이해하는 것이 될지 아닐지 어찌 알겠는가? 봉건을 깨트리고 하나의 존엄한 자가 정해지니 서민은 전제의 폭위暴威로 머리가 아팠다. 폭군을 죽이고 헌법을 세우니 노동자와 자본가의 불평등한 문제가 또한 만들어졌다. 세계의 혼란은 과연 언제 그치는가. ··· 인류의 진보는 그칠 때가 없고, 1,100

년은 진실로 한 순간이다. 사물의 생겨남을 모두 깨달으면, 타인과 내가 모두 공空해지니 무정부주의 또한 유치하고 부족한 도道가 되고 크로포토킨을 옛 사람으로 여기지 않을지 어찌 알겠는가."글쓴이가 일부 발췌하였음, 전집 5, 411~416쪽 이 내용에 비추어 보면, 신채호는 아나키즘에 대하여 자신이 직접 공부한 적이 없다고 하였다. 그러나 볼세비키가 크로포토킨의 사상을 배제하는 것은 어리석다고 하였다, 결국 신채호는, 레닌의 사상과 크로포트킨의 사상, 즉 볼세비즘과 아나키즘을 서로 다른 것으로 인식하고, 볼세비키당공산당의 정치를 전제정치로 인식하고 공산주의에 반대하는 입장을 나타내고 있다. 어찌했던 신채호는 사회주의사상으로써 아나키즘과 공산주의를 비교하여 아나키즘에 기우는 입장을 나타냈던 것은 분명하다. 위 내용으로 보았을 때 신채호가 〈크로포트킨의 죽음에 대한 감상〉이라는 기사를 썼다고 해서, 크로포트킨 사상에 경도되고 있었다는 증거를 찾기는 희박하다. 오히려 "사물의 생겨남을 모두 깨달으면, 타인과 내가 모두 공空해지니 무정부주의 또한 유치하고 부족한 도道가 되고 크로포토킨을 옛 사람으로 여기지 않을지 어찌 알겠는가"라고 함으로써 크로포토킨의 아나키즘 이후의 또 다른 사상이 나올 수 있다는 것을 암시하면서 '사상의 진화'를 인정하고 있다. 그 자신의 사상진화를 대변하는 말로 들린다. 신채호는 1905년 이후 그의 뇌세포에서 오랜 세월 배양/공감되어 오던 아나키즘을 1918년에 싹 틔우고, 1921년경, 천고를 통하여 아나키즘 사상을 이론적으로 수용하고, 1923년 조선혁명선언을 통하여 아나키즘 사상을 집대성한 후, 1924년 이후부터는 본격적으로 아나키즘이라는 아름드리나무에 의지하여 역사철학적 인식을 하고, 반일민족해방항전 준비를 하였다고 볼 수 있다.

신채호는 이제까지 지녀온 민족국가 수립을 목표하는 저항민족주의에서 민족해방의 위업을 주체적으로 달성해야 한다는 '자주적/주체적 민족주의'로 사상적 전환을 한다. 그리고 민중적 민본주의 사상은 민중에 의한 직접혁명으로 발전시킨다. 이리하여 신채호는 진보된 자주적 민족주의, 민중적 민본주의와 자유평등의 아나키즘을 이데올로기적 융합을 한다. 이것이 신채호가 세상에 내놓는 민족아나키즘이다. 신채호는 민족아나키즘이라는 아름드리나무에 의지하면서 반일민족해방을 위한 항전에 혼신의 힘을 쏟으면서 항전준비를 하다가 일제에 강제 체포됨으로써 그의 항전 준비는 애석하게 실천에 옮기지 못하였다. 이후 그의 국가와 민중에 대한 인식도 커다란 변화를 만나게 된다. "1) 식민지 이전의 조선이라는 나라는, 올바른 민족의 역사를 계승하지 못한 것은 고사하고, 반동민족주의에 적절한 대응을 못하고 조선을 끝내 노예국으로 전락시키는 역사적 과오를 범하였다. 2) 독립운동을 주도하는 임시정부의 관료/지도자들의 민족반역적 행위와 함께 타협적인 항일독립운동을 주도하는 미지근한 태도로 볼 때, 그들에게서는 기대할 것이 없다. 따라서 민중에 의한 해방전쟁의 위업을 달성해야 한다. 3) 이러한 두 가지 상항으로 보았을 때, 현재의 일제와 투쟁상황과 미래의 민족발전의 이상적 가치체계는 아나키즘 사상이다."라는 역사철학적 인식을 하게 된다. 이렇게 신채호의 지나온 삶의 과정에서 보았을 때, 그가 아나키즘을 의식적/사상적으로 자기 철학으로 수용하는 한 것이 아니라고 본다. 그는 점점 더 깊게 빠저들어가는 민족의, 민인/인민의 노예상태에서 해방전쟁의 위업을 달성하는 데는 아나키즘 사상 이외는 아직은 달리 답이 없다는 판단을 한 것으로 본다. 곧 아나키스트 고토쿠 슈스이가 주장한 "전제정부제국주의는 무정부주의의 제조공장"이라고 한 대목에서 공감을 하고, 이를 가장 '합리적'이라고 생각하였다. 신채호가 고토쿠의 생각에 공감을 했다면 아마도 고토쿠와 같은 아나키스트의 길을 가겠다는 마음을 갖게 되었는지도 모른다. 신채호의 〈제국주의와 민족주의〉《대한매일신보大韓每日申報》, 1909.5.28. 전집6, 431쪽.라는 글에 비추어 보면, 고토쿠 슈스이의 주장과 비슷한 내용이 많다. 신채호의 평소 신념이 고토쿠의 주장과 서로 감흥을 일으키면서 자연스럽게 1910년대 무력투쟁론을 주장하고 1920년대 민중에 의한 직접혁명론크로포트킨의 사상을 주장하게 되었다고 본다. 그렇지만 신채호는 진보된 자주적 민족주의+ 주체적 민중을 바탈로 하는 민본주의를 끝까지 끌어안고 있었던 것으로 보인다. 곧 그의 역사철학적 인식에서는 자주적 민족주의와 자율적 아나키즘은 충돌을 일으키지 않았다. 그는 1900년대의 민족주의를 사회진화론적으로 이해하였고, 1910년대의 민족주의는 민중과 연계하는 민본주의적 민족주의로 이해하였다. 그리고 1920년대 이후는 민족아나키즘을 낳게 된다. 여기서 짚고 넘어갈 문제는 아나키즘과 민족주의와 관계다. 당시 아나키즘이 반反민족주의를 취하는 것은, 제국주의 속에 깃들어 있는 부르주아적 반동민족주의강력한 국가주의를 말한다. 따라서 신채호가 가졌던 저항민족주의가 자주적 민족주의로 사상적 전환을 하면서 그에게서 저항민족주의는 사라지게 된다. 신채호의 민족주의는 국가와 국가 간의 침략과 약탈의 관계, 나라 안의 지배와 피지배 간의 억압과 착취의 관계를 탈피하는 자주적/주체적 민족주의다. 따라서 자주적 민족주의는 '민족의 생명인 자주성/자주정신'을 의미한다. 그러함으로, 신채호의 자주적/주체적 민족주의는 제국주의가 갖는 부르주아적 반동민족주의도, 약소민족이 갖는 자강론적 저항민족주의도 아니다. 신채호의 자주적 민족주의는 온갖 형태의 간섭과 통제, 억압의 지배를 반대하고 그 누구권력자와 침략자에게도 구속을 받지 않고, 자주적으로 존립하고 발전하는 민족의 자주적 정신반강권/반권력를 말한다. 곧, 자연적으로 역사 속에서 형성되어 온 민족공동체를 의미한다. 때문에 신채호는 '자주성을 생명'으로 하는 '민족'/민족정신을 결코 버리지 않았다. 이는 그의 강한 자유의지의義=민족의 이익에서 비롯되었다고 본다.

그는 자신이 쓴 원고역사, 논설 사론 등를 신문사나 잡지사에 보낼 때도 "본인의 원고
전부를 부정하는 것은 좋지만, 글자를 가감하는 것은 절대 안 된다. 곧 구절의 가
감은 연구의 기초와 방법이 피차 서로 다르기에 글자의 가감은 안 된다"전집2, 6~7
쪽라고 주장할 정도로 자기의 굳은 자유의지와 철저한 역사철학적 인식을 가지
고 있었다. 그래서 신채호는 세상을 알기 시작하면서 자기주체적 민족에 대한 애
정적 역사의식과 애민적 사회의식을 옥사獄死하는 그날까지 버리지 않았다고 본
다. 곧 연변대학교 총장을 지낸 바 있는 김병민金柄珉: 1951~이 편집한《신채호문
학유고선집》1994에 실린 신채호의 글 중에 〈문예계 청년에게 참고를 구함〉1920. 추
정에서 보면, 글 끝부분에서 다음과 같은 말을 한다 "우리 사회는,......남을 따라
가는 사회다. 10년 전에 돌아다니던 지사志士들은 모두 애국자이더니 오늘날은
모두 공산당이며, 10년 전에는 병학兵學을 배우려 하더니 오늘날은 거의 문학文學
을 배우려 한다. 어느 나라이던 시대의 조류潮流를 밟지 않겠느냐마는 그러나 무
슨 주의이던, 무슨 사상이던 늘 그 사회의 정황에 따라 성행하기도 하고 쇠퇴하
기도 한다. 그런데 우리 사회는 그렇지 않다. 누가 외씨버선을 신으면 자기는 발
이 아프든 말든 외씨버선을 신는다면, 이것은 노예사상이다. 사람이 사람노릇
을 못한다면 나는 차라리 괴물이 되겠다. 괴물怪物, 괴물"글쓴이가 신채호의 고문체를 오
늘날 문체로 바꾸어 씀. 천상에서 영면하고 있는 신채호 선생은 문체를 바꾸어 쓰는 것도 싫어하겠지만, 전
집, 7권 380~384쪽. 라고 쓴 대목을 볼 때 신채호는 민족/나라 사람들의 주체성/자주
성을 강조하였다. 그가 말하는 나라 사람/인민의 주체성/자주성은 민족의 생명
을 뜻한다. 이러한 민족의 강한 주체성과 확고한 자유의지는 그를 자주적 민족
주의자로 탄생하게 만들었다. 제국주의적 민족주의가 아니다. 신채호는 누구의
저서나 사상적 주장에 따라 자기 소신을 바꾸는 그런 사람이 아니었다. 자기 '사
상의 자유의지'에 따라 남의 주장과 사상을 취사取捨하여 받아들였다고 본다. 이

에 따라 신채호의 사상적 진화도 저항민족주의에 바탕하여 생존경쟁적/우승열패적 사회진화론도 수용하였다가, 서서히 저항민족주의에서 벗어나 자주적인 민족주의로 사상의 진보를 한 다음, 아나키즘을 수용하였다는 생각이다. 그러니까 신채호의 아나키즘은 중국이나 일본과 유럽의 원색적 아나키스트들처럼 태생적 아나키즘을 그대로 수용한 게 아니다. 자신의 역사철학적 인식, 곧 자주적 민족주의, 낭가사상, 민본주의, 민중사관, 투쟁논리, 선비사상 등이 복합적으로 융합한 상태에서 아나키즘을 수용하였다는 생각이다.

다시 말하면, 신채호가 투쟁적/민족적 아나키즘을 수용한 것은 그 자신의 삶살이 전체에서 묻어나는 민족과 민중에 대한 신념이 아나키즘에 녹아있었기 때문으로 본다. 곧, 자신의 정신적 이념민중적 민본주의, 자주적 민족주의+양심적 행동항일무력투쟁=미래적 영향근대아나키즘이 사상적으로 융합되어 민족아나키즘을 창조했다고 본다. 신채호가 아나키즘에서 발견한 정신적 이념은, 아나키즘의 원리가 엘리트 중심의 지배/통치구조가 없는 무無권력이었기 때문이다. 조선이 식민지로 전락한 것은 엘리트 중심의 통치지배체제 때문이라고 분석하였다. 따라서 신채호로서는 아나키즘의 정신인 무無통치/무無권력은 매력적이 아닐 수 없었다. 그리고 신채호가 아나키즘에서 찾아낸 양심적 행동은 일제 탄압세력의 강압적 폭력에 대항하는 반대급부로 '타도 일제'를 외쳐야 하는데, 외세의존적 외교론/독립준비론/위탁관리론/일제 조선총독부 속의 자치론 등은 나약한/비굴한 타협이 아닐 수 없었다. 일제의 정치모략에 말려드는 행위로밖에는 생각되지 않았다. 따라서 비타협적인 일제와의 무력항전만이 '타도 일제'라는 정신으로 민족해방의 위업을 달성할 수 있다고 보았다. 바로 그의 올곧은 양심이다. 그에게서 아나키즘이 갖는 민중의 직접적 행동에 의한 폭력혁명폭력: 제국주의 국가폭력에 대한 약소민족의 대응폭력을 말함은 매력적이 아닐 수 없었다. 아나키즘의 이념적 양심과 신채호의 양심적 행동이 합치하는 부분이다. 신채호의 정신적 이념과 양심적 행동은, 해방된 민족의 미래도 생각하지 않을 수 없었다. 곧 민중/인민의 폭력혁명을 통하여 일제에 의한 노예상태로부터 민족의 해방, 국권상실에서 주권의 독립을 갖는 대한[고유한 조선의]의 미래는 무無권력의 정치체제[자유적 조선의], 균산均産의 경제질서[민중적 경제의], 평등平等의 사회제도[민중적 사회의], 자유적 문화창달[민중적 문화의]을 통한 민중/민본사회여야 한다고 생각하였다. 신채호가 볼 때, 아나키즘에는 미래민족의 모습도 담겨 있다고 보았다.조선혁명선언에서 그리하여 아나키즘은 부르주아 지배권력체제자본주의, 프롤레타리아 독재권력체제공산주의/사회주의을 극복하고, '민중의, 민중에 의한, 민중을 위한' 무권력/무권위의 균산적 경제질서, 평등의 사회질서를 만들 수 있는 희망적 사상으로 생각하였다. 신채호는 국가체제와 조직, 그리고 사유제 재산제도는 불평등을 낳고, 불평등은 인간사회에 악을 조성한다고 보았다. 따라서 민족의 해방 이후에도, 불평등사회를 종식시키고 민중이 평등하게 그리고 천연적 자유천지에서 살 수 있게 해줄 수 있는 사상적 바탕은 아나키즘이라고 보았다. 이렇듯, 신채호는 아나키즘을 그의 이념적 전략으로 받아들이고 아나키스트의 투쟁수단인 민중/인민의 폭력혁명을 항전전술로 활용하고, 아나키즘의 자유와 평등정신을 해방된 나라의 미래이념으로 받아들이고 있었다. 신채호는 이렇게 아나키즘이 갖는 이념과 항전전술을 수용하면서도, 자주성의 생명을 지닌 '민중/민본적 민족주의'를 꼭 껴안고 있었다는 점은 그의 가장 숭고한 점이다.신채호는 조선혁명선언에서 일제를 이족異族, 우리 민족을 조선민족朝鮮民族이라 칭하고 있다. 이는 신채호의 '민족' 구분에 해당된다. 신채호의 '민족아나키즘' 속에는 반동민족주의도, 저항민족주의도 없는 이상적 세계로서 '민본주의적/자주적 민족사회/민족공동체'만이 담겨 있다.

신채호가 만든 신조어 민족아나키즘은 1) 전략적으로는 제국주의의 강권주의를 타도하는 이론이 되었으며, 2) 그의 민중직접혁명론은 제국주의가 약소민족을 침탈하고 탄압하는 현실에서 피압박민족들의 투쟁전술에 적합한 행동철학이었다. 그래서 3 폭력전쟁으로 평화의 시대를 만들고, 평화의 시대는 개인의 자유연대에 의한 상호부조의 민족사회가 건설되어야 한다고 보았다. 그리고 4 해방의 위업이 달성되고 해방된 민족사회에서 상호부조의 자유연대사회를 파괴하려는 나라/지역의 권력자가 다시 나타난다면, 바로 이에 대응하여 전술적 테러리즘은 반드시 필요하다는 논리가 신채호의 민족아나키즘이다. 따라서 신채호의 민족아나키즘은 이념적으로는 반反강권사상이다. 따라서 권력과 권위가 없는개개인의 '자유연대'에 의해 상호부조론적 자유사회를 건설하는 사상이다. 그리고 실천적으로는 탄압권력强者의 국가폭력에 저항하는 전략/전술로 암살, 파괴, 폭동 등, 대응폭력인 테러리즘을 정당화하는 이론이다. 일제세력이 날로 강대해지는 극한상황에서 아나키즘의 전술인 테러리즘대응폭력적 항전방식을 신채호는 정당화할 수밖에 없었다. 이러한 역사철학적 인식 위에 신채호는 민중에 의한, 민중을 위한, 민중의 직접혁명을 내세운다. 곧, 1) 민중을 위하여 일체의 불평, 부자연, 불합리한 장애를 타파해야 한다는 민중의 각오. 2) 민중의 각오가 이루어지면 숫자상 강약强弱비교의 관념은 의미가 없다는 점. 이것이 신채호가 민중에 의한 대응적對應的 폭력혁명을 주창하는 이유다. 이는 신채호의 민족아나키즘 인식이 가져다주는 핵심내용이다.

4. 신채호의 역사철학적 인식

그러면 이제부터 1920~30년대에 나타나는 신채호의 민족아나키즘에 바탕한 역사철학적 인식에 대하여 살펴보자. 신채호의 역사철학적 인식을 살펴볼 수 있는 그의 글들이 있다. 《天鼓》면고, 1921. 2.29, 전집5, 125/411~416쪽, 조선혁명선언1923, 북경회의《宣言書》1928 등이다. 이 세 글을 통하여 신채호의 민족아나키즘이 형성되어 가는 과정에서 나타나는 그의 역사철학적 인식의 진보과정을 살펴보기로 한다. 1917년 러시아의 볼셰비키혁명 이후, 1919년 3.1인민기의 전후로 그의 가슴 속으로 파고드는 아나키즘의 정신을 1921년대 무렵에는 아나키즘을 그의 주된 사상으로 가슴 깊이 받아들이고 있다는 사실을 천고에서 정확하게 볼 수 있다. 천고를 통하여 신채호의 역사철학적 인식이 어떻게 반일민족해방항전을 풀어나가고 있는지, 그리고 우리가 일반적으로 신채호를 아나키스트로 인식하고 있는 조선혁명선언에서 나타나고 있는 신채호의 역사철학적 인식과 민족해방투쟁의 방법론에 대하여 살펴본다. 그리고 그가 일제에 의한 강압적 체포를 당하기 전에 쓴 북경회의 선언문에서 나타나고 있는 그의 역사철학적 인식과 민족해방운동과 관계에 대해서도 살펴보기로 하자.

[천고 창간사에서 보이는 신채호의 역사철학적 인식]

앞에서 살펴본 바와 같이, 신채호는 상하이에서 임시정부의 압력으로《신대한》이 폐간되면서 베이징으로 이동해 온다. 그리고 김창숙과 박순병朴純秉의 도움으로 순한문체필진이 중국인인 경우는 백화문으로 월간지 《天鼓》천고=면고를 발행하게 된다.1921. 1, 이 역시 대동大同과 같은 형식의 표지디자인을 하고 있다. 다만 천고의 표지디자인에는 맨 밑에 영문으로 CHIUNKO/TIENKU라는 글자가 쓰여 있다는 게 차이로 보인다. 종서체縱書體 잡지 이름을 '천고'라 한 것은, 그가 불교에서 말하는 도리천 선법당에 있는 북소리라는 뜻이다. 이 북은 치지 않아도 저절로 소리가 난다. 곧 천명天鳴의 소리라는 뜻으로 그는 〈天鼓頌〉천고송에서 "나는 면고천고가 우는 까닭을 안다. 천고가 우는 것은 애통함의 소리요, 분노의 소리다. 애통의 소리, 분노의 소리는 어마어마하게 장엄하여 2천만 동포의 혼을 불러일으킬 것이다. 이에 의연히 죽을 결심決死心을 하고 조상 대대로 내려온 조종祖宗: 근본적인 나라라는 뜻을 빛내고 영토疆土를 회복하리라. 섬나라 왜놈夷島들의 피가 다 마를 때까지, 나의 천고에서 그것을 깨닫게 하리라"전집 5, 38쪽와 같이 "천명에 의한 성토聲討를 단행하는 신성한 매개체"를 통하여 중국인들에게 한국의 독립의지와 한국인의 역사를 일깨워 한/중 공동으로 일제에 대항하기를 기대하는 희망을 가졌기 때문으로 보인다. 천고는《常綠樹》상록수를 지은 심훈沈熏이 잠시 도와준 적이 있지만, 지면60쪽 분량 모두를 혼자서 채웠던 것으로 보인다. 신채호는 필명을 바꾸어 가면서 혼자서 지면을 채운 것으로 본다. 그러면 천고 〈창간사〉創刊辭를 통하여 신채호의 역사철학적 인식을 살펴보자. 이에서 보면, 면고를 발행하는 네 가지 의미를 서술하고 있다. 첫째, 고려시대부터 조선의 국권강탈까지 짐승 같은 일제의 만행을 일일이 열거하고 "아시아를 유린하고 세계 조류를 무시하고 분수를 모르니, 그 죄는 죽여 마땅하다. 중국과 조선은 순치脣齒: 입술과 이빨 관계로 한배를 탄 우리와 중국 동포들의 위기상황을 구하고자"라는 취지로 면고天鼓를 낸다고 첫발을 뗀다. 천고 창간사 본문은 별첨 내용을 참고 바람 창간사 전체에서 신채호의 비장한 전운戰雲: 한 번 싸워보자는 살기殺氣 띤 각오을 읽을 수 있다. 그는 전장에 나가는 전사들 앞에서 일장 연설을 하되, 생사를 초월하는 투로 창간사를 썼다. 안에서는 일제의 교활한 문화정책에 현혹되어 일제에 부화뇌동附和雷同하는 언론이 생겨나고 있음을 고발하고 왜놈들이 저지른 음모/학정과 그에 대항하는 우리의 투쟁노력들을 두루 찾아내어 원수를 갚겠다는 의지를 보이고 있다. 이어서 일제에 대한 반일反日 투쟁은 중국인민들과 운명을 같이해야 한다는 점을 부각시키고 있다. 그리고 밖으로 민족자결의 조류가 일어나고 있음에도 왜놈들은 이를 모르쇠 하고 있는 현실을 직시해야 한다는 점을 일깨워주고 있다.

또 일제를 타도하는 수단으로 "칼이 되고 총이 되어 왜적의 기운을 쓸어버리고, 폭탄이 되고 비수가 되어 적을 동요시키고", "일제에 대하여 암살과 폭동이 끊이지 않고" 있다는 표현은 신채호식 문장이다. 이는 분명 제국주의의 침략폭력에 직접으로 대응하는 아나키스트의 응전폭력을 그대로 수용했다고 볼 수 있다. 이로 보아 조선혁명선언을 쓰기 이전부터 신채호는 아나키스트의 테러리즘으로 역사철학적 인식을 하고 있었다는 말이 된다. 곧 당시의 비열한 일제의 강권强權에 대하여 정의/공리正義/公理가 이길 수 있는 방법은 칼에 칼일 수밖에 없는 상황인식에서 아나키스트의 테러리즘을 수용하고 있는 것으로 본다. 용기가 없다면 테러리즘의 수용은 불가능하다. 이렇듯, 아나키즘과 테러리즘이 신채호의 주된 전략, 전술로 받아들이고 있는 사실을 천고에서 많이 볼 수 있다. 천고 1권 2호에서 보면, 필자가 남명南溟이 필명으로 된 〈크로프트킨의 죽음에 대한 감상〉전집 5, 411~416쪽, 크로포트킨의 사망일자는 1921. 2.1이다이라는 글이 있는데 남명은 신채호의 또 다른 필명으로 보인다. 이에서 보면, 앞에서도 언급을 하고 왔듯이, 신채호가 아나키즘을 접하는 시기는 1905년대로 자신이 직접 밝히지만, 당시는 그의 말 따라 "석가가 한국에 오면 한국의 석가가 되어야 한다."는 지론처럼 아직은 신채호가 아나키즘을 자기사상화自己思想化하지 않았던 것으로 보인다. 그런데 이 천고에서 보면, "크로프트킨이 노농정부볼셰비키 독재정부를 일컬음의 행위를 비판"하고 있다는 사실을 드러내고 있다. 이는 분명 아나키즘 사상과 통하는 말이다. 천고를 통하여 신채호가 1921년 이전, 1918년경부터 아나키즘적 역사철학인식을 하고 있음을 볼 수 있다. 어떤 연구자는 신채호가 천고를 발행하면서 아나키즘으로 사상적 전환을 하였다고 한다. 이홍기, 2013, 98쪽.

[조선혁명선언'에서 보이는 신채호의 역사철학적 인식]

조선혁명선언은 6,400자에 이르는 방대한 내용이다. 그리고 문체 또한 옛글이다. 그래서 가급적 원문을 살리되, 어려운 고문체는 오늘날의 문체로 바꾸었다. 또 어려운 한자는 괄호를 열어 뜻을 달아 두었다. 별첨 부록에서 참고 바란다. 조선혁명선언이 1 본인의 의지였는가. 2 의열단의 주문에 맞추어 의열단 투쟁방법을 합리화하여 쓴 것인지의 검토가 필요하다고 주장하는 학자도 있지만 신용하, 1986, 295쪽 조선혁명선언은 앞의 천고에서 보는 바와 같이, 한놈 신채호 개인의 역사철학적 인식으로 썼음이 분명하다. 또 아나키스트 유자명의 지도 아래 썼다는 주장도 있으나 이는 유자명 자신의 수기인 유자명, 1999, 133쪽.을 보아도 그렇지 않다는 것을 알 수 있다. 조선혁명선언은 모두 다섯 부분으로 나뉘어 있다. 첫 부분에서 "강도 일본이 헌병정치, 경찰정치를 힘써 행하여 우리 민족이 한 발자국의 행동도 임의로 못하고 언론/출판/결사/집회의 일체 자유가 없어 고통과 울분과 원한이 있어도 벙어리의 가슴이나 만질 뿐"이라며 일제 식민통치의 가혹성을 강하게 비판하고 있다. '조선혁명선언'은 일제뿐 아니라 "내정독립이나 참정권이나 자치를 운동하는 자가 누구이냐" 하면서 국내의 친일파나 개량주의자들의 타협노선에 대해서도 강하게 비판했다. 일제를 완전히 구축하고 독립을 쟁취하자는 게, 반일민족혁명투쟁노선이라면, 일제의 지배를 인정하면서 부분적인 정치적 권리를 얻자는 주장은 개량주의타협노선이다. 개량주의는 곧 일제의 민족분열정책으로 나온 문화정치에 말려드는 주장임을 신채호는 간파하고 있었다. 개량주의 타협노선에는 내정독립론內政獨立論, 참정권론, 자치론 등도 해당이 된다. 신채호와 의열단은 친일파와 개량주의자들의 이러한 주장은 자신들의 정치적 야욕을 달성하기 위한 투항노선이라고 보았다. '조선혁명선언'의 둘째 부분에서는 "일본 강도 정치하에서 문화운동을 부르는 자가 누구이냐?"라고 부르짖고, "우리는 우리의 생존의 적인 강도 일본과 타협하려는 자나 강도 정치하에서 기생하려는 주의를 가진 자나 다 우리의 적敵임을 선언하노라"고 공포하고 있다. 개량주의타협노선을 주장하는 자들은 독립운동가네 하면서 적에 동조하는 자들로 이들도 역시 모두가 우리 민족의 적이라는 뜻이다. 셋째 부분에서 '조선혁명선언'은 외교독립론과 준비론에 대해서도 강하게 비난하고 있다. 외교독립론에 대해 "이들외교독립론자은 한 자루의 칼, 한 방울의 탄알을… 나라의 원수에게 던지지 못하고, 탄원서나 열국공관列國公館: 외국대사관에 던지며, 청원서나 일본 정부에 보내어 국세國勢:나라의 형편의 외롭고 약함을 애소哀訴 슬픈 척하며 비굴하게 호소하는하여 국가존망/민족사활의 대大:큰문제를 외국인, 심지어 적국인의 처분으로 결정하기만 기다리었도다"라고 비난하고 있다. 신채호는 준비론에 대해서도 "실로 한 바탕의 잠꼬대가 될 뿐"이라고 비난했다. 그러면서 신채호는 "이상의 이유에 의하여 우리는 '외교', '준비' 등의 미몽迷夢: 꿈속에서 헤매는을 버리고 민중직접혁명의 수단을 취함을 선언하노라"라고 선포했다. 곧 민중직접혁명이 곧 우리민족 전체의 민족해방투쟁의 전략임을 밝히고 있다.

넷째 부분에서 신채호는 "강도 일본을 구축하려면 오직 혁명으로써 할 뿐이니, 혁명이 아니고는 강도 일본을 구축할 방법이 없다"며 혁명이 반일민족해방투쟁의 유일한 전략/전술임을 선언하고 있다. 이 부분은 의열단의 투쟁전술이었던 민중혁명론을 그대로 반영한 것으로 보인다. 또 "구시대의 혁명으로 말하면, 인민은 국가의 노예가 되고 그 위에 인민을 지배하는 상전, 곧 특수세력이 있어 그 소위 혁명이란 것은 특수세력의 명칭을 변경함에 불과하였다. 금일 혁명으로 말하면 민중이 곧 민중 자기를 위하여 하는 혁명인 고로 '민중혁명', '직접혁명'이라 칭한다. 조선의 완전독립, 절대독립은 혁명밖에 없다. 곧 민중에 의한 직접혁명이다. 오직 민중이 민중을 위하여 일체 불평, 부자연, 불합리한 민중 향상의 장애부터 먼저 타파해야 한다."라고 주장하였다. 여기서 신채호는 의열단의 민중혁명론을 더 구체화하여 민중에 의한 직접혁명을 강조하였다. 이 말은 '민중의', '민중에 의한', '민중을 위한' 직접혁명이어야 한다는 뜻이다. 곧 폭력혁명으로 이끌어낸 평화의 나라/시대에 와서도 같은 민족공동체 내에 어떠한 차별과 억압과 착취가 없어야 한다는 주장이다. 신채호는 대한의 미래사회 모습까지 생각하는 깊은 뜻을 이 부분에서 담고 있다. 민중직접혁명의 의미가. '조선혁명선언'이 담고 있는, 민중에 의해, 민중이 다스리는, 민중을 위한 사회를 만들기 위해서는 민중직접혁명을 할 때만이 가능하다는 뜻이다. 민중/인민은 '민중직접혁명' 속 깊이에 내재되어 있는 아나키즘 정신의 핵심 존재들이다. 아나키즘 정신은 정당성이다. 정당성은 용기勇氣로만 확보되고, 용기는 정의에서 만들어진다. 이런 정신의 반영이 곧 '민중직접혁명론'이다. 민중직접혁명을 해야 되는 이유는, 미래사회/나라는 엘리트 귀족이 다스리는 강권사회가 아니라 민중이 직접 다스리는 자유/평등사회이어야 하기 때문이다. 아나키즘의 정당성은 제도화된 정치조직과 권력, 사회적 계급과 권위를 강하게 부정함에 있다. 여기서 신채호가 민중+혁명=폭력적 혁명이라는 용기 있는 혁명주의자가 되어 있다는 것을 발견하게 된다. 신채호는 '민중'과 '폭력'을 혁명의 2대 요소로 보고 있다. 그리고 민중의 폭력암살/파괴/폭동에 의해 제거/파괴되어야 대상을 열거하였다. "1)조선총독 및 각 관공리, 2 일본 천황 및 각 관공리, 3 정탐노偵探奴/매국적賣國賊, 4) 적의 일체 시설물"이다. 또한 '이민족 통치' '특권계급' '경제약탈제도' '사회적 불균형' '노예적 문화사상'도 파괴 대상으로 규정하고 있다. '조선혁명선언'은 "이천만 민중은 일치로 폭력파괴의 길로 나아갈지니라"면서 "폭력파괴의 길로 나가는 민중은 우리 혁명의 대본영大本營이다. 폭력은 우리 혁명의 유일한 무기다. 우리는 민

중 속으로 가서 민중과 손을 잡고 끊임없는 폭력암살/파괴/폭동으로써 강도 일본의
통치를 타도하고, 우리 생활에 불합리한 일체 제도를 개조함으로써 다시는 인류
로써 인류를 압박하지 못하며, 사회로써 사회를 수탈하지 못하는, 이상적 조선
을 건설할지니라"라고 끝을 맺고 있다.

여기서 잠시 조선혁명선언에서 말하는 민중의 개념을 신채호의 역사철학적
인식으로 살펴보자. 신채호가 말하는 민중은 마르크스주의에서 말하는 자본가
와 노동자를 대립/갈등관계를 말하는 계급개념이 아니다. 크로포트킨이 말하는
개인의 자유를 바탕으로 한 상부상조의 대상으로써 민중을 의미한다. 곧 신채
호가 말하는 민중은 권력국가폭력에 의하여 자유를 억압당하고 있는 우리민족의
인민을 말한다. 다시 말하면, 일제로부터 강제된 식민지조선 안에서 인권/자유
의 압제와 경제적 수탈, 문화적 노예화를 강제당하는 민인/인민 모두를 의미한
다. 따라서 조선혁명선언에서 말하고 있는 인민은 공산주의에서 말하는 프롤레
타리아 계급을 뜻하지 않는다. 신채호는 우리 역사를 마르크스의 유물사관에 의
한 변증법적 계급투쟁에 의해서 진화/발전해 왔다고 보지 않았다. 특히 그가 조
선혁명선언에서 말하는 '자유적 조선민족'이라는 말은, 프롤레타리아/노동자
가 자본가로부터 자유로워진다는 뜻이 아니다. 일제 탄압권력으로부터 해방되
는 자유조선인을 말한다. 그것은 선언에서 "固有한 朝鮮"고유한 조선, "朝鮮民族조
선민족의 생존을 유지하자면", "조선민족의 생존을 위협하는"전집 8, 898~899쪽.이라
는 용어를 쓰고 있는 데서도 알 수 있다. 또한, 선언에서 '경제적 약탈제도의 파
괴', '사회적 불평균의 파괴' 등 주장은 자유방임적 자본주의에 대한 비판과 함께
사회주의/공산주의적 재산공유제도 거부하고 있음을 알 수 있다. 이는 마르크스
계급투쟁을 통한 사유재산제 파괴와는 전혀 다른 점이다. 신채호의 수필 〈問題

없는 論文〉문제 없는 논문, 1924.10.3., 전집 6, 579~582쪽.라는 글에서는 날로 팽배해 가는 금전주의金錢主義/자본주의에 대한 비판을 하고 있다. "금전 이외에 조선도 있느리라. 금전 이외에 동지同志도 있느리라. 금전 이외에 치욕恥辱도 있느리라" 한 것처럼, 체제나 제도나 기구 이전에 인간존중/자유평등의 아나키즘 정신이 있음을 말하고 있다.

신채호는 강도 일제에 의하여 조국이 병탄倂呑되었다는 현실을 아나키즘과 연결한다. 그는 늘 조선, 동지, 동족朝鮮/同志/同族을 강조하는 문구/단어를 곧잘 쓰고 있다. 그리고 1923년 이후, '이상적 조선'理想的 朝鮮이라는 개념을 자주 끄집어낸다. 이상적 조선이라는 것은, 일제하의 식민지 조선, 일제하 인민의 노예상태, 일제하 민족자본의 수탈, 일제하 노예적 문화상태에서 해방된 조선임을 말한다. 한편으로는 이상적 조선의 건설이라는 뜻은, 당시 1920년대 아나키즘 사상에 바탕을 둔 개인적 테러리즘위 5파괴의 정당성을 확보하기 위한 이론적 근거였던 것으로 보인다. 신채호는 조선혁명선언에서 일제의 경제침략정책경제약탈정책+자본집중원칙=상인층의 몰락, 경제적 생존권의 위협, 특권계급의 압박을 열거하면서 대응폭력을, '보다 더 큰 가치'를 쟁취하기 위한 건설수단으로 보았다. 곧 외세의 폭력침략과 강권에 대하여, 합당한 저항/대응은 폭력밖에 없다고 보았다. 따라서 폭력세력에게 비폭력으로 대응하거나 제3의 힘에 의존하여 폭력세력을 제거하려 하고, 폭력적 약탈세력에 기생하여 발전을 도모하겠다는 발상은 곧 패배주의라고 일축하였다. 따라서 외교론, 준비론, 위탁통치론을 주장하는 독립운동 지도자들에게는 기대할 것이 없다. 오직 희망을 걸 수 있는 존재는 민중의 일체화된 폭력적 저항/응전이라고 보았다. 이렇게 하여 신채호는 민중을 '자각된 주체'로 승화시켜 놓았다. 신채호는 조선혁명선언에서 민중직접혁명을 거론하는 이유로 또 한 가지 예를 든다. 한말 국권회복을 위한 노력에서, 안중근의 이토에 대한 테러, 이재명李在明, 1886 ~ 1910의 이완용 테러, 의병의 일경에 대한 저격은 높이 사면서도 한편으로 이를 비판하는 것은 민중적 역량의 기초가 없었기 때문에 성공으로까지 연결하지 못하여 아쉽다는 말을 하고 있다. 크로포토킨의 혁명논리에 의하면, 혁명은 부화기→진화기→완성기의 과정을 필연적으로 밟게 되는데 혁명의 완성은 폭력에 의하여 이루어진다고 하였다. 그래서 신채호는 조선혁명선언에서, 3.1민중기의를 실패로 보고, 실패 원인은 민중은 있었으나 '폭력적 중심'이 없었기 때문으로 보았다.전집 8, 898쪽. 곧 기존의 지배권력에 의하여 세뇌되어 존재하는 권위/전통/윤리/도덕, 그리고 문화/예술/종교 등을 민중의 착취세력으로 보았다. 그래서 민중 착취/억압/탄압세력을 제거하는 방법은 혁명이고, 혁명의 수단은 폭력제국주의 침략폭력에 대한 약소민족의 응전폭력을 말함으로만 가능하다고 하였다. 폭력의 단계에서 행해지는 혁명의 방법은 적에 대한 암살과 테러, 시설에 대한 폭파, 그리고 적敵을 전면으로 거부/반대하는 폭동이라고 말한다. 신채호의 무장투쟁론은 망명 이후 두드러지게 나타난다. 그러나 1910년대 무력투쟁을 주장할 때만 해도 폭력암살, 테러, 폭동, 파괴 등을 거론하지 않았었다. 그런데 1920년대 조선혁명선언/1928년 선언서/용과용의 격전 등의 글에서는 대응폭력을 혁명수단으로 거론하고 있다. 이는 신채호가 1921년이 지나면서 아나키스트의 폭력수단을 전술적으로 활용하고 있음을 보여주고 있다. 그런데 그 폭력은 다른 것이 아니고 반드시, 민중에 의한 폭력이어야 한다고 하였다. "[民衆, 暴力]민중/폭력, 이 두 개의 용어에서 만일에 하나라도 빠진다면, 굉렬장쾌轟烈壯快: 벼락을 치듯 강렬하고 기세 좋게 날센한 거동이라도 할지라도 또한 전뢰電雷: 번개와 천둥같이 수속收束: 한꺼번에 그치고 마는하는도다." 또 "민중의 폭력적 혁명이 발생치 아니하면, 이르거니와 이미 끝나 버렸다."라고 한 말과 같이 폭력만이 유일한 민족해방의 길이고 그 폭력은 민중이 주도하는 폭력이어야 한다고 보았다. 그래서 신채호의 민족해방을 위한 전략은 폭력에 의한 민중직접혁명이었다. 그리고 앞에서 열거한 바와 같이 폭력혁명으로 타도해야 할 대상들을 열거하였다. 이러한 인식과 사고는 1920년대 역사상황에서 나올 수밖에 없는 '시대적 해법'이었다고 본다. 신채호 입장에서 우리 민족의 적/일제라는 투쟁대상이 날로 강대해지고 악랄한 통치수단으로 민족의 인민신채호는 1910년대부터 인민이라는 말을 자주 사용한다을 압박해 들어오는 현실에서 약자인 우리 민족이 쓸 수 있는 수단은 테러/파괴/폭력이었다. 침략세력인 강도 일제의 입장에서는 테러/파괴/폭동을 비非합법적인 폭력수단이라고 말하지만, 약자인 조선이 할 수 있는 방법이 무엇이 있었겠는가. "勇者용감한 자는 의분 때문에, 弱者힘이 없는 자는 고통 때문에, 貧者간난한 자는 기아 때문에 거족적/거국일치로 혁명대열에 참여해야 한다. 곧 혁명만이 奸猾殘暴간활잔폭: 간사하고, 교활하고, 잔인하고, 폭악적인한 강도일본을 구축하는 길이다. 우리가 살길은 혁명뿐이다."라고 폭력에 의한 혁명을 강조하고 있다. 그러나 아나키즘의 본래 정신은 결코 폭력수단을 선호하지 않는다. 오히려 폭력전쟁/탄압 등을 반대하는 사상이 아나키즘이다. 그렇지만 '절대자유'를 지향하는 아나키즘은 이 절대자유를 인위적으로 억압하고 제한하고 통제할 소지를 안고 있는 권력적 폭력, 권위적 폭력, 자본적 폭력이 있다면 이에 용기를 가지고 대응할 수밖에 없다는 정당성을 가지고 있다. 따라서 신채호는 조선혁명선언에서 강자국가권력과 침략세력가 약자피지배계급/ 식민지인민의 자유를 침해하고 박탈하는 상황에서 약자가 취할 수 있는 자기방어는 당연히 대응적 폭력수단밖에는 없다는 인식을 보여주고 있다. 신채호가 대응폭력/테러를 당시 침략세력이었던 우리 민족의 적인 일제에 대항하는 수단으로 내세운 것은 당연한 이치였다.

한편, 1920년대 신채호의 국가國家에 대한 역사철학적 인식은 이전의 국가인

식과 판이한 점을 발견하게 된다. 신채호가 아나키즘 사상으로 역사철학적 인식

을 하고부터는 국가의 존재에 대하여, 민중약탈의 합법적 제도/기구가 곧 국가

라고 생각하게 된다. 국가는 억압의 도구이며 반민중적 기구라고 생각하였다.

따라서 민본주의적+자주적 민족정신+아나키즘적 역사철학의 인식을 갖게 되

는 신채호로서는 민중 약탈의 합법적 제도/기구인 국가를 거부하면서 민중 중심

의 사회체제가 무엇인지를 고민할 수밖에 없었다. 그래서 신채호는 조선혁명선

언에서 다음과 같은 민중에 의한 아나키즘적 투쟁전술민중직접혁명론를 제시한다.

곧 민중의 직접행동에 의한 5가지 테러 대상을 들었다. 1) 이족異族통치의 피괴,

2) 특권계급의 파괴, 3) 경제약탈제도의 파괴, 4) 사회적 불균형의 파괴, 5 노예적

문화사상의 파괴 등이다. 이러한 신채호의 민중직접혁명으로 해결해야 할 대상

5가지는 아마도 중국의 아나키스트의 잡지 《신세기》에서 선언한 반反강권주의반

군국주의, 반엘리트주의/반反사회진화론/반反유교주의전통주의, 가족주의/폭력적 테러리

즘/친親민중주의에서 영향을 받은 것으로 보인다. 신세계에서는 반反민족주의도

주장을 하고 있으나, 신채호는 반민족주의를 주장하지 않았다. 이로 보아서, 신

채호가 아나키즘에 경도傾倒되었다 하더라도 반反민족주의자는 아니었다는 생각

이다. 그것은 이미 신채호가 민족주의를 자주적 민족주의/한민족공동체로 진화

시켰기 때문으로 본다. 따라서 신채호가 인식한 민족아나키즘에서 국가는, 1) 불

평등 인간관계를 체계화하는 통치기구 2) 도덕적 인간성과 소유공동체제를 파괴

하는 조직 3) 국가는 모든 인간사회 악의 근원인 불평등을 제도적으로 구조화하

는 존재다. 따라서 이러한 국가의 존재를 폐지할 때만이 인간의 본질적인 도덕성

을 회복할 수 있다.강재언 143~64쪽 라는 역사철학적 인식이 확고했던 것 같다. 그

래서 신채호는 민중을 사회의 핵심적 가치로 보고, 미래 민족사회는 러시아의 프

롤레타리아 계급독재, 서유럽의 자본주의 부르주아 엘리트독재는 안 된다고 생각하였다. 그리하여 민중의 가치성을 가장 잘 구현시킬 수 있는 사회국가가 아닌체제는 아나키즘이라고 보았다. 이것은 신채호가 사회진화론적 저항민족주의 입장에서 가졌던 1900년대 영웅주의와 1910년대 중반기까지의 자강주의自強主義: 부국강병형 민족국가에 대한 자기부정이 된다. 곧 다방면에서 민족의 역량/실력, 곧 강권을 배양하여 일제국가를 타도해야 한다는 기존의 사고를 접고 아나키즘적 반/무강권적反/無強權的 세계인민의 평등주의로 사상의 진화를 했다고 볼 수 있다. 그리하여 신채호는 사회사상으로서 자주적 민족주의자주적 민족주의는 민족국가의 건설이 아닌, 자주성을 생명으로 하는 민족공동체를 의미한다.와 정치사상으로서 아나키즘을 이데올로기적으로 접목하여 민족아나키즘을 창조하여 새로운 해방/독립운동을 추진해 갔던 것으로 보인다. 아나키즘은 같은 사회주의 범주에 속하지만, 정치구조/체제를 논할 때는 갈등과 대립을 가지고 있다. 곧 사회주의는 인민에 의한 지배체제/재산의 사회공유라는 국가주의를 기본으로 하고 있지만, 아나키즘은 인민이든 엘리트든 어떠한 지배체제를 갖는 국가주의를 부정/거부한다. 때문에 같은 사회주의사상의 범주에 속하면서도 사회주의와 아나키즘은 통치계급/지배권력에 대한 반대라는 공통목적을 가질 때는 결합하여 지배권력/국가폭력에 저항하고 투쟁하지만, 종국에서는 함께 갈 수 없는 사상적 운명을 가지고 있다. 그래서 신채호의 생애 마지막, 그의 역사철학적 인식은 자주적/주체적/자율적 민족정신자주성을 생명으로 하는을 뜻하는 민족주의와 무권력/무권위를 강조하는 아나키즘을 이데올로기적으로 결합한 인식/사고였다. 그리하여 조선혁명선언의 끝부분에서 "인류人類로서 인류를 압박壓迫치 못하고 사회로서 사회를 박삭剝削치 못하는 이상적 조선을 건설할지리라."로 끝을 맺고 있다. 여기서 '인류'는 아나키즘적 '세계'를 말하는 것이고 '이상적 조선'은 자주적/주체적 '민족/민족공동체'를 말함이다. 그래서 아나키즘적 이상세계/조선은 무無권력/반反권위에 바탕한 인간의 절대자유, 상부상조에 의한 균산적 경제, 평등주의에 바탕한 자유사회, 자유로운 예술문화가 꽃피는 사회를 이상적으로 내걸었다고 본다. 신채호가 조선혁명선언에서 국가라는 용어보다는 사회라는 용어를 많이 담고 있는 것도 아나키즘의 영향으로 보인다. 신채호의 조선혁명선언의 민중에 의한 직접혁명 논리와 폭력투쟁 논리는 이후 많은 아나키스트들에게 영향을 준다. 그리하여, 일제 본토에서 아나키스트 박열과 그 부인 가네코 후미코金子文子의 테러행위, 의열단 단원 나석주羅錫疇의 서울 동양척식회사東洋拓殖會社, 1908설립와 조선식산은행朝鮮殖産銀行, 1918,6설립에 폭탄투척에 큰 영향을 주게 된다.1926

'조선혁명선언'에는 신채호의 역사철학적 인식이 정치/경제면에서만 한정되지 않는다. 일제의 식민지조선에 대한 사회/문화정책에 대해서도 비판적 인식을 담고 있다. "자녀가 나면 '일어日語를 국어國語라, 일문日文을 국문國文이라' 하는 노예양성소학교로 보내고, 조선사람으로 혹 조선사를 읽게 된다 하면, '단군을 무誣:왜곡하여 소전오존素箋烏尊 스사노 오노 미코토: 일본 고대의 삼신三神 중 하나의 형제'라 하며 '삼한시대 한강 이남을 일본의 땅'이라 한 일본놈들이 적은 대로 읽게 되며, 신문이나 잡지를 본다 하면, 강도정치를 찬미讚美하는 반半일본화한 노예적 문자뿐이며…"라고 일제의 문화정치 속에 숨은 대한인의 일인화日人化 정책국어·국사 교육을 강하게 비판하고 있다. 조선혁면선언을 기점으로 신채호의 반일민족해방투쟁의 방략方略은 신민회 시절, 자신의 사회진화론에 입각한 애국계몽운동론, 그리고 상하이 임시정부의 독립전쟁준비론을 모두 비판하게 된다. 신채호는 "일제의 정치/경제 두 방향의 압박으로 경제가 날로 곤란하여 생산기관이 전부 박탈되어 의식의 방책이 끊어지게 된 형편에 무엇으로 어떻게 실업을 발전시키며 교육을 확장하며, 독립군을 양성할 수 있나 독립전쟁준비론은 '실로 잠꼬대가 될 뿐'이라"는 아나키즘적 사고가 확고하게 자리 잡고 있다. 그리하여 신채호가 아나키즘으로 확고하게 사상적 무장을 하는 시기는 천고의 발간과 제2회보합단의 성토문1921. 4.을 작성한 이후부터인 것으로 보인다. 그리고 조선혁명선언에서 그의 아나키즘사상이 집대성되었다는 생각이다.

[북경회의 선언문에서 보이는 신채호의 역사철학적 인식]

북경회의 선언문은《재중국조선무정부주의자연맹》1924.4월 북경에서 조직이 북경회의에서 발표한 선언문으로 신채호가 작성하였다1928.4 이 선언문에 나타난 신채호의 역사철학적 인 인식을 살펴보기로 하자. 선언문 전문은 앞의《한국아나키즘운동사》을 참조하였다.310~312쪽. 첫째, "세계의 무산대중, 그리고 동방 각 식민지 무산대중의 피와 가죽과 살과 뼈를 짜 먹어 온 자본주의 강도제국 야수군群은 지금에 그 창자, 배가 터지려 한다.…민중은 죽음보다 더 음산한 생존 아닌 생존을 계속하고 있다. 최대다수의 민중이 최소수의 짐승 같은 강도들에게 피를 빨리고 살을 찢기는 것은 무슨 까닭인가. 그들의 군대 까닭일까, 경찰 때문일까, 그들의 흉측한 무기 때문일까. 아니다. 이는 그 결과이지 원인은 아니다. 그들은 역사적으로 발달 성장해온 수천 년 묵은 괴물들이다. 이 괴물들은 그 약탈행위를 조직적으로 백주에 행하려는 소위 정치를 만들며, 약탈의 소득을 분배하려는 소위 정부를 두며 그리고 영원 무궁히 그 지위를 누리고자 하여 반항하려는 민중을 제재하는 소위 법률/형법 등의 조문을 제정하며 민중의 노예적 복종을 강요하는 소위 명분/윤리 등 도덕율을 조작한다." 이 대목은 신채호가 강도 일제에 의해 강제로 식민지조선에 놓인 참담한 현실을 아나키즘 시각으로 그렸다. 곧 세계와 식민지조선은 자본주의 강도제국이 세계무산대중이 생존하기 어려울 정도로 착취하고 있는 상태다. 이런 상태를 신채호는 〈不生存의 生存〉불생존의 생존: 살아갈 수 없는 환경에서 겨우 생명을 부지하고 있다는 뜻을 참담하게 강요당하고 있는 상태라고 표현하였다. 곧 세계와 우리나라가 자본주의 권력에 의하여 수탈을 당하는 고통 속에 있다고 현실을 진단하고 있다. 이는 아나키즘 사상에 바탕하여, 세계와 식민지조선의 현실을 파악하고 있음을 보여주고 있다. 구체적으로 보면, 당시 조선의 현실을, 1) 정치적으로 일제의 소수 엘리트 계급에 의해 다수의 조선민중이 침략주의적 무력폭력에 놓여있다. 2) 경제적으로는 식민지조선이 소수의 유산계급의 착취상태에 놓여 있다. 3) 사회적으로는 엘리트 중심의 법치주의에 의한 다수 민중이 노예적 존재가 되어있다. 4) 문화적으로도, 엘리트 중심의 윤리, 도덕의 제정制定으로 다수 민중이 정신적 고통 속에 있다. 이렇게 신채호는 자본주의, 강권주의, 엘리트 중심의 경제/사회현상을 괴물怪物로 나타냈다. 신채호가 말하는 그들은他人은 일제지주와 친일파 조선인 지주를 말한다. 식민조선시대 민중의 삶은 〈불생존의 생존〉이고 지배계급은 〈소유를 가진 자〉로 표현하였다. 곧 아나키즘의 소유와 무소유를 권력자와 민중 대립관계에 대입하여 표현하였다.

둘째, 앞의 글, 줄임 "민중이 왕왕 그 약탈에 견디다 못해 반항적 혁명을 행한 때도 있지만 마침내 기개幾個: 몇몇 교활한狡猾漢: 지배계급을 말함에 속아 다시 그 강도적 지배자의 지위를 허여許與: 허락하여 '이폭역폭以暴易暴: 폭력으로 폭력을 부르는/다스리는'의 현상으로 역사를 반복하고 말았다. 이것이 곧 다수가 야수野獸들에게 유린을 당해온 원인이다. 앞의 글 줄임 우리 민중은 참다못하여, 견디다 못하여….재래의 정치, 법률, 도덕, 윤리, 기타 일체 문구文具: 일용잡화를 부인하고자 한다. 군대, 경찰, 황실, 정부, 은행, 회사 기타 모든 세력을 파괴하고자 하는 분노의 절규 '혁명'이라는 소리가 대지 위의 구석구석으로 울려 퍼지고 있다. 이 울림이 고조됨에 따라 그들 짐승의 무리도 신경을 곤두세워 극도로 전율戰慄하는 안광眼光으로 우리 민중의 태도를 살펴보고 있다.뒤의 글 줄임" 이 문장의 뜻은, 신채호는 소수는 다수에게 지는 게 원칙인데 왜 다수민중가 소수엘리트 지배계급에게 도리어 착취당하고 박멸당하고 있는가? 라는 문제를 제기하고 이를 해결하기 위한 방법을 제시하고 있는 대목이다. 곧 침략적 자본주의 강도를 야수적 강도라고 표현하고 앞의 식민지조선이 처해 있는 현실상황을 해결하기 위해서는 피압박의 다수 민중에 의한 혁명이 필요할 때다. 혁명의 울부짖음이 대지를 적시고 있다고 함으로써 조선혁명선언에서 강조한 민중에 의한 직접혁명의 필요성을 다시 지적하고 있다.

셋째, "우리 민중은 알았다. 깨달았다. 그들 짐승의 무리가 아무리 악을 쓴들, 아무리 요망妖妄: 괴이한 헛된 꿈을 피운들, 이미 모든 것을 부인한, 모든 것을 파괴하려는 세계를 울리는 혁명의 북소리가 어찌 갑자기 까닭 없이 멎을소냐. 벌써 구석구석 부분 부분이 우리 민중과 그들 소수의 짐승무리가 진형陣形을 대치하여 포문을 열었다. 알았다. 우리의 생존은 우리의 생존을 빼앗은 우리의 적을 섬멸하는 데서 찾을 것이다. 일체의 정치는 곧 우리의 생명을 빼앗는 우리의 적이니, 제일보에 일체의 정치를 부인하는 것글 줄임 그들의 세력은 우리 대다수 민중이 부인하며 파괴하는 날이 곧 그들이 존재를 잃는 날이며, 그들의 존재를 잃는 날이 곧 우리 민중이 열망하는 자유, 평등의 생존을 얻어 무산계급의 진정한 해방을 이루는 날이요 곧 개선의 날이니 우리 민중의 생존할 길이 여기 이 혁명에 있을 뿐이다." 이 문장에서 신채호는 일제의 강권주의에 대항하는 주체는 피압박 민중이어야 함을 강조하고 있다. 그리고 혁명의 시기가 왔음을 예언하고 있다. 곧 아나키즘적 무無권력주의로 현실상황인 일제의 침략정치를 부정하고, 피압박민족의 생존권자주민족의 생존권은 스스로 쟁탈하는 길밖에 없다는 주장을 담고 있다. 그 스스로의 혁명으로 일제 강권을 물리칠 때, 민중의 생존은 보장되고 자유와 평등의 세상이 올 것이고, 압박세력은 종말을 고할 것이라고 단언함으로써 1923년 조선혁명선언을 발표한 이래 줄곧 주장해온 피압박민중의 직접혁명론을 내걸고 있다.

넷째, "우리 무산 민중의 최후 승리는 확실한 필연의 사실이지만, 다만 동방각 식민지의 무산대중은 자래自來: 옛부터로 석가, 공자 등이 제창한 곰팡내 나는 도덕의 '독' 안에 빠지며 제왕, 추장 등이 건설한 비린내 나는 정치의 '그물' 속에 걸리어 수천 년 헤매다가 일조一朝:하루 아침에 영/독/일 등 자본제국 경제적 야수들의 경제적 착취와 정치적 압력이 전속력으로 전진하여 우리 민중을 맷돌의 한 돌림에 다 갈아 죽이려는 판인즉, 우리 동방민중의 혁명이 만일 급속도로 진행되지 않으면 동방민중은 그 존재를 잃어버릴 것이다. 그래도 존재한다면 이는 분묘 속 글 줄임 우리가 철저히 이를 부인하고 파괴하는 날에 곧 그들이 존재를 잃는 날이다." 이 대목에서는 동아시아 국가들이 제국주의의 침략을 받아 노예상태로 떨어진 것은 호국불교와 유교적 도덕주의에서 기인起因되었다는 것을 비판하고 동아시아의 민중들이 혁명을 통하여 서양 제국주의에 의한 정치적 압박과 경제적 착취를 끊고 제국주의를 파괴할 것을 호소하는 내용을 담고 있다. 곧 미래사회는 세계민중이 주체가 되는 사회여야 한다는 내용을 담고 있다. 일제의 식민지 억압으로부터 민중이 주인이 되어 혁명을 일으키고, 다시 나라를 되찾은 뒤의 나라도 민중의 나라가 되어야 하는데, 그러려면, 아시아 민중이 스스로 급히 일제 야수를 몰아내는 혁명을 일으켜야 한다는 논리다. 곧 이 선언문은 중국 베이징에서 민족해방운동을 하던 대한의 의사/선인義士/善人들이 제국주의적 자본주의와 사회주의/공산주의를 배척하면서 대한과 동아시아를 넘는 인류구원의 이념체계로서 아나키즘을 설정하였다고 본다. 이후 중국관내는 물론 만주/조선/일본 등지에서 아나키즘 단체가 속출하면서 맥을 이어간다.

이제까지, 신채호가 쓴 천고와 조선혁명선언, 북경선언문을 통하여 신채호의 역사철학적 인식을 살펴보았을 때, 신채호는 지배와 강권에 대한 부정으로부터 그의 역사철학적 인식은 시작되고 있다. 아나키즘의 본래 이념은 인간의 자유와 정의의 실현, 그리고 평화와 행복의 증진에 있다. 따라서 신채호는 기존질서를 권위와 지배, 강권과 전통으로 보고 이를 기반으로 하는 정부와 국가는 인간의 자유와 정의, 평화와 행복의 증진을 거부하고 있는 존재로 보았다. 따라서 기존질서를 거부할 때만이 아나키즘의 세상이 온다고 보았다. 그래서 그가 건설하고자 하였던 이상적 사회는 아나키즘 사상에 바탕을 둔 무無강권/무권력/반反권위의 자유와 평등의 사회였다. 그는 "우리 생활에 불합리한 일체 제도를 개조하여 인류로써 인류를 압박치 못하며, 사회로써 사회를 박삭剝削치 못하는 이상적 조선을 건설"해야 함을 강조하였다. 그러한 조선 사회는 "민중이 열망하는 자유/평등의 생존을 얻어 무산계급의 진정한 해방을 이루는" 사회였다. 즉 지배계급에 의하여 이루어진 종교, 도덕, 정치, 법률, 학교, 교과서, 교당敎堂: 예배당, 사찰 등, 정부, 관청, 공청, 은행, 회사 등을 민중에 대한 억압기재요, 민중에 대한 기만기재로, 엘리트 지배계급들이 민중을 복종시키는 일체로 보았다. 이는 신채호의 완벽한 아나키즘적 인식으로 볼 수 있다. 곧 조선혁명선언에서 진일보한 아나키즘에 의한 역사철학적 인식이었다. 그래서 신채호는 지배계급의 일체 권력기관이나 수단을 파괴하고, 지배계급이 제정한 일체의 사회제도도 철폐시켜서, 모든 재화의 공유제를 실시하여 사유재산이 존재하지 않는 평등사회가 자연적으로 이루어지고, 평등사회가 되면, 일체의 착취가 없는 사회가 된다고 보았다. 그래서 신채호가 건설하고자 한 사회는 "일체의 지배계급과 지배기구가 없는 자유롭고 평등한 사회, 그리고 민중의 행복한 생활이 보장되는 사회"였다. 그래서 신채호는 아나키즘 사상을 견지하고부터는《조선상고사/총론》朝鮮上古史/總論, 1931 에서 역사의 정의定義로 내세운, 아我의 투쟁대상인 비아非我의 범주를 "비조선민중적非朝鮮民衆的" 정치/경제/사회/문화에 국한시키지 않고, "자본주의 강도제국"로까지 확대시키고 있다. 곧 조선혁명선언1923에서의 비아=적非我=敵의 범주가 일제의 천황/총독부/친일매국노/참정자치론자로 잡았는데, 북경회의 선언문1928과 "용과 용의 대격전"1928에서는 세계의 자본주의 제국세력 및 그 지배계급으로까지 확대하여 적의 범주를 세계적으로 확대하고 있다. 이는 신채호가 아나키즘적 사고로 그의 역사철학적 인식의 범주를 세계로 확대하였다는 것을 말해 준다.

말나감: 신채호와 선비사상

이제까지 신채호의 역사철학적 인식의 진보를 임의로 시대구분1900년대, 1910년대, 1920년대 이후해서 살펴보았다. 그리하여 신채호의 역사철학적 인식은 1900년대 사회진화론적 자강주의 역사철학인식을, 1910년대는 민본주의적 민족주의 역사철학인식을, 1920년대 이후는 민족아나키즘적 역사철학인식으로 진보했다는 가설을 설정하고 신채호의 역사철학적 인식을 1920년대 이후에 한정하여 살펴보았다. 그 결과, 신채호가 아나키즘 사상에 접근하는 시기는, 1905년경이지만, 아나키즘을 그의 사상적 무기로 삼는 것은 1918년 전후로 보인다. 그리고 1921년 초 이후, 본격적으로 아나키즘을 그의 사상으로 받아들인다. 그러나, 아나키즘도 자주성을 생명으로 하는 민족정신을 바탕으로 삼아 수용한다. 곧 자주적 민족정신/주의를 바탕으로 아나키즘을 이데올로기적으로 융합하였다고 본다. 그렇다고 해서 자주적 민족주의는 주론主色이고 아나키즘은 보론補色이었다는 말은 아니다. 어찌했던, 신채호는 민족해방의 위업을 달성하기 위해서는, 아나키즘적 원리무권력/무강권를 전략으로 삼고, 아나키스트의 투쟁방식대응폭력에 의한 민중직접혁명을 전술적 수단으로 삼아야 한다고 보았다. 이에 글쓴이는 1918년 전후에 나타나는 신채호의 역사철학적 인식을 자주적 민족주의+민중적 민본주의+무강권적 아나키즘을 총체적으로 융합한 '민족아나키즘'이라고 이름을 붙여 보았다. 이를 바꾸어 말하면 '신채호식 민족아나키즘'이다. 따라서 신채호는 권력계급들이 악의적으로 말하는 전문/빨갱이 아나키스트가 아니었다. 그는 신채호식 민족아나키즘에 바탕하여 그의 역사철학적 인식을 하게 된다. 어떤 책에서 "신채호를 평가하되, "본색은 민족주의자였고, 아나키즘은 한갓 민족독립운동의 수단으로 생각했던 것이라고 한다. 그러나 이것은 편견이고, 신채호라는 혁명가에 대한 모독이다"라고 비평을 하고 있다한국아나키즘운동사, 312쪽 또 신채호는 아나키즘을 수용한 이후 민족주의를 버렸다고 한다이호룡, 2013, 12쪽 이제까지 살펴본 결과 신채호가 버린 민족주의는 저항민족주의였지 자주적 민족주의가 아니었다. 그렇다고 민족주의를 본색本色=주론으로 하고 아나키즘을 보색補色=보론으로 한 것도 아니었다. 신채호의 초기 민족주의는 부르주아적 반동민족주의에 대응하는 자강론적 저항민족주의였다. 그러나 신채호는 후반기에 저항민족주의를 버리고, 그의 민족주의를 자주적/주체적/자율적 생명을 갖는 민족정신으로 승화시켰다. 이러한 자기운명에 대한 주인정신을 갖는 민족/민족주의를 아나키즘과 이데올로기적으로 융합하여 신채호 나름의 새로운 민족아나키즘이라는 '신채호식 민족아나키즘'을 창조해 냈다고 본다. 오늘날 아나키즘의 세계가 시대의 요청에 맞게 진화하여, 인식론적 아나키즘/ 초월주의적 아나키즘/ 포스트 레프트 아나키즘Post-left anarchism: / 크리스천 아나키즘/ 아나코 아나카 페미니즘/ 녹색 아나키즘/ 아나코 자연주의/ 좌파시장 아나키즘/ 개인주의적 아나키즘/ 코뮌적 아나키즘 등 아나키즘이 상황에 맞게 진화해 나가듯이, 신채호의 아나키즘은 '민족아나키즘'이었다.

한편, 아나키스트를 테러니스트와 동일시하는 것은 잘못이다. 국가폭력 곧, 정치권력자들의 권위주의, 독재권력, 인권탄압 등에 맞설 수 있는 방법은 무엇이 있을까. 그리고 자본가의 노동착취와 노동탄압에 대하여 맞설 수 있는 방법은 무엇이 있을까. 남성에 의한 여성의 비하남성우월주의, 남천여지男天女地의 남성가장주의에 맞설 수 있는 방법은 무엇이 있을까. 강자甲의 강권에 대한 약자乙가 자신의 권리를 찾을 수 있는 방법은 무엇이 있을까. 국가폭력과 자본폭력, 그리고 강제된 전통적인 윤리도덕어긋난 忠과 오해된 孝의 개념이 중심을 이루는에 그대로 노출되어 노예적 인간으로 사는 것을 아나키즘은 반대한다. 따라서 법률과, 경찰 그리고 군대의 힘을 가진 국가폭력에 맞설 수 있는 것은, 민인의 단합된 힘대응폭력으로 맞설 수밖에 없다. 바로 사회적 약자가 권력을 가진 강자에게 정당하게 저항/항거할 수 있는 수단은 대중의 힘이고 힘이 없는 개인으로는 테러다. 대응폭력을 국가폭력과 동일시 하는 것은 인간의 자기모순이다. 가령 자신의 집에 침입해 들어온 강도에게 대항할 수 있는 유일한 방법은 그 강도를 힘대응폭력으로 제압하는 길이다. 그래야 가정이 보호되고 자신을 포함한 가족들이 무사할 수 있다. 이것을 폭력으로 몰고 가는 것은 내 집에 들어온 강도가 나를 죽이려 한다면 죽어야 한다는 논리와 마찬가지다. 곧 비인간적/비양심적 주장이 된다. 안중근安重根, 1879~1910이 대한제국 당시, 남의 집대한제국에 무단으로 침입해 들어온 원흉인 일제의 이토 히로부미[伊藤博文이등박문]에게 테러를 가하여 죽게 만든 것도 마찬가지 이치다. 한 사람을 죽임으로써 더 큰 폭력을 잠재운다는 의미다. 지금까지 안중근이 이토를 주인 것을 우리 사회에서는 폭력으로 인식하지 않는다. 또한, 자본권력의 폭력에 맞설 수 있는 가장 평화적 방법은 파업이다. 이것을 테러, 폭력으로 보아서는 안 된다. 진짜 폭력은 공권력을 빙자한 국가폭력이요, 이와 결합된 자본권력의 횡포다. 그리고 정치권력과 결탁한 사법폭력/사법살인이 정말 폭력이다. 이렇게 폭력개념에는 좋은 폭력과 나쁜 폭력, 이 두 가지를 모두 포함하고 있다. 아나키스트들의 국가폭력/전쟁폭력/자본폭력에 대한 대응폭력은 좋은 폭력에 속한다. 따라서 아나키즘은 좋은 폭력을 통하여, 인간에게 천부적 인권을 지닌 인간답게 사는 자유연대사회를 지향한다. 그리고 교육혁명을 비롯한 정치혁명/경제혁명/사회혁명/문화혁명을 통한 문명세계로 안내를 한다. 그럼에도 아나키즘이 폭력성을 갖는 테러리즘으로 비친 것은 앞에서도 이야기하였듯이 20세기 전성기를 맞는 제국주의 민족국가[반동민족주의]로 무장한들에 의해서다. 그들은 사회진화론에 의하여 잘난 놈이 못난이들을 지배하는 게 당연하다는 논리로, 오로지 군사적 힘/무력으로 민인/민중을 지배/탄압해 왔다. 이런 시대 상황과 정치 상황에서 무력적 힘이 없는 하나의 민인이, 또는 저항단체/집단이 할 수 있는 일은[인간을 탄압하는 독재자와 그 하수인에 대하여 할 수 있는 혁명수단은] 대항폭력을 수반하는 테러와 시설의 파괴뿐이었다. 이런 시대적 상황에서 지배계급들의 정치적 권력과 권위에 의하여 아나키즘=테러리즘이라는 등식이 억지로 만들어진 것이지, 이것이 대중들의 사회적/정의적 통념은 아니었다. 따라서 일제에 탄압을 받던 식민지조선과 반식민지 나라 중국의 테러리스트들이 일본을 상대로 정당한 테러와 파괴를 가하는 것은 당연한 시대적 요청이었고, 피압박민족의 합당한 권리요 용기였다. 이러한 대항폭력을 무력에 의한 침략적 국가폭력과 같은 개념으로 몰아가는 것은 정치권력과 자본권력들이 자기권력을 유지하기 위한 음모에 지나지 않는다. 일제는, 이러한 자신들의 식민정치/침략정치를 반대하는 아나키즘, 공산주의, 사회주의를 악의적으로 선전하고 음모하였다. 특히 아나키즘을 테러리즘으로 낙인을 찍은 것은 아나키즘이 다른 사상의 활동보다 더 치열하게 일제의 침략정책과 식민정책에 대한 강렬한 대응폭력을 하였기 때문이다. 일제에 의해 강제된 식민지조선은 일제의 강압정치로 역사의 오류에 빠졌다. 그 결과 노예상태에 놓이게 되었다. 그렇지만 역사는 정의로 가는 법칙을 가지고 있다. 그래서 일제의 식민지조선도 역사의 정의로운 발전법칙에 따라, 해방의 위업과 함께 민인들이 노예상태에서 '분단형 민족해방'을 맞게 되었다.1945. 8.15 미국의 의한 자의적 '분단형 민족해방'은 남南韓은 친미적 민족주의반공 이데올로기에 기초한, 북北朝鮮은 친소적 공산주의생존을 위한 군사력을 바탕으로 한에 의한 분단국가를 수립하게 된다. 이들 두 분단국가들은 국가권력주의를 반대하면서 자주적/자율적 사회건설을 주장하는 아나키즘을 압제할 수밖에 없었다. 또 그 이후에도 남쪽 권력에서는 1980년대 민주화운동이, ML맑스-레닌주의로 흐르다 보니, 반공을 국시로 하는 군사독재정권에서 자연 아나키즘까지도 ML파/또는 공산주의빨갱이 새끼로 왜곡하여 여론을 조성하고 사상적 탄압을 하게 된다. 이 때문에 이 땅의 아나키즘은 우리 역사에서 아직도 '역사적 사실화'史實化가 되지 못하고 있다. '분단해방' 이후 분단국가들이 각자가 만들어내는 정치이념에 의하여, 남南은 자본주의적 민족/민족주의, 북北은 공산주의적 민족/민족주의가 굳어지면서 한 영토와 하나의 역사 속에서 두 민족/민족주의가 만들어지고 있는 실정이다. 이 두 이념적 민족/민족주의를 파괴하고 하나의 민족, 하나의 나라/사회라는 민족공동체를 만들어내는 길은 신채호의 민족아나키즘으로 해결할 수 있다고 본다.

끝으로, 신채호를 검토하면서 신채호라는 의인에 대하여 총체적 결론 격으로 평가를 한다면, 신채호는 참 선비/선배였다. 글쓴이는 일제병탄기, 신채호 같은 선비는 없었다고 본다. 선비는 곧 지조志操다. 그는 한 번도 자신의 지조를 버린 적이 없다. 앞에서도 이야기했지만, 그가 베이징에서 망명생활을 할 때 호구지책으로 중화바오中華報에 논설을 집필한다. 그런데 자신이 쓴 글을 신문사 측에서 임의로 고치는 일이 있었다誤字, 한 자 그러자 신채호는 중화보에 글을 싣는 것을 거부하고 호구지책을 위해 신문사에 집필을 응낙한 것에 대해 부끄러워했다. 이에 대하여 그는 지조를 깨트린 것처럼 뉘우쳤다고 한다.申錫雨, 전집9, 294쪽 선비 정신은 무엇을 말함인가. 선비는 이利에 살지 않고 의義에 산다. 이利는 자본주의 경제질서와 정치권력에 철저히 순응하며 자기 지조를 파는 것을 말하고 의義는 반反자본주의/반反정치권력/반反시회권위 정신을 가지고 사는 것을 말한다. 황현식은 그의 책, 《신지조론》新志操論에서 다음과 같이 지조를 정의한다. "지조란, 한 개인이 그의 신념체계를 그 자신의 삶과 일치시키는 총체적이며 전인적인 삶의 태도다. 지조는 생명까지도 걸어야 하는 결정적인 선택의 순간 그 극적인 모습을 드러낸다. 이때 지조는 결단과 선택으로 잘려진 순간의 단면 위에 나이테의 모양처럼 한 개인의 앎知과 삶行을 총체적으로 보여주게 된다."1998, 30쪽 신채호는 그냥 선비가 아니라, 역사 속에서 민중을 발견한 선비였다. 민중을 역사의 주체로 본 선비였다. 강도強盜 일제를 타도하는 데는 폭력이 가장 합당한 수단이라는 것을 발견한 선비였다. 또 민중에 의한 비타협적 폭력혁명만이 일제의 식민지 행정구역으로 전락한 식민지조선의 인민들이 유일하게 살 방도라는 것을 깨우쳐준 선비였다. 여기서 신채호를 선비라고 부른 것은 초지일관의 지조를 지니고 살았기 때문이다. 비록 초기에는 선비일지라도 후반에 변절이 있었다면, 그 사람은 선비라고 부를 수 없다. 이광수, 최남선, 장지연, 함세덕, 유진오 등은 선비가 아니다. 선비/선배는 역사의 잘못, 시대의 잘못에 대하여 비판할 줄 알아야 한다. 비판은 창조를 전제로 한 파괴를 의미한다. 파괴가 있어야 새로운 문명의 진화가 나올 수 있다. 신채호는 우리 과거 역사의 잘못에 대하여 철저하게 비판하고 파괴하였다. 그리고 본인이 살던 시대에 대해서도 선비정신을 유감없이 발휘하였다. 곧 타협적 항일주권독립을 위하여 팔방으로 뛰고 있는 운동가^{이승만, 안창호, 여운형 등}들에 대해서는 비판의 정신을 통하여 그들의 잘못된 생각을 파괴하고자 했다. 그래서 신채호는 침략세력 일제와 처음부터 끝까지 비타협의 논리를 유지하는 선비/선배정신을 견지하였다. 그리하여 이승만의 외교론과 위임통치론, 안창호의 독립준비론, 유민회維民會, 동광회同光會, 내정독립기성회 등의 내정독립과 자치론, 갑자구락부甲子俱樂部의 참정권 부여 주장, '각파유지연맹'各派有志聯盟의 일선융화日鮮融和와 노자협조勞資協調 주장을 통렬하게 비판하였다. 신채호는 이들의 주장을 변절로 보았다. 이 글을 쓰면서 신채호의 민족아나키즘과 신채호의 선배/선비정신을 글쓴이 자신을 위해 일깨워본다.

[별첨]

1.《天鼓》

(첫째日) 왜놈이라는 것은 우리나라의 대대로世 내려오는 원수일뿐만 아니라, 또한抑亦 동양사회의 오랜 원수仇敵이다. 아주 오래 전부터 대대로叔世 우리 연안과 내륙을 침범하여 국토를 유린하고浸淩해 왔다. 오래전이라는 뜻은, 왜구가 출몰하기 시작하는 신라시대부터를 일컫는 것으로 보임 그리하여 왜놈들은 우리 조상들로 하여금^[先祖] 곧 장정들은 예리한 칼날을 갈고 기름을 칠하게 하고, 노약자들은 왜놈들을 피하기 위하여 구덩이塹壕에 들어가 숨기를 거듭하게 하는 등 자손 대대로 편안하게 살날이 없게 만들었다. 바로 이런 놈들이 왜놈이 아니던가?" 이하 생략

둘째, 우리 역사는 신라가 삼국을 통합한 이래 왜구와 혈전의 역사라 해도 과언이 아니다. 곧 우리가 왜놈보다는 월등한 나라다. 우리가 왜놈들과 투쟁한 역사적 사례들을 모아 왜놈을 공동의 원수로 두고 있는 중국에게 소개하여 공동으로 왜놈을 몰아내자는 뜻에서 면고를 발행한다는 취지를 담고 있다. 그 내용을 간단하게 추려본다. "예로부터 우리와 대치한 강한 종족은 하나 둘이 아니었다. 그러나 이들은 왜놈처럼 천성이 橫暴强梁하고 행동이 凶毒하지는 않았다. 왜놈을 막지 않으면 자존도 없다. 이런 까닭에 우리 조상들은 조마조마 마음을 놓치 못하고 온갖 정성으로, 왜놈들을 막은 것을 國是로 삼았으며, 國防으로 했다. 왜놈을 몰아내는 싸움에서 용사들이 나왔다. 신라이래 수천년의 우리 역사는 왜놈과 혈전의 역사라 해도 지나친 말이 아닐 정도이다. 중략… 왜놈들이 저지른 음모/학

정과 그에 대항하는 우리의 투쟁노력들을 두루 찾아내어, 원수를 같이 하고 있는 중국인민들에게 소개하는 것이 두 번째 천고를 내는 의미이유다."

셋째, 중국역사를 기록한 사마천이나 반고는 잘못된 사료에 근거하여 조선의 영토를 축소하고 역사를 왜곡하였다. 그리고 왜놈들은 우리 역사를 속속들이 연구하였는데, 이것을 토대로 조선 역사를 비하하고 왜곡남한경영설을 일컬음하였다. 그것은 조선을 위한 것이 아니라 조선을 침략할 목적이었다. 이렇게 두 나라에 의해 잘못된 분별과 오류를 바로 잡아 종식시키는 것이 뎐고를 발행하는 목적이다. 그 내용을 살펴보자. "옛말에 중국인 사마천, 반고가 조선에 대해 기술하고 남긴 역사서를 보면, 우리의 땅은 浿水 이북을 벗어나지 않고 있다. 그러나 이 땅은 조선의 한 모통이에 불과하지 조선 땅 전부가 아니다.중략 중국의 사가들이 채집한 자료는 交隣故事에 불과하다. 중략

넷째, 3.1민중기의 이후, 일제의 문화정책에 현혹되어, 언론은 일제에 부역하는 秉簡者가 되었다. 이 보잘 것 없는 잡지가 널리 읽혀지지는 않겠지만 우리나라와 중국사람들에게 진실을 보여주기 위하여 목숨을 걸고 뎐고를 내는 이유다. 그리고 말미에 "뎐고여, 뎐고여, 구름이 되고 비가 되어이 땅에 가득 찬 더러움과 비린내역겨움를 씻어다오. 혼이 되고 귀신이 되어 적의 운명이 다하도록 저주해 다오. 뎐고여 칼이 되고 총이 되어 왜적의 기운을 쓸어버려다오 폭탄이 되고 비수가 되어 적을 동요시키고 뒤흔들어다오, 국내에서는 적에 대한 민족의 기운이 고양되어 암살과 폭동이 장거에 끊이지 않고 있다. 밖으로는 세계추세가 달라져 약소국가들의 자결운동이 계속 일어나고 있다. 뎐고여! 뎐고여! 너의 북을 두드려라. 나는 춤을 추리라. 우리 동포들의 사기를 끌어올려 보자꾸나. 우리 산하를 돌려

다오. 면고여, 분투하라. 노력하라. 너의 직분을 잊지 말지어다. 로 창간사의 끝을 맺는다.

2. 조선혁명선언

강도 일본이 우리의 국호國號를 없이하며, 우리의 정권政權을 빼앗으며, 우리의 생존적 필요조건을 다 수탈하였다. 경제의 생명인 산림·천택·철도·광산·어장… 내지 소공업 원료까지 다 빼앗아 일체의 생산기능을 칼로 베며 도끼로 끊고, 토지세土地稅·가옥세家屋稅·인구세人口稅·가축세家畜稅·백일세百一稅·지방세地方稅·주초세酒草稅·비료세肥料稅·종자세種子稅·영업세營業稅·청결세淸潔稅·소득세所得稅… 기타 각종 잡세가 축일逐日 증가하여 혈액은 있는 대로 다 빨아가고, 여간 상업가들은 일본의 제조품을 조선인에게 매개하는 중간인이 되어 차차 자본 집중의 원칙하에서 멸망할 뿐이요, 대다수 인민 곧 일반 농민들은 피땀을 흘리어 토지를 갈아, 그 종년終年 소득으로 일신과 처자의 호구糊口거리도 남기지 못하고, 우리를 잡아 먹으려는 일본 강도에게 진공進供하여 그 살을 찌워 주는 영세永世의 우마牛馬가 될 뿐이요, 나중에는 그 우마의 생활도 못하게 일본 이민移民의 수입이 연년 고도의 속률速率로 증가하여 '딸깍발이' 등쌀에 우리 민족은 발디딜 땅이 없어 산으로 물로 서간도西間島로 북간도北間島로 시베리아의 황야荒野로 몰리어 가아귀餓鬼부터 유귀流鬼가 될 뿐이다. 강도 일본이 헌병정치憲兵政治·경찰정치警察政治를 여행勵行하여 우리 민족이 촌보의 행동도 임의로 못하고, 언론言論·출판出版·결사結社·집회集會의 일체 자유가 없어, 고통의 분한憤恨이 있으면 벙어리의 가슴이나 만질 뿐이요, 행복과 자유의 세계에는 눈뜬 소경이 되고, 자녀가 나면 "일어를 국어라, 일문을 국문이라" 하는 노예 양성소 - 학교로 보내고, 조선 사람으로 혹 조선사朝鮮史를 읽게 된다 하면 "단군檀君을 무誣하여 소전명존素嗚尊의 형제"라 하며 "삼한시대 한강 이남을 일본 영지"라 한 일본놈들의 적은 대로 읽게 되며, 신문이나 잡지를 본다 하면 강도정치를 찬미하는 반일본화半日本化한 노예적 문자뿐이며, 똑똑한 자제가 난다 하면 환경의 압박에서 염세절망厭世絕望의 타락자가 되거나 그렇지 않으면, '음모사건'의 명칭하에 감옥에 구류되어, 주리周牢·가쇄枷鎖·단근질·채찍질·전기질, 바늘로 손톱 밑과 발톱 밑을 쑤시는, 수족을 달아매는, 콧구멍에 물붓는, 생식기에 심지를 박는 모든 악형, 곧 야만 전제국의 형률사전刑律辭典에도 없는 갖은 악형을 다 당하고 죽거나, 요행히 살아서 옥문에 나온대야 종신 불구의 폐질자廢疾者가 될 뿐이다. 그렇지 않을지라도 발명·창작의 본능은 생활의 곤란에서 단절하며, 진취, 활발의 기상은 경우의 압박에서 소멸되어 '찍도 짹도' 못하게 각 방면의 속박束縛/편태鞭笞/구박驅迫/압제壓制를 받아, 환해環海 삼천리가 일개 대감옥이 되어, 우리 민족은 아주 인류의 자각을 잃을 뿐 아니라, 곧 자동적 본능까지 잃어 노예부터 기계가 되어 강도 수중의 사용품이 되고 말 뿐이다. 강도 일본이 우리의 생명을 초개草芥로 보아 을사乙巳 이후 13도의 의병義兵 나던 각 지방에서 일본군대의 행한 폭행도 이루 다 적을 수 없거니와, 즉 최근 3·1운동 이후 수원水原·선천宣川… 등의 국내 각지부터 북간도/서간도/노령 연해주 각처까지 도처에 거민居民을 도륙屠戮한다. 촌락을 소화燒火한다, 재산을 약탈한다, 부녀를 오욕汚辱한다, 목을 끊는다, 산 채로 묻는다, 불에 사른다, 혹 일신을 두 동가리·세 동가리로 내어 죽인다, 아동을 악형한다, 부녀의 생식기를 파괴한다 하여, 할 수 있는 데까지 참혹한 수단을 써서 공포와 전율로 우리 민족을 압박하여 인간의 '산 송장'을 만들려 하는도다. 이상의 사실에 의거하여 우리는 일본 강도정치 곧 이족통치異族統治가 우리 조선민족 생존의 적임을 선언하는 동시에, 우리는 혁명수단으로 우리 생존의 적인 강도 일본을 살벌殺伐함이 곧 우리의 정당한 수단임을 선언하노라.

1. 내정독립內政獨立이나 참정권參政權이나 자치自治를 운동하는 자가 누구이냐?

너희들이 '동양평화東洋平和' '한국독립보전韓國獨立保全' 등을 담보한 맹약盟約이 먹墨도 마르지 아니하여 삼천리 강토를 집어먹던 역사를 잊었느냐? '조선인민 생명재산 자유보호' '조선인민 행복증진' 등을 신명申明한 선언이 땅에 떨어지지 아니하여 이천만의 생명이 지옥에 빠지던 실제를 못 보느냐? 3·1운동 이후에 강도 일본이 또 우리의 독립운동을 완화시키려고 송병준宋秉畯, 민원식閔元植 등 1, 2 매국노를 시키어 이 따위 광론狂論을 부름이니, 이에 부화附和하는 자가 맹인이 아니면 어찌 간적奸賊이 아니냐?

설혹設或 강도 일본이 과연 관대한 도량이 있어 개연慨然히 이들의 요구를 허락한다 하자. 소위 내정 독립을 찾고 각종 이권을 찾지 못하면 조선민족의 일반의 아귀餓鬼가 될 뿐이 아니냐? 참정권을 획득한다 하자. 자국의 무산계급의 혈액까지 착취하는 자본주의 강도국의 식민지 인민이 되어 몇개 노예 대의사代議士의 선출로 어찌 아사餓死의 화를 구하겠느냐? 자치自治를 얻는다 하자. 그 하종何種의 자치임을 물문勿問하고 일본이 그 강도적 침략주의의 초패招牌인 '제국帝國'이란 명칭이 존재한 이상에는, 그 부속하에 있는 조선인민이 어찌 구구한 자치의 허명虛名으로써 민족적 생존을 유지하겠느냐?

설혹設或 강도 일본이 돌연히 불보살佛菩薩이 되어 일조에 총독부總督府를 철폐하고 각종 이권을 다 우리에게 환부還付하며, 내정 외교를 다 우리의 부유에 맡기고 일본의 군대와 경찰을 일시에 철환하며, 일본의 이주민을 일시에 소환하고 다만 허명의 종주권宗主權만 가진다 할지라도 우리가 만일 과거의 기억이 전멸하지 아니하였다 하면 일본을 종주국으로 봉대奉戴한다 함이 '치욕恥辱'이란 명사를 아는 인류로는 못할지니라.

일본 강도 정치하에서 문화운동文化運動을 부르는 자가 누구이냐? 문화는 산업과 문물의 발달한 총적總積을 가리키는 명사니, 경제 약탈의 제도하에서 생존권이 박탈된 민족은 그 종족의 보전도 의문이거든, 하물며 문화 발전의 가능이 있으랴? 쇠망한 인도족·유태족도 문화가 있다 하지만, 일은 금전의 힘으로 그 조선祖先의 종교적 유업遺業을 계속함이며, 일은 그 토지의 넓음과 인구의 많음으로 상고의 자유 발달한 여택餘澤을 보수保守함이니, 어디 문맹蚊蝱이 시랑豺狼같이 인혈人血을 빨다가 골수까지 깨무는 강도 일본의 입에 물린 조선 같은 데서 문화를 발전 혹 보수한 전례가 있더냐? 검열檢閱·압수押收 모든 압박 중에 몇개 신문·잡지를 가지고 '문화운동文化運動'의 목탁木鐸으로 자명自鳴하며, 강도의 비위에 거스르지 아니할 만한 언론言論이나 주창하여 이것을 문화 발전의 과정으로 본다 하면, 그 문화 발전이 도리어 조선의 불행인가 하노라. 이상의 이유에 의거하여 우리는 우리의 생존의 적인 강도 일본과 타협하려는 자內政獨立[내정독립]·自治[자치]·參政權[참정권] 등 논자나 강도 정치하에서 기생寄生하려는 주의主義를 가진 자文化運動者[문화운동자]나 다 우리의 적임을 선언하노라.

2. 강도 일본의 구축驅逐을 주장하는 가운데 또 여좌如左: 다음과 같은한 논자論者 주장하는 자들이 있다. 제일第一은 외교론外交論이니, 이조 5백년 문약정치文弱政治가 '외교外交'로써 호국護國의 장책長策을 삼아 더욱 그 말세에 우심하여, 갑신甲申 이래 유신당維新黨·수구당守舊黨의 성쇠가 거의 외원의 유무에서 판결되며, 위정자爲

政者의 정책은 오직 갑국을 인引하여 을국을 제制함에 불과하였고, 그 의뢰의 습성이 일반 정치사회에 전염되어 즉 갑오甲午·갑진甲辰 양 전역戰役에 일본이 수십만의 생명과 수억만의 재산을 희생하여 청淸·노露 양국을 물리고, 조선에 대하여 강도적 침략주의를 관철하려 하는데 우리 조선의 "조국을 사랑한다. 민족을 건지려 한다" 하는 이들은 일검일탄一劍一彈으로 혼용탐포昏庸貪暴한 관리나 국적國賊에게 던지지 못하고, 공함公函이나 열국공관에 던지며, 장서長書나 일본정부에 보내어 국세의 고약孤弱을 애소哀訴하여 국가 존망·민족 사활의 대문제를 외국인 심지어 적국인의 처분으로 결정하기만 기다리었도다. 그래서 '을사조약乙巳條約' '경술합병庚戌合併' ─ 곧 '조선朝鮮'이란 이름이 생긴 뒤 몇천년 만의 처음 당하던 치욕에 조선민족의 분노적 표시가 겨우 하얼빈哈爾濱의 총, 종현鐘峴의 칼, 산림유생의 의병義兵이 되고 말았다. 아! 과거 수십년 역사야말로 용자勇者로 보면 타매唾罵할 역사가 될뿐이며, 인자仁者로 보면 상심할 역사가 될 뿐이다. 그리고도 국망國亡이후 해외로 나가는 모모 지사들의 사상이 무엇보다도 먼저 '외교外交'가 그 제일장 제일조가 되며, 국내 인민의 독립운동을 선동하는 방법도 '미래'의 일미전쟁日美戰爭·일로전쟁日露戰爭 등 기회가 거의 천편일률의 문장이었고, 최근 3·1운동에 일반 인사의 '평화회의平和會議·국제연맹國際聯盟'에 대한 과신過信의 선전이 도리어 2천만 민중의 분용전진奮勇前進의 의기를 타소打消하는 매개가 될 뿐이었도다.

제이第二는 준비론이니, 을사조약의 당시에 열국 공관에 빗발 듯듯 하던 종이쪽으로 넘어가는 국권國權을 붙잡지 못하며, 정미년丁未年의 해아밀사海牙密使도 독립 회복의 복음이 안고 오지 못하매, 이에 차차 외교에 대하여 의문이 되고 전쟁 아니면 안되겠다는 판단이 생기었다. 그러나 군인도 없고 무기도 없이 무엇으로써 전쟁하겠느냐? 산림유생들은 춘추대의春秋大義에 성패를 불계하고 의병을 모집하여 아관대의冠大衣로 지휘의 대장이 되며, 사냥 포수의 화승대火繩隊를 몰아 가지고 조·일전쟁의 전투선에 나섰지만 신문쪽이나 본 이들 — 곧 시세를 짐작한다는 이들은 그리할 용기가 아니 난다. 이에 "금일 금시로 곧 일본과 전쟁한다는 것은 망발이다. 총도 장만하고 돈도 장만하고 대포도 장만하고 장관이나 사졸감까지라도 다 장만한 뒤에야 일본과 전쟁한다" 함이니, 이것이 이른바 준비론 곧 독립전쟁을 준비하자 함이다. 외세의 침입이 더할수록 우리의 부족한 것이 자꾸 감각되어, 그 준비론의 범위가 전쟁 이외까지 확장되어 교육도 진흥해야겠다. 상공업도 발전해야겠다, 기타 무엇무엇 일체가 모두 준비론의 부분이 되었었다. 경술 이후 각 지사志士들이 혹 서·북간도의 삼림森林을 더듬으며, 혹 시베리아의 찬바람에 배부르며, 혹 남/북경으로 돌아다니며, 혹 미주美洲나 하와이로 돌아가며, 혹 경향京鄕에 출몰하여 십여성상 내외 각지에서 목이 터질 만치 준비! 준비!를 불렀지만, 그 소득이 몇 개 불완전한 학교와 실력 없는 회會 뿐이었었다. 그러나 그들의 성력誠力의 부족이 아니라 실은 그 주장의 착오이다. 강도 일본이 정치·경제 양 방면으로 구박을 주어 경제가 날로 곤란하고 생산기관이 전부 박탈되어 의식의 방책도 단절되는 때에 무엇으로? 어떻게? 실업에 발전하며, 교육을 확장하며, 더구나 어디서? 얼마나? 군인을 양성하며, 양성한들 일본 전투력의 100분의 1의 비교라도 되게 할 수 있느냐? 실로 일장의 잠꼬대가 될 뿐이로다. 이상의 이유에 의하여 우리는 '외교', '준비' 등의 미몽迷夢을 버리고 민중民衆 직접 혁명의 수단을 취함을 선언하노라.

3. 조선민족의 생존을 유지하자면 강도 일본을 구축驅逐할지며, 강도 일본의 구축하자면 오직 혁명革命으로써 할 뿐이니, 혁명이 아니고는 강도 일본을 구축할 방법이 없는 바이다. 그러나 우리가 혁명에 종사하려면 어느 방면부터 착수

하겠느냐? 구시대의 혁명으로 말하면, 인민人民은 국가國家의 노예가 되고 그 이상에 인민을 지배하는 상전 곧 특수세력이 있어 그 소위 혁명이란 것은 특수세력의 명칭을 변경함에 불과하였다. 다시 말하자면, 곧 '을'의 특수세력으로 '갑'의 특수세력을 변경함에 불과하였다. 그러므로 인민은 혁명에 대하여 다만 갑·을 양 세력 곧 신, 구 양 상전의 숙인執仁/숙포執暴/숙선執善/숙악執惡을 보아 그 향배를 정할 뿐이요, 직접의 관계가 없었다. 그리하여 '주기군이조기민誅其君而弔其民'이 혁명의 유일 종지宗旨가 되고 '단사호장이영왕사簞食壺漿以迎王師'가 혁명사革命史의 유일 미담이 되었거니와, 금일 혁명으로 말하면 민중이 곧 민중 자기를 위하여 하는 혁명인 고로 '민중혁명民衆革命'이라 '직접혁명直接革命'이라 칭함이며, 민중 직접의 혁명인 고로 그 비등 팽창의 열도가 숫자상 강약 비교의 관념을 타파하며, 그 결과의 성패가 매양 전쟁학상의 정궤定軌에 일출逸出하여 무전무병無錢無兵한 민중으로 백만의 군대와 억만의 부력富力을 가진 제왕도 타도하며 외구外寇도 구축하나니, 그러므로 우리 혁명의 제일보는 민중 각오의 요구니라. 민중이 어떻게 각오覺悟하느냐?

민중은 신인神人이나 어떤 영웅호걸이 있어 '민중을 각오'하도록 지도하는 데서 각오하는 것도 아니요, '민중아, 각오하자', '민중이여, 각오하여라' 그런 열규熱叫의 소리에서 각오하는 것도 아니다. 오직 민중이 민중을 위하여 일체 불평/부자연/불합리한 민중향상民衆向上의 장애부터 먼저 타파함이 곧 '민중을 각오케'하는 유일 방법이니, 다시 말하자면 곧 선각한 민중이 민중의 전체를 위하여 혁명적 선구가 됨이 민중 각오의 제일로니라. 일반 민중이 기肌/한寒/고苦/처호妻呼/아제兒啼, 세납稅納의 독봉督棒, 사채私債의 최촉催促, 행동의 부자유, 모든 압박壓迫에 졸리어 살려니 살 수 없고 죽으려 하여도 죽을 바를 모르는 판에 만일 그 압박의 주인 되는 강도정치의 시설자인 강도들을 격폐擊斃하고, 강도의 일체 시설을 파괴하고, 복음이 사해四海에 전하며 만중萬衆이 동정의 눈물을 뿌리어, 이에 인인人人:사람마다이 그 '아사餓死' 이외에 오히려 혁명이란 일로一路:한길가 남아 있음을 깨달아, 용자勇者는 그 의분義憤에 못 이기어, 약자弱者는 그 고통에 못 견디어, 모두 이 길로 모여들어 계속적으로 진행하며 보편적으로 전염하여 거국일치의 대혁명이 되면, 간활잔포奸猾殘暴한 강도 일본이 필경 구축되는 날이라. 그러므로 우리의 민중을 환성喚醒하여 강도의 통치를 타도하고 우리 민족의 신생명을 개척하자면 양병養兵 10만이 일척一擲의 작탄炸彈만 못하며 억천장 신문, 잡지가 일회폭동一回暴動만 못할지니라.

민중의 폭력적 혁명이 발생치 아니하면, 이르거니와, 이미 발생한 이상에는 마치 현애懸崖에서 굴리는 돌과 같아서 목적지에 도달하지 아니하면 정지하지 않는 것이라, 우리 이왕의 경과로 말하면 갑신정변甲申政變은 특수세력이 특수세력과 싸우던 궁중 일시의 활극이 될 뿐이며, 경술 전후의 의병들은 충군애국忠君愛國의 대의大義로 격기激起한 독서계급의 사상이며, 안중근安重根·이재명李在明 등 열사烈士의 폭력적 행동이 열렬熱烈하였지만 그 후면에 민중적 역량의 기초가 없었으며, 3·1운동의 만세소리에 민중적 일치의 의기意氣가 별현瞥現하였지만, 또한 폭력적 중심을 가지지 못하였도다. 또 "민중의 폭력적 혁명이 발생치 아니하면, 이르거니와", 《민중民衆·폭력暴力》양자兩者의 기일其一: 그 중 하나만 빠지면 비록 굉렬장쾌轟烈壯快한 거동이라도 또한 전뢰電雷같이 수속收束하는도다."라고 한 말과 같이 폭력만이 유일한 민족해방의 길이고 그 폭력은 민중이 주도하는 폭력이어야 한다고 보았다. 그래서 신채호의 민족해방을 위한 전략은 폭력에 의한 민중직접혁명이었다. 그리고 폭력혁명으로 타도해야 할 대상들을 열거하였다. "이제 폭력 —

암살暗殺, 파괴破壞, 폭동暴動 —의 목적물目的物을 대략 열거하건대, 첫째, 조선총독 및 관공리/ 둘째, 일본 천황 및 각 관공리/ 셋째 정탐노偵探奴, 매국적賣國賊, 넷째, 적의 일체 시설물. 이외에 각 지방의 신사紳士나 부호가 비록 현저히 혁명운동을 방해한 죄가 없을지라도 만일 언어 혹 행동으로 우리의 운동을 완화緩和하고 중상中傷하는 자는 우리의 폭력으로써 대부對付할지니라. 일본인 이주민은 일본 강도정치의 기계機械가 되어 조선민족의 생존을 위협하는 선봉先鋒이 되어 있은 즉은 또한 우리의 폭력으로 구축할지니라."하였다.

4. 혁명의 길은 파괴부터 개척開拓할지니라. 그러나 파괴만 하려고 파괴하는 것이 아니라 건설하려고 파괴破壞하는 것이니, 만일 건설建設할 줄을 모르면 파괴할 줄도 모를지며, 파괴할 줄을 모르면 건설할 줄도 모를지니라. 건설과 파괴가 다만 형식상에서 보아 구별될 뿐이요, 정신상에서는 파괴가 곧 건설이니, 이를테면 우리가 일본 세력을 파괴하려는 것이 제일第一: 첫째는은 이족통치를 파괴하자 함이다. 왜? '조선'이란 그 위에 '일본'이란 이족 그것이 전제專制하여 있으니, 이족 전제의 밑에 있는 조선은 고유적 조선이 아니니, 고유적 조선을 발견하기 위하여 이족통치를 파괴함이니라. 제이第二: 둘째는 특권계급을 파괴하자 함이다. 왜? '조선민중朝鮮民衆'이란 그 위에 총독이니 무엇이니 하는 강도단의 특권계급이 압박하여 있으니, 특권계급의 압박 밑에 있는 조선민중은 자유적 조선민중이 아니니 자유적 조선민중을 발견하기 위하여 특권계급을 타파함이니라. 제삼第三: 셋째은 경제 약탈제도를 파괴하자 함이다. 왜? 약탈제도 밑에 있는 경제는 민중 자기가 생활하기 위하여 조직한 경제가 아니요, 곧 민중을 잡아먹으려는 강도의 살을 찌우기 위하여 조직한 경제니, 민중생활을 발전하기 위하여 경제 약탈제도를 파괴함이니라. 제사第四: 넷째는 사회적 불평균을 파괴하자 함이다. 왜? 약자

이상에 강자가 있고 천자賤者: 간난한 자 이상에 귀자貴子: 권력과 부를 지닌 자가 있어 모든 불평균을 가진 사회는 서로 약탈, 서로 박삭剝削, 서로 질투 구시仇視하는 사회가 되어, 처음에는 소수의 행복을 위하여 다수의 민중을 잔해殘害하다가 말경末竟에는 또 소수끼리 서로 잔해하여 민중 전체의 행복이 필경 숫자상의 공空이 되고 말뿐이니, 민중 전체의 행복을 증진하기 위하여 사회적 불평균을 파괴함이니라.

제오第五: 다섯째는 노예적 문화사상을 파괴하고자 함이다. 왜? 유래遺來: 예부터 내려오는하던 문화사상의 종교, 윤리, 문학, 미술, 풍속, 습관 그 어느 무엇이 강자가 제조하여 강자 스스로를 옹호하던 것이 아니더냐? 강자의 오락에 공급하던 제구諸具: 여러 도구가 아니더냐? 일반 민중을 노예화하던 마취제가 아니더냐? 소수 계급은 강자가 되고 다수 민중은 도리어 약자가 되어 불의不義의 압제壓制를 반항치 못함은 전혀 노예적 문화사상의 속박을 받은 까닭이니, 만일 민중적 문화를 제창하여 그 속박의 철쇄鐵鎖를 끊지 아니하면, 일반 민중은 권리사상이 박약하며 '자유향상'의 흥미가 결핍하여 노예의 운명 속에서 윤회輪廻할 뿐이다. 그러므로 민중문화를 제창하기 위하여 노예적 문화사상을 파괴함이니라.

다시 말하자면 '고유적 조선의', '자유적 조선민중의', '민중적 경제의', '민중적 사회의' '민중적 문화의' 조선을 건설하기 위하여 '이족통치의', '약탈제도의', '사회적 불평균의', '노예적 문화사상의' 현상을 타파함이니라. 그런즉 파괴적 정신이 곧 건설적 주장이라, 밖으로 나아가면 파괴의 '칼'이 되고 안으로 들어오면 건설의 '기旗'가 될지니, 파괴할 기백氣魄은 없고 건설할 치상癡想만 있다 하면 5백년을 경과하여도 혁명의 꿈도 꾸어보지 못할지니라. 이제 파괴와 건설이 하나요, 둘이 아닌 줄 알진대, 민중적 파괴 앞에는 반드시 민중적 건설이 있는 줄 알진대,

현재 조선민중은 오직 민중적 폭력으로 신조선新朝鮮 건설의 장애障인 강도 일본 세력을 파괴할 것뿐인 줄을 알진대, 조선민중이 한편이 되고 일본 강도가 한편이 되어, 네가 망하지 아니하면 내가 망하게 된 '외나무다리 위'에 선 줄을 알진대, 우리 2천만 민중은 일치로 폭력 파괴의 길로 나아갈지니라. 1 '민중은 우리 혁명의 대본영이다.' 2 폭력은 우리 혁명의 유일 무기이다. 3 우리는 민중 속에 가서 민중과 휴수携手: 손에 손을 잡고하여 부절不絕: 끊임없이는 폭력 ── 암살, 파괴, 폭동으로써 강도 일본의 통치를 타도하고, 우리 생활에 불합리한 일체 제도를 개조하여 인류로써 인류를 압박치 못하며, 사회로써 사회를 박삭剝削치 못하는 이상적理想的 조선을 건설할지니라. 4256. 1. 서기 1923년

3. 재중국조선무정부의자연맹 북경회의 선언문

세계의 무산대중, 그리고 동방 각 식민지 무산대중의 피와 가죽과 살과 뼈를 짜 먹어온 자본주의 강도제국 야수군群은 지금에 그 창자, 배가 터지려 한다.…민중은 죽음보다 더 음산한 생존 아닌 생존을 계속하고 있다. 최대다수의 민중이 최소수의 짐승 같은 강도들에게 피를 빨리고 살을 찢기는 것은 무슨 까닭인가. 그들의 군대 까닭일까, 경찰 때문일까, 그들의 흉측한 무기 때문일까. 아니다. 이는 그 결과이지 원인은 아니다. 그들은 역사적으로 발달 성장해온 수천 년 묵은 괴물들이다. 이 괴물들은 그 약탈행위를 조직적으로 백주에 행하려는 소위 정치를 만들며, 약탈의 소득을 분배하려는 소위 정부를 두며 그리고 영원 무궁히 그 지위를 누리고자 하여 그리고 영원 무궁히 그 지위를 누리고자 하여 반항하려는 민중을 제재하는 소위 법률·형법 등의 조문을 제정하며 민중의 노예적 복종을 강요하는 소위 명분·윤리 등 도덕율을 조작한다. …민중이 왕왕 그 약탈에 견

디다 못해 반항적 혁명을 행한 때도 있지만 마침내 기개 교활한에 속아 다시 그 강도적 지배자의 지위를 허여하여 '이폭역폭以暴易暴'의 현상으로 역사를 반복하고 말았다. 이것이 곧 다수가 야수들에게 유린을 당해온 원인이다. …우리 민중은 참다 못하여, 견디다 못하여… 재래의 정치·법률·도덕·윤리 기타 일체 문구文具를 부인하고자 한다. 군대·경찰·황실·정부·은행·회사 기타 모든 세력을 파괴하고자 하는 분노의 절규 '혁명'이라는 소리가 대지 위의 구석 구석으로 울려 퍼지고 있다. 이 울림이 고조됨에 따라 그들 짐승의 무리도 신경을 곤두세워 극도로 전율하는 인광으로 우리 민중이 태도를 살펴보고 있다.…

우리 민중은 알았다. 깨달았다. 그들 짐승의 무리가 아무리 악을 쓴들, 아무리 요망을 피운들, 이미 모든 것을 부인한, 모든 것을 파괴하려는 세계를 울리는 혁명의 북소리가 어찌 갑자기 까닭 없이 멎을소냐. 벌써 구석구석 부분 부분이 우리 민중과 그들 소수의 짐승 무리가 진형陣形을 대치하여 포문을 열었다. 알았다. 우리의 생존은 우리의 생존을 빼앗은 우리의 적을 섬멸하는 데서 찾을 것이다. 일체의 정치는 곧 우리의 생명을 빼앗는 우리의 적이니, 제일보에 일체의 정치를 부인하는 것,… 그들의 세력은 우리 대다수 민중이 부인하며 파괴하는 날이 곧 그들이 존재를 잃는 날이며, 그들의 존재를 잃는 날이 곧 우리 민중이 열망하는 자유·평등의 생존을 얻어 무산계급의 진정한 해방을 이루는 날이요 곧 개선의 날이니 우리 민중의 생존할 길이 여기 이 혁명에 있을 뿐이다. 우리 무산 민중의 최후 승리는 확실한 필연의 사실이지만, 다만 동방 각 식민지의 무산대중은 자래로 석가·공자 등이 제창한 곰팡내 나는 도덕의 '독' 안에 빠지며 제왕·추장 등이 건설한 비린내 나는 정치의 '그물' 속에 걸리어 수천 년 헤메다가 일조에 영·독·일 등 자본제국 경제적 야수들의 경제적 착취와 정치적 압력이 전속력으로 전진하여 우리 민중을 맷돌의 한 돌림에 다 갈아 죽이려는 판인즉, 우리 동방민중의 혁명이 만일 급속도로 진행되지 않으면 동방민중은 그 존재를 잃어버릴 것이다. 그래도 존재한다면 이는 분묘 속… 우리가 철저히 이를 부인하고 파괴하는 날에 곧 그들이 존재存在를 잃는 날이다. 1928.4《韓國아나키즘運動史》, 310~312쪽에서 인용함

4. 천고 창간사

천고는 어떤 인연으로 세상에 나오게 되었는가?

왜倭는 우리나라만의 오랜 원수가 아니라 또한 동양의 구적仇敵이다. 숙세叔世 이후로 우리의 해안 지방을 침범 능멸하여 우리의 선조로 하여금 장자壯者들은 무기에 기름치게 하고, 노약자들은 웅덩이에 구르게 하여 대대로 편안히 쉴 겨를이 없게 했던 놈들이 바로 왜가 아닌가? 또한 이조李朝의 임진년壬辰年에 대대적으로 침략해 와 인민을 도륙하여 그 피로 전국의 산하를 물들게 하고, 능묘를 파헤쳐 그 화가 백년 묵은 해골에 그 피로 전국의 산하를 물들게 하고, 능묘를 하폐쳐 그 화가 백 년 묵은 해골에까지 미치게 하여, 후대의 독사자讀史者들로 하여금 뼈가 부닥치고 피가 끓게 만든 놈들이 바로 왜가 아닌가?

병자통상丙子通商 이후 앞뒤에서 기이한 술수를 부려 여러 번 약속하기를, 우리의 독립을 보장하고 우리의 행복을 증진시키겠다고 큰소리치더만, 결국 우리

의 국권을 빼앗고 우리의 국호를 없애고 우리의 인민을 도탄에 빠지게 한 놈들이 왜倭가 아닌가? 교육을 제한하여 우리 인민들의 지식을 막고 이익을 훔쳐 우리의 생존을 위협하고, 의이劓耳·족주族誅 등 전제시대專制時代의 야만스런 형벌을 되살려 우리 의사를 죽이고, 계구양시백일鷄狗羊豕百一 등 잡다한 악세惡稅를 거둬 우리 인민들의 재산을 곤궁케 한 놈들이 왜가 아닌가? 삼천리 강역은 이미 저들이 만든 큰 감옥이 되었고, 지금 흉악하고 잔인한 칼날이 마침내 해외의 타국에까지 미쳐 촌락을 불태우고 부녀자와 어린 아이들을 도살하고 심지어 손과 발을 자르고 귀와 눈을 떼어버리는 야만스런 행위를 하고도 태양이 없음을 근심하는 놈들이 왜가 아닌가? 또한 그들은 우리에게 했던 짓을 중국에게도 하려고 여러 번 밀약을 맺어 이권을 훔치고 책사를 파견하여 남북을 이간질하더니 지금 또 명분 없이 군대를 내어 동성東省을 유린하고 인명을 가볍게 여겨 행하지 않는 악惡이 없으니, 아시아에 살면서 아시아에 화禍를 끼치는 놈들이 누구냐고 물어본다면 왜보다 앞서는 자가 있겠는가?

아아, 우리 아시아의 황족黃族들은 적어도 4백~5백조 이상인데 저들은 구구한 수천만의 무리로 전 아시아를 제멋대로 하고 이웃 나라를 유린하고 민족의 자결을 무시하고 세계의 조류를 억지로 막아 과거의 몽고제국을 오늘날 다시 되살리려 하고 있다. 그 뜻은 분수를 모른다고 해야 할 것이며 그 죄는 또한 죽음으로도 부족할 것이다. 적은 종이와 작은 붓으로 비록 적들의 날카로운 무기를 물리칠 수는 없으나, 그 죄를 성토하여 바야흐로 팽창하려고 하는 원악元惡을 없애고, 입술과 이脣齒의 관계를 다시 일깨워 같은 배를 타고 있는 위급한 상황을 구제하려고 하니 이것이 천고天鼓의 첫번째 의의이다.

예로부터 우리와 대치한 강한 종족은 비록 그 종류가 하나가 아니지만 아주 흉악하고 독하다 한들 왜倭보다 심하지는 않았다. 왜를 막지 않으면 자존할 수 없으니 이에 우리 선조들은 또한 전전긍긍戰戰兢兢 정성을 다하여 왜에 대한 것 이외에는 국시國是가 없었으며, 왜를 막는 것 이외에는 국방이 없었으며, 왜를 없애는 일 이외에는 용사가 없었으며, 왜를 토벌하는 일 이외에는 영웅이 없었다. 신라 이래로 수천년 역사는 왜倭와 혈전血戰한 역사라 해도 과언이 아니니, 저들이 비록 항상 대륙을 잊지 않고 개미처럼 누린내를 좇아 들어왔어도 해안을 막아 지켜 마침내 감히 뇌지雷池를 한 발짝도 벗어나지 못하게 한 것은 바로 우리의 힘이었다.

뒤에 후손이 태만하고 우매하여 금수강산錦繡江山을 마침내 팔짱 낀 채 남에게 주는 지경에 이르렀다. 그러나 또한 이미 여러 선열들이 앞뒤에서 분기하여 맨손으로 사자와 호랑이를 잡고 맨주먹으로 창과 포에 대적하여 머리를 치고 목을 베면서 강한 도적들과 백전百戰하여 차가운 바람과 처절한 피로 세상을 씻어냈으니, 인의仁義를 성취하여 후세에 보이도록 한 것은 기미독립운동己未獨立運動의 전후에 이르러서 그 절정을 이루게 되었다.

옛날에 명나라의 장수 유정劉綎은 군대를 이끌고 조선을 구원할 때 여러 번 왜병倭兵과 싸웠는데, "중국의 병사 10명이 일본의 병사 1명을 당해낼 수 없으나, 일본의 병사 10명이 조선의 병사 1명을 당해낼 수 없다"라고 말한 바 있다. 이것은 세 나라 사람들의 용맹함과 겁 많음의 사정이 이처럼 달랐음을 말한 것이 아니라, 왜인들의 속성을 익히 알아서 싸움을 잘하는 데에는 우리가 다른 사람들보다 월등하다는 것을 말하는 것이다. 현시점에서 옛 일을 논함에 비록 사정이 다르고 공사公私로 분개하고 원수가 되어 이곳저곳에서 막혀 답답하여도, "삼호三戸

가 진나라[秦]를 멸망시킬 것이다"라고 햇으니 마땅히 우리에게도 그런 날이 있을 것이다. 그들이 우리에게 저지른 음모·학정들과 그에 대항한 우리의 투쟁 노력들을 두루 널리 찾아내어 이웃 나라의 원수를 같이하는 인민들에게 소개하는 것이 천고의 두번째 의의이다.

옛날 중화인中華人 가운데 조선에 대해 기록된 자들은 사마천司馬遷과 반고班固에서 비롯한다. 그러나 서술한 지역 범위는 패수浿水 이북을 벗어나지 않으니 이 것은 조선의 한 귀퉁이지 전부가 아니다. 사실은 위만衛滿 한 사람이 할거割據한 흔적을 기록한 것에 불과하며 이것은 또한 일시적인 침략의 예일 뿐이지 본격적인 역사가 아닌 것이다. 조조曹操의 위나라魏이래로 사신 왕래가 빈번히 이루어지고 전문傳聞이 점차 상세해졌다. 그러나 본국에선 왕왕 자가自家의 비장秘藏한 것을 다른 사람에게 보여주기를 꺼렸던 까닭에 중국의 역사가들이 채집한 것은 긁어모으고 전해 받은 나머지들로 교린고사交隣故事에 대비한 자료들에 지나지 않는다. 그 밖에 외국인으로서 조선의 사정을 강구講究하는 자라 할지라도 의당 왜보다 나은 경우가 없었다.

그들이 우리를 깊이 도모하였던 까닭에 우리를 아는 데 있어서도 가장 상세하니 합병合倂 이래로 더욱 정력을 기울여 고서古書를 수집함에 거의 전국을 망라하고 고적古蹟을 탐구함에 땅 속까지 이르니 또한 부지런하다고 할 만도 하다. 그러나 그들이 조선을 부지런히 연구한 이유는 장차 조선을 해치려는 것 때문이지 조선을 사랑하기 때문이 아니며, 장차 조선을 무고하고 업신여기려 함이지 진정으로 조선을 널리 알리기 위해서가 아니다. 이런 까닭에 유언비어流言蜚語를 널리 퍼뜨려 지금 사람들을 몹시 욕되게 할 뿐 아니라 또한 역사를 날조하여 선대를 나

쁘게 무고하고 있다. 회화 등을 곤궁한 거리의 보잘 것 없는 풍속으로 잘못 서술하여 우리 민속의 야만과 우매를 증명하고, 도서圖書 저술에 대해서는 오로지 말단의 약점만을 지적하여 우리나라의 바탕이 비약鄙弱하다고 단정하며, 역사의 연대를 축소하여 곧 단군檀君과 신무神武를 형제 사이라고 하고, 고전을 바꿔 곧 신라가 일본에 부용附庸했다고 하는 것이다.

근거 없는 책과 이야기가 이미 사람들의 귀와 눈에 익숙하게 되어 중국과 서양의 학자들 또한 그것을 믿어 정사正史라 여긴다. 삐져나온 것을 밀어 넣고 굽은 것을 바로 펴 잘못을 분별하고 오류를 바로 잡아 진실을 돌려놓는 것이 긴 밤에 해와 별을 밝혀 놓는 일이요, 한창 창궐하는 사설邪說을 종식시키는 일이니, 또한 어찌 우리에게 이득이 있지 않겠는가? 이것이 천고의 세번째 의의이다.

3·1운동 이후 나라 안에 책자를 보는 경향이 점차 대두하여 일간과 월간을 합해 수십 종에 이르게 되었다. 그러나 합병 이후 점차 약화되는 추세에 있고 또한 10년 동안 왜가 단행한 전제專制의 위세를 두려워하여, 말할 바를 말하지 않고 마땅히 써야 할 바를 도리어 삭제하여 그 상황이 가히 애석하고 참담한 지경에 이르렀다. 그래서 언론은 그 때마다 압수당하며 언론사도 또한 자주 폐쇄당하여 3개월 이상 계속 간행되는 책자는 거의 봉황의 터럭과 기린의 뿔[鳳手麟角]과 같이 극소수인 실정이다. 그리고 유독 저들이 총독부 기관지나『매일신보每日申報』등과 같이 적에게 붙어 천성을 잃고 미친 것들은 의병을 칭해 폭도라 하고 열사를 불러 흉한兇漢이라 하여, 무릇 독립운동의 줄에 들어간 자들을 말살하여 난민이라 하고 깎아내려 불경한 무리라고 이르지 않은 경우가 없었다.

왕과 적이 뒤바뀌고 충忠과 역逆이 바뀜이 이처럼 심한 지경에 이른 것이다. 왜倭가 화禍가 되는 이유는 오직 생존한 사람을 때려눕히고 그 종자까지 멸하려고 하는 데뿐 아니라, 또한 지하의 귀신조차 미워하여 애국의 이름으로 생전에 이미 칼과 가마 등에 의해 살육당한 사람들을 흉하고 나쁜 이름으로 사후에 또 덧붙이는 데에 있다. 마음속에 성심聖心을 가진 자라면 진실로 영욕으로 포폄襃貶하지 못하거늘, 옮기고 바꾸어 선악善惡을 뒤집어 놓고 선민先民을 욕하니 또한 어찌 우리들의 심통深痛한 바가 아니겠는가? 해외에서 붓 가는 대로 책을 만들어 비록 감히 국내에 보급될 것을 기대하지 않지만, 만약 대의를 널리 밝히고 이웃 나라에 전해져 보일 수 있다면 또한 이 시도를 그만두어서는 안 될 것이다. 이것이 천고의 네번째 의의이다.

이상 서술한 바는 진실로 천고가 마땅히 생사를 걸고 해야 할 일들이다. 천고여! 천고여! 장차 구름이 되고 비가 되어 더러운 비린내와 누린내를 씻어 내고, 장차 귀鬼가 되고 여厲가 되어 적들의 운명이 장차 다하기를 저주하고, 장차 칼과 창과 방패가 되어 침입자의 기운을 빼앗고, 장차 총탄과 비수가 되어 적들을 크게 놀래 주어라. 안으로는 인민들의 기운이 날로 성장하여 암살과 폭동의 장한 거사가 거듭 나타나 끊이지 않고, 밖으로는 세계의 운명을 일신하여 유약한 나라와 족속의 자립운동이 계속 이어져 그치지 않으리라. 천고여! 천고여! 너는 울고 나는 춤을 춰 우리 동포들을 일으키고 저들 흉악한 무리들을 잡아 없애 우리의 산하를 예전처럼 돌려놓자. 천고여! 천고여! 분발하고 노력하여 마땅히 해야 할 바를 잊지 말자."

– 최광식, 역주,《단재 신채호의 천고》, 아연출판부, 2004, 49~53쪽,

참고문헌

《단재신채호전집》(1~9, 독립기념관한국독립운동사연구소, 2008.)

梁啓超, 《飮冰室全集》(臺灣, 文化圖書公司, 민국65년:1976.)

梁啓超, 《飮冰室全集》(臺灣, 中華書局, 1911)

秋憲樹 編, 《韓國獨立運動史》 자료2, (國史編纂委員會, 1970.)

韓國史料研究所, 《朝鮮統治史料》 1, 2권(東京, 宗高書房, 1970.)

《新生活》(신생활사, 1922, 《신채호전집》5, 재인용.)

《東亞日報》(1920. 5.12~5.14일자, 1922.12.27.일자, 마이크로 필름)

《丹齋申采浩全集》(丹齋申采浩全集編纂委員會, 乙酉文化社, 1972.)

《丹齋申采浩先生殉國50周年追慕論集》(丹齋申采浩先生記念事業會, 1986.)

《丹齋申采浩先生誕辰100週年紀念論集》(丹齋申采浩先生紀念事業會, 1980.)

《단재신채호 수필모음집》(부크크, 2020.)

《한국사》15(한길사, 1994.)

《독립운동사자료집-의열투쟁사자료집》11권(독립운동사편찬위원회, 1984.)

《아나키즘 연구》 창간호, (자유사회운동연구회, 1995.)

강만길, 《韓國民族運動史論》125, (한길사 1985.)

姜在彦, 《近代朝鮮の思想》(일본 紀伊國屋書房, 1971.)

구승회, 《한국 아나키즘 100년》(이학사, 2004.)

권문경, 〈고토쿠 슈스이幸德秋水의 '基督敎抹殺論과 신채호의 아나키즘〉, 《日本語
        文學》 제58집, 2012.

김명구, 〈1920년대 전반기 사회운동이념에 있어서의 농민운동론〉, 《한국근대농촌
        사회와 농민   운동》(열음사, 1988.)

김병민, 《신채호문학유고선집》(연변대학출판사, 1994. 《신채호전집》7권, 재인용)

金三守, 《한국에스페란토운동사》(숙대출판부, 1976)

김영호, 〈단재의 사상〉《나라사랑》3집(정음사, 1971)

丹齋의 思想—愛國啓蒙思想을 中心으로—(金泳鎬, 나라사랑 3, 1971)

김용섭, 〈우리나라 근대역사학의 성립〉, 이우성/강만길편, 《한국의 역사인식》하(창작과 비평사 1976)

김종학, 〈신채호와 민중적 민족주의의 기원〉, 서울대학교국제문제연구소, 《세계정치》Vol.7(문 화와 국제정치), 2007.

김주현, 《신채호문학연구초》(소명출판, 2012)

김주현, 〈단재 신채호의 □권업신문□ 활동시기에 대한 재검토〉, 독립기념관 한국독립운동사연구소《한국독립운동사연구》51 (2015.8)

김주현, 〈신채호의 작품 발굴 및 원전 확정을 위한 연구− 권업신문을 중심으로〉 우리말글학회, 《우리말글》39, 2007.4.

金昌洙, 〈1920年代 民族運動의 一樣相〉, 《日帝下植民地時代의 民族運動》(풀빛, 1981.)

김학준 편집/해설, 이정식 면담, 〈정화암〉, 《혁명가들의 항일회상》(민음사, 1988)

단재신채호선생기념사업회 편, 《단재 신채호의 민족사관》(형설출판사, 1980);

無政府主義運動史編纂委員會, 《韓國아나키즘運動史》, 형설출판사, 1978

민필호, 〈예관 신규식선생 전기〉, 石源華; 金俊燁 共編.《申圭植·閔弼鎬와 韓中關係》나남출판, 2003.

박경식, 《재일조선인관계자료집성》(한국학진흥원 1975.)

박영석《韓民族獨立運動史研究》(일조각, 1991)

박정심, 《단재 신채호−조선의 我 非我와 마주서다》(문사철, 2019)

朴泰遠, 《若山과 義□團》(白楊堂, 1947)

반병률, 〈단재 신채호의 러시아 연해주 독립운동〉, 국민대학교한국학연구소, 《한국학논총》46(2016)

베네딕트 앤더슨/윤형숙, 《민족주의의 기원과 전파》(나남, 1991.)

백영서, 〈대한제국기 한국언론의 중국인식〉, 《동아시아의 귀환》, 창작과 비평사, 2000,

서민교, 《1910년대 일제의 무단통치/천구백십년대 일제의 무단통치》, 독립기념관 한국독립운동사연구소, 2009.

수요역사연구회.《일제의 식민지 지배정책과 매일신보:1910년대》(.서울:두리미디어, 2005)

송건호, 《한국민족주의 탐구》(한길사 1984.)

申錫雨, 〈丹齋와 '矣'字〉, 《新東亞》1936년 4월호.

신용하,《증보 신채호의 사회사상 연구》(나남출판, 2004)

신용하,《3.1운동과 독립운동의 사회사》(서울대학교출판부, 2001)

신용하,〈구한말 輔安會의 창립과 민족 운동〉,《한국사회사연구회논문집》 44 (현 《사회와 역사》 문학과지성사, 1994.12.)

신용하,《申采浩의 社會思想硏究》, 한길사, 1984

신용하,〈신채호의 애국계몽사상〉,《한국학보》 19·20, 1980.

신용하,〈신채호의 무정부주의 독립사상〉,《東方學志》 38집(1983)

신용하,〈신민회의 창건과 그 국권회복운동〉,《韓國民族獨立運動史硏究》(을유문화 사 1985)

愼鏞廈,《申采浩의 社會思想硏究》(한길사, 1984)

愼鏞廈,〈申采浩의 愛國啓蒙思想〉,《韓國學報》 19·20, 1980.

신용하,〈신채호의 무정부주의 독립사상〉,《단재 신채호 연구》(고려대학교 출판부.

신일철,《신채호의 역사사상 연구》(고대대학교출판부, 1981.)

산일철,〈단재신채호의 민족사적 역사이론〉,《성곡총론》 5, 1974

申一澈,《申采浩의 歷史思想硏究》(, 高麗大學校出版部, 1981)

申一澈,〈申采浩의 自强論的 國史像―淸末嚴復梁啓超의 變法自强論의 西歐受容과 관련하여 ―〉,《韓國思想》 10, 1972

申一澈,〈申采浩의 無政府主義思想―丹齋申采浩의 歷史思想硏究의 第三部로서―〉, 《韓國思想》 15, 1977.

신채호/박기봉,《조선상고사》(비봉출판사, 2006)

안건호,〈조선청년회연합회의 조직과 활동〉,《한국사연구》 88호

安秉直,《丹齋申采浩의 民族主義》,《自由》 106, 1981.

안병직,《申采浩》(한길사, 1983) *친일학자가 지은 글, 신채호가 통곡을 하리라 본 다

오세창,〈신채호의 해외언론활동〉,丹齋申采浩先生記念事業會,《丹齋申采浩先生殉 國50周年追慕論集》. 1986.

오장환,《한국 아나키즘운동사 연구》(國學資料院, 1998)

오진환,〈1920년대 재중국한인무정부주의운동―무정부주의이념의 수용과 독립투쟁 이론을 중심으로〉, 국사편찬위원회,《국사관논총》 25, 1991.

윌리엄 고드윈/강미경,《최초의 아나키스트》(지식의 숲, 2006)

유자명,《한 혁명자의 회억록》(독립기념관 한국독립운동사연구소, 1999,)

윤경로, 《105인사건과 신민회연구》(한성대학교출판부, 2012)

윤병석, 〈해제 단제신채호전집〉, 독립기념관 한국독립운동사연구소, 《단재신채호 전집》8(독립기념관, 2008.)

李基白, 〈丹齋史學에서의 民族主義問題〉, 《文藝振興》48, 1979.

李東洵, 〈丹齋小說에 나타난 郎家思想〉, 국민대학교 어문학연구소, 《어문논총》12, 1978.

이덕남, 《마지막 고구려인 단재 신채호》(동현, 1996.)

이만열, 《단재 신채호의 역사학 연구》(문학과지성사, 1990.)

이만열, 〈단재 신채호의 민족운동과 역사연구〉, 충남대학교 충청문화연구소, 《단재 신채호의 사상과 민족운동》(경인문화사, 2010.)

이만열, 〈丹齋 申采浩의 古代史認識試考〉, 《韓國史研究》15집. 1977.

이만열, 〈17,18세기의 사서와 고대사인식〉, 《韓國史研究》10집, 1974.

이만열, 〈조선후기의 고구려사연구〉, 《東方學志》제43집, 1984.

이만열, 《註譯 조선상고사》(형설출판사, 1972.)

이만열, 〈단재신채호의 古代史認識試考〉, 《韓國史研究》15집. 1977.

李萬烈, 〈丹齋史學의 배경과 구조〉, 《創作과 批評》15—2, 1980.

李萬烈, 〈丹齋史學의 背景〉《韓國史學》1, 韓國精神文化研究院, 1980.)

李萬烈, 〈丹齋申采浩의 古代史認識試考〉《韓國史研究》15, 1977.

이연복, 〈초기의 대한민국임시정부〉, 《경희사학》2집, 1970.

이우성, 《한국의 역사상》(창작과 비평사, 1982.

이원규, 《조봉암평전》(한길사, 2019)

李鍾春, 〈丹齋申采浩의 生涯와 思想〉《淸州敎育大學論文集》19, 1983.

李乙奎, 《是也金宗鎭先生傳》(한흥인쇄소 서울 1963.)

이정규/이관식, 《우당 이희영약전》(을유문고, 1985.)

이호룡, 〈신채호의 아나키즘〉, 《역사학보》제177집, 2002.; 충남대학교 충청문화연구소, 《단재 신채호의 사상과 민족운동》(경인문화사, 2010)

이호룡, 《신채호 다시 읽기》(돌베개, 2013.)

李勳求, 《滿洲와 朝鮮人》(평양 숭실전문학교 경제학연구실, 1932.)

이흥기, 《신채호와 함석헌-역사의 길, 민족의 길》(김영사, 2013.)

임대식, 〈사회주의운동과 조선공산당〉, 《한국사》(한길사, 1994.)

정진석, 《역사와 언론인》(커뮤니케이션북스, 2001.)

趙東杰,〈大韓民國臨時政府의 組織〉, 國史編纂委員會,《韓國史論》10, 1981.

조세현,《동아시아 아나키스트의 국제교류와 연대-적자생존에서 상호부조로》(창비, 2010.)

조지훈,〈한국민족운동사〉,《한국문화사대계》1(고대 민족문화연구소, 1979.)

주요한,《秋丁 李甲》(大成文化社, 1964.)

朱耀翰,《安島山全書》(서울 三中堂, 1971.)

최기영,〈단재 신채호의 삶과 투쟁, 그리고 현재적 의미〉,《단재 신채호 순국 72주년 기념 심포지움자료집》(한국언론재단 및 독립기념관 한국독립운동사연구소, 2008.)

최기영,〈신채호의언론활동〉, 충남대학교충청문화연구소,《단재신채호의사상과민족운동》(경인문화사, 2010.)

최옥산,《문학자 단재 신채호론》(인하대학교 박사학위논문, 2003.)

최종고 편저,《우남 이승만》(청아출판사, 2011)

崔洪奎,《丹齋 申采浩》(太極出版社, 1980.)

崔洪奎,《申采浩의 民族主義思想-生涯와 思想-》(丹齋申采浩先生紀念事業會, 1983.)

크로푸트킨/김영범 역,《만물은 서로 돕는다》(르네상스, 2005.)

布施辰治/강일석,《박열투쟁기》(조양사, 1948.)

피에르 조제프 프루동/이용재,《소유란 무엇인가》(이카넷, 2003.)

한시준,〈신채호의중국에서의독립운동〉, 충남대학교충청문화연구소,《단재신채호의 사상과 민족운동》(경인문화사, 2010.)

한영우,〈韓末에 있어서의 申采浩의 歷史認識〉(丹齋先生 誕辰100周年紀念論集, 1980.)

한영우,〈1910년대 신채호의 역사인식〉, 한우근박사정념기념사학논총, 1981.

한영우,〈韓末에 있어서의 申采浩의 歷史認識〉, 丹齋先生 誕辰100周年紀念論集,《단재신채호와 민족사관》, 1980.)

허원,〈단재 신채호의 체포·신문(臺灣 基隆) 관련 자료 발굴과 사실 고증〉, 한국외국어대학교 역사문화연구소,《역사문화연구》69, 2019.

洪以燮,〈丹齋史學의 一面─半島的 史觀의 批判과 高句麗舊疆論〉,《白山學報》3, 1967.

洪以燮,〈丹齋史學의 理念〉,《世界》제2권, 4월호(國際文化研究所, 1960.)

홍이섭, 〈단재 신채호〉, 사상계사, 《사상계》 10권 4호, 1962.

황석우, 〈현 일본사상계의 특질과 그 주소, 현 일본사회운동의 그 수단〉, 《개벽》 1923.4.

황현식, 《新志操論》(사람과사람, 1998.)

村秀樹, 〈義烈團と金元鳳〉, 《朝鮮史の組と思想》(日本, 研文出版, 1982)

幸德秋水/임경화, 《나는 사회주의자다》(교양인, 2011.)

신채호의 사상으로 바라보는 우리의 현재와 미래

박요섭 박사 • 한국인문학협회장

역사학자이자 독립운동가였던 단재 신채호1880~1936와 그의 사상을 이해하려면 아나키스트anarchist로서 활동한 그를 살펴볼 필요가 있다. 신채호는 왜 아나키스트가 되었을까. 신채호의 사상은 개화론과 자강론에서 출발한다. 그는 여기에서 머물지 않고 전형적 민족주의자의 모습을 보인다. 이런 선생의 면모가 『독사신론』에서도 여실히 나타난다.

> "…민족을 버리면 역사가 없을 것이고 역사를 버리면 민족의 자기 나라에 대한 관념도 없어지는 것이니, 아! 역사가의 책임이 무겁기도 하구나! 역사를 쓰는 이는 모름지기 그 나라의 주인 되는 민족을 선명히 나타내어 그를 주체로 삼아야 한다. 만일 그렇지 못하면 그것은 무정신의 역사이다. 무정신의 역사는 무정신의 민족을 낳으며 무정신의 국가를 만들어낼 것이니 어찌 두렵지 않을까…중략"

이렇게 민족과 역사를 강조하던 선생은 시대적 조류와 격랑 속에서 아나키즘anarchism과 마주하게 된다. 선생은 이 속에서 돌파구를 찾고자 했던 것 같다. 선생이 아나키즘을 들고나온 데에는 그만한 이유가 있었을 것이다. 언뜻 생각해보면 자국 정부를 갖자고 독립운동을 하는 사람이 무정부주의를 주장하다니, 이게 뭔가? 모순이 아닐 수 없다. 앞뒤가 맞지 않다는 것이다. 그런데 일제강점기 선생이 주장했던 무정부주의는 일본제국주의에 대한 혐오와 강력한 거부감이 빚어낸 생존과 회복을 향한 몸부림이었던 것이다.

추정컨대 신채호가 내세운 아나키즘은 대일항쟁을 위한 하나의 전략적 노선이었으리라고 생각해본다. 신채호의 무정부주의는 국가정부에 대한 부정이나 거부가 아니었다. 신채호는 국가를 없애자는 차원에서 무정부주의를 주장했다기보다는 민족의 본질에 민중을 두고자 했던 것이다. 그러니 신채호가 외쳤던 무정부주의는 그 이름이 표방하는 정통논리와는 다른 색을 띤다고 봐야 한다. 이렇게 보는 이유는 무엇인가. 왜 우리 민족이 일제 치하에서 고통받고 있었는지를 생각해 보자. 그것은 군주를 중심으로 권력을 독점한 세력이 다스리는 전제주의에서 비롯된 폐해였다고 볼 수 있다. 지배 세력이 국가권력을 독점함으로써 발생한 부작용은 굳이 사례를 들지 않더라도 누구나 알고 있는 사실이다. 선생은 이런 맥락에서 민중이 중심이 되는 나라가 되어야 독립을 이루었을 때, 제대로 된 국가를 이룰 수 있다고 생각했을 것이다. 이렇게 되어야 독립운동에서도 민중의 결집한 힘이 분출될 수 있다고 보았을 것이다.

1. 아나키즘이란

계명대학교 철학과 교수와 국제아나키스트연맹 한국 대표를 지낸 아나키스트 철학자 하기락은 『韓國아나키즘運動史』에서 이렇게 말했다.

"누구든지 남을 압박해 보라. 그는 반항할 것이다. 목석이 아니고
사람이기 때문이다. 누구든지 남을 멸시해 보라. 그는 성낼 것이
다. 동물이 아니고 인간이기 때문이다."

압박과 억압을 거부하고 자유를 위하여 권위주의에 맞서 싸우며 자주적이고 자유로운 삶을 추구하는 사람이라면, 그가 바로 아나키스트라는 의미가 아닌가. 개인의 자유를 가장 우위에 두는 아나키즘은 권위주의적 지배에 대해서는 매우 민감한 반응을 보인다. 개인의 절대적 자유를 추구하는 아나키즘에서는 자신의 자유를 중요하게 여기는 만큼 다른 사람의 자유도 동등하게 존중한다.

역사학자 이호룡은『한국의 아나키즘: 인물편』에서 아나키즘을 이렇게 이야기한다.

> "상대방이 나와 다르다고 해서 그들을 틀린 것으로 규정하지 않고, 나와 다를 수 있음을 인정하며 그들과 함께 더불어 살아가고자 하는 사상이 아나키즘이다."

> "우리 사회의 권위주의가 많이 사라지고, 수직적 인간관계가 수평적으로 변해가고, 남녀평등이 확대되고, 집회 시위의 양상이 어느 조직의 주도보다 어느 사안에 공감하는 사람들이 자발적으로 모여 다양한 목소리를 내는 방식으로 변화해온 기저에는 아나키즘적 사고가 깔려 있다."

따라서 이호룡은 "민주주의를 심화시키는 데 아나키즘적 사고는 상당히 유용하다"라고 말한다. 이와는 대립적으로 아나키즘에 대해 무질서를 조장하는 사상으로 오해하는 경우도 있다. 아나키즘은 허무주의도 파괴주의도 아니다. 아나키즘은 인위적 억압이나 권위주의를 부정하는 것이지, 무질서나 혼란을 부추기는 사상이 아니다. 아나키즘은 권위주의적 통치에 의한 피동적 삶을 거부하는 것이 사상의 중요한 흐름이다. 아나키즘은 자기 주도적이고 자율적 자치에 따른 유연하고 조화로운 고도의 질서를 바람직하다고 본다. 아나키즘은 일제강점기 일부 독립운동가들에게는 민족해방을 이끌 아주 매력적인 노선이기도 했다. 이랬기에 한국의 아나키스트들은 아나키즘과 다소 차이가 있는 성향을 띨 수밖에 없었다. 그들은 민족주의적 정신을 품고 독립운동을 이끄는 사람들이기 때문이었다.

다문화 시대를 사는 오늘의 우리나라 사람들에게 다양성 존중은 보편적이고 마땅한 흐름이다. 이와 같은 차원에서 볼 때 아나키즘에 대한 관심도 그만큼 늘어날 수 있다. 시대적 조류에 편승하여 이론적으로 접근하는 데 치우쳐서는 곤란하다. 온고지신과 시대 가치적 구현이 필요하다. 사상은 불변해야 할 진리가 아니다. 사상의 발상과 확산의 도모는 자유다. 그러나 그것이 인류의 삶에 해악을 끼쳐서는 안 된다. 그 지향은 시대와 호흡하면서 끊임없이 변화하는 가운데 인류의 보다 나은 삶의 질 향상에 이바지해야 한다.

지식은 행동보다 앞서 생성되는 것이지만, 그 핵심은 행동으로 나타나야 한다는 점을 중요시해야 한다. 또한, 무엇이 바람직한지에 대한 끊임없는 사고와 고민의 산물이어야 한다. 아울러 진리에 접근하려는 노력을 계속하는 것이어야 한다. 이것이야말로 인류의 삶의 질 향상에 이바지하는 바람직한 지식이라고 할 수 있기 때문이다.

과학과 기술의 발달에 따른 4차 산업혁명의 시대를 살아가야 하는 인류에게 '지구촌', '다문화'와 같은 말은 일상화되고 있다. 이는 곧 다양성 존중으로 이어진다. 다만, 이 다양성 존중이 인류의 삶의 질 향상에 해악을 끼치는 것이라면, 반드시 제거되어야 하는 것이다.

그렇다면 그 판단의 기준은 무엇인가. 자유가 방종을 의미하는 것이 아닌 것처럼, 다양성 존중도 같은 것이다. 다른 사람의 삶의 질을 저해하거나 인류공동체의 번영을 방해하는 요소라면 이것을 다양성 존중으로 볼 수 없다는 것이다. 아나키즘도 이런 맥락에서 이해하고 발전시킬 필요가 있다.

2. 신채호의 생애

1880년 11월 7일 유생이었던 신광식의 둘째 아들로 태어난 단재丹齋 신채호申采浩 선생은 그토록 그리워하던 조국의 독립을 보지 못한 채 1936년 2월 21일 57세의 나이로 뤼순旅順감옥에서 숨을 거두었다. 신채호 선생은 충청남도 대덕군현재, 대전직할시 대덕구 산내면 어남리 도림마을에서 태어났다. 6세 때부터 한학을 배웠으며 12~13세 때 사서삼경을 독파하였다고 한다. 19세 때였던 1898년 가을에 성균관에 입학했으며 그곳에서 유학의 한계를 느끼면서 민족주의적 세계관에 눈을 뜨기 시작했다는 것이다.

독립협회와 만민공동회에서 활동하던 선생은 1899년 12월 25일 독립협회와 만민공동회의 강제 해산조치에 관련되어 구속되기도 했다. 이후 1901년 충북 청원군 낭성면 인차리에 설립된 문동학원으로 내려가 학생들을 가르치며 계몽운동을 전개하기도 하였다. 1905년 26세에 선생은 성균관 박사가 되었다. 선생은 그해 〈황성신문〉에 논설 기자로 입사했지만, 그해 11월 17일 일본의 강요로 을사늑약이 체결된 것에 분노하여 장지연이 쓴 '시일야방성대곡是日也放聲大哭, 이날에 목놓아 통곡하노라'이라는 논설로 이 신문은 무기한 정간 처분을 받게 된다.

선생은 다음 해 영국인 베델E. T. Bethell이 운영하던 〈대한매일신보〉로 자리를 옮겼다. 이 신문에 「일본의 삼대충노三大忠奴」, 「금일 대한국민의 목적지」, 「서호문답西湖問答」, 「영웅과 세계」, 「학생계의 특색」, 「한국자치제의 약사」, 「국가를

멸망케 하는 학부」, 「한일합병론자에게 고함」, 「이십세기 신국민」 등의 논설을
썼으며 주필이 되었다가 1910년 중국으로 망명한다.

선생은 1908년 8월 27일부터 12월 13일까지 〈대한매일신보〉에다 50회에 걸
쳐 근대 역사학의 효시라고 할 수 있는 「독사신론」을 실으며 민족사학의 초석을
다지는 데 진력했다. 이뿐만 아니라 〈수군제일위인 이순신전〉, 〈을지문덕전〉, 〈
동국거걸최도통전〉과 같은 전기소설도 연재함으로써 민족정기를 일깨우며 조
국 독립에 대한 뜨거운 열망이 불타오르게 하는 데 힘썼다.

1919년 3·1운동 직후 수립된 임시정부에 참여한 선생은 위임통치론을 내세
운 이승만과 노선을 달리하여 사임한다. 1922년 의열단장義烈團長 김원봉의 초청
으로 상해로 간 선생은 1923년 1월 의열단의 이념과 운동방향을 천명한 '조선혁
명선언朝鮮革命宣言'을 집필하기도 했다. '의열단선언'이라고도 불리는 '조선혁명
선언'은 무정부주의 사상의 관점에서 쓴 첫 독립선언서라고 할 수 있다. 다음은
그 일부의 내용이다.

"…인류로써 인류를 압박치 못하며 사회로써 사회를 박삭剝削, 상처
를 입히고 해치다치 못하는 이상적 조선을 건설할지니라…중략"

선생은 1928년 무정부주의에 필요한 운동자금을 확보하는 과정에서 무정부
주의동방연맹 국제위폐 사건에 연루되어 타이완 기륭항에서 일본 경찰에 체포
되어 만주의 뤼순旅順 감옥에 수감된다. 1930년 5월 10년형을 선고받고 복역하던
선생은 조국의 독립을 보지 못한 채 1936년 2월 21일 뇌내출혈로 뤼순旅順 감옥에
서 순국하였다.

3. 신채호의 역사 인식

독립운동가로 가장 두드러지게 알려진 단재 신채호는 역사학자이자 언론인, 작가, 사상가였다. 이 점을 간과하면 단재 선생을 올바로 이해하기 어려울 것이다. 〈대한매일신보〉에 「독사신론」을 연재한 것은 물론, 1924년 10월 13일부터 1925년 3월 16일까지 동아일보에 「조선사연구초」도 연재했다. 선생은 일제와 맞서 조국의 독립을 쟁취하려면 역사를 제대로 알아야 한다고 생각했던 인물이다. 어찌 보면 그 당시 사람들에게 민족의식을 일깨우고, 애국심 불어넣기 위해 '역사 올곧게 세우기'를 한 것이다. 선생은 이런 활동을 통해 국민이 민족에 대한 자긍심을 회복하게 하고 이를 바탕으로 독립을 쟁취해나가도록 힘을 불어넣고자 했던 것이다.

선생이 집필한 『이순신 열전』에 "사필史筆이 강하여야 민족이 강하며, 사필史筆이 무武하여야 민족이 무武하다"라는 내용이 있다. 이는 선생이 역사에 대해 어떤 인식을 가졌었는지를 대변한다. 『조선상고사朝鮮上古史』, 『조선상고문화사朝鮮上古文化史』, 『조선사연구초朝鮮史研究草』 등에 나타난 선생의 역사관은 어떤 것인가. 선생은 식민주의적 사관을 거부하고 민족주의적이고 근대적 관점으로 역사를 바라본다.

'조선혁명선언'을 집필한 이후에는 민중중심의 사관을 지향한다. 또한, '아我'와 '비아非我'의 투쟁 기록이라는 관점에서 실증을 강조하며 변증법적 역사발전에 대한 인식을 나타낸다. 선생은 한국 사학의 여러 흐름을 종합하면서도 민족주의 이념을 토대로 독자적 경지에서 역사를 조감한다. 이는 유교주의를 바탕으로 한 관학적 역사학에서 나타나던 식민주의적 사학을 극복하기 위해 이와 대비되는 관점에서의 역사학을 유기적으로 융합함으로써 올바른 시야를 확보하고 민족의 정체성을 확립하는 데에서 비롯된 것이다.

선생의 한국 고대사 기술은 중국 동북지역과 요서지방遼西地方까지 뻗어있다. 선생은 우리 역사와 민족 문화의 원류를 찾아 그것을 본으로 삼고자 했다. 그랬기에 혼이 사라진 역사, 과거와 현재가 끊어진 역사는 민족사가 아니라고 했으며, 역사 속에는 민족혼이 담겨 있어야 한다고 역설했던 것이다.

다만, 역사연구에 민족주의 사상을 과하게 투영한 것이나 역사의 주체를 지나치게 영웅을 중심으로 보려고 했던 것은 다소 아쉬운 부분이라고 하는 시선도 없지 않다. 어떤 사고나 태도가 하나에만 몰입된 교조적 상태에서 나타나는 부작용도 있다는 것이다.

그러나 조금 다른 관점에서 선생을 이해할 필요가 있다. 선생은 우리 역사 속에 나타난 걸출한 인물들의 활약을 온고지신하여 독립을 쟁취하자는 독려와 희망의 메시지를 확산시키려 했던 것이다. 선생은 단지 몇 사람의 영웅 출현으로 일본의 제국주의를 무력화시킬 수 있다고 생각하지는 않았을 것이다.

오히려 선생은 〈대한매일신보〉에 실은 「20세기 신동국지영웅」에서 "구국민은 국민이 아니며 구영웅은 영웅이 아니다"라고 말한다.

" …국민적 영웅이 있어야 국민적 종교가 될지며, 국민적 영웅이 있어야 학술이 국민적 학술이 될지며, 국민적 영웅이 있어야 실업이 국민적 실업이 될지며, 미술가가 국민적 미술가가 될지오, 종교, 학술, 실업가, 미술가 등이 국민적 종교, 국민적 학술, 국민적 실업가, 국민적 미술가 된 연후에야, 동국이 동국인의 동국이 될지니, 국민의 부름이여 영웅을 부름이여…중략 "

그 당시에 필요한 인물론을 주장한 것이다. 이런 신영웅을 '국민적 종교, 국민적 학술, 국민적 실업에 종사하는 사람들'이라고 밝힌 것이다. '국민적'이라는 수식어를 앞에 놓은 것만 보더라도 국민과 함께 하는 사람, 국민을 위해 일하는 사람을 강조한다는 것을 알 수 있다.

선생은 「소회 일폭一幅으로 보고普告 동포」에서 이렇게 쓰고 있다. "…고대에는 일국의 원동력이 항상 1, 2 호걸에 재在하고 국민은 그 지휘를 수隨하여 좌우할 뿐이려니, 금일에 지至하여서는 일국의 흥망은 국민 전체 실력에 재하고 1, 2 호걸에 부재不在할 뿐더러…중략"

이는 이제 신영웅은 모든 국민이 되어야 한다는 것이다. 국민이 다 함께 주체가 되어 국민의 시대를 열어야 함을 역설한 것이다. 한 나라의 흥망이 몇 사람의 영웅에 달린 것이 아니라, 국민 모두가 결집한 역량에 달렸다는 것이다. 이는 그의 아나키즘과도 이어지는 고리가 된다는 것을 엿볼 수 있다.

선생이 되찾고 지키려 했던 나라는 곧 민중이었던 것이다. 이것은 아나키즘과도 연결된다. 우리 민족의 우수성과 저력은 민중에게서 나온 것이고 그 과정에서 나타난 구심점에 영웅들이 있었던 것을 뜻한다. 선생의 불굴의 의지와 정신으로 쏟아낸 집필은 기회주의적으로 시대의 흐름에 편승해 정체성을 헌신짝처럼 팔아먹은 매국노들의 식민주의적 사학에 큰 경종을 울렸다. 선생은 세수할 때도 허리를 굽히지 않고 꼿꼿이 서서 함으로써 일제에 대해 거센 항거를 중단 없이 표방해나갔다. 순국 한 해 전 뤼순旅順 감옥에서 수감 생활을 하던 선생은 심각한 건강 악화 상태에 이르렀다.

이에 형무소 측에서는 보증인이 있으면 출소시키겠다고 했지만, 선생은 보호자로 선정해야 할 종친이 친일파라는 이유로 거부했다는 것이다. 이런 모습이 바로 다름 아닌 선생이 품었던 역사의식이고, 역사관을 대변한다고 볼 수 있다.

이는 식민주의적 사관에 대한 준엄한 경고였다고도 보인다. 당시는 선생이 뜻을 이루지 못한 것 같았지만, 현재 상황과 관점에서 보면 선생의 정신과 안목이 승리했다는 것을 입증하고 있다.

우리나라 근대사학과 민족주의 사학이 웅대한 날개를 펼치는 데 갖은 노고와 헌신을 아끼지 않은 선생의 숭고한 뜻은 지금도 우리의 가슴에서 살아 움직인다. 그리고 이 정신과 학문적 열정은 이제 한창 펼쳐지는 4차 산업혁명의 시대로 이어져 더욱더 아름답게 인류를 발전시키는 데 이바지할 것으로 생각한다. 이런 일에 적극적으로 동참하는 것이야말로 우리 후대들이 선생의 희생에 보답하는 길일 것이다.

4. 신채호의 언론 활동

선생은 강직하고 단호한 성품의 소유자이면서도 넓은 세계관을 지닌 독립운동가였으며 누구보다도 민족을 사랑한 애국자였다. 활동 방법론적 차원에서 볼 때는 민족주의 언론인으로서 가장 두드러진 특징을 드러냈다고 볼 수 있다. 선생의 집필과 언론 활동은 독립을 쟁취하는 데 있어 수단이자 도구였다. 이런 활동은 우리 민족이 근대적 세계관을 지니고 새로운 미래를 창출하게 하려는 고독하고도 지난한 투쟁의 길이었다.

선생의 언론 활동을 크게 두 가지로 나눠볼 수 있다. 하나는 〈황성신문」〉과 〈대한매일신보〉에서 펼친 애국 계몽 활동이고, 다른 하나는 망명 기간 〈신대한〉과 〈천고〉에서 펼친 활동이다. 망명하기 전 선생의 언론 활동은 일제 침략에 대한 강력한 비판과 친일파들에 대한 통렬한 공박이었다. 이런 맥락 안에는 항상 역사의 중요성과 민족 자강을 강조하는 내용이 흐르고 있었다. 망명 기간의 활동에서는 매우 강경한 노선으로 투쟁을 전개해 나간다. 언제 실천에 옮길지 가늠할 수 없는 담론만으로는 한계가 있다고 봤던 것이다. 말이 아니라, 실천이라는 점에서 선생의 논조와 행동은 매우 공격적으로 변해갔다.

선생은 1905년 〈황성신문皇城新聞〉에서 논설 기자가 되어 언론인으로서의 첫발을 내디딘다. 그해 선생은 성균관에서 박사가 되었고 혈기 왕성한 26세였다. 이미 국권을 상실한 조국에서 관직에 나갈 수가 없었던 것이다. 관직을 얻어 일한다는 것은 곧 일제의 뜻에 따라 일하는 것을 의미하기 때문이었을 것이다. 이런 상황에서 선생은 자신의 재능을 통해 조국 독립을 위해 일할 수 있는 곳을 찾았을 것이다. 이와 같은 조건에 가장 부합하는 일터가 바로 언론사였다고 본다.

선생은 〈황성신문〉의 발행인이었던 장지연의 초청으로 기자가 되었다. 이런 출발에는 무엇인가 복선이 깔린 것 같지 않은가. 이곳은 민족주의적 사관을 지닌 선생이 일하기에 아주 적합한 분위기였을 것으로도 짐작할 수 있다. 〈황성신문〉은 1900년 8월 8일 보도한 "청자請者나 절자絶者나"라는 논설로 사장 남궁억이 구속된 일이 있었다. 논설의 제목은 '청한 놈이나 거절한 놈이냐'라는 의미다. 그 내용은 러시아와 일본이 한반도를 둘로 나누어 지배하자고 러시아가 일본에다 한 제안을 일본이 거절한 것을 비판한 것이었다. 언뜻 보면 일본이 신사적인 것 같지만, 일본의 속셈은 자신들이 다 차지하겠다는 것이었다. 한마디로 이는 남의 나라를 마치 제 것처럼 나누어 가지려고 하는 도둑이요, 강도라고 질타한 것이었다. 이런 필화筆禍사건은 〈황성신문〉이 나갈 방향을 짐작하게 한 일이었다.

1905년 11월 17일 을사늑약이 체결되자, 당시 발행인이었던 장지연은 11월 20일 사설에 '시일야방성대곡是日也放聲大哭'이라는 글을 쓰게 된다. '오늘이여, 목 놓아 통곡하노라'라는 제목의 이 사설은 일본의 음흉한 계략을 통렬하게 비판하고 굴욕적인 내용도 폭로했다. 이를 통해 이 사실을 모든 국민에게 알리고자 했던 것이다.

"…저 개돼지만도 못한 소위 우리 정부의 대신이라는 자는 각자의 영리만을 생각하고, 위협에 벌벌 떨면서 나라를 팔아먹는 도적이 되어…중략"

이 같은 내용을 보더라도 장지연이 얼마나 비분강개悲憤慷慨해 글을 썼는지 짐작할 수 있다. 이 잘못된 일을 강압적으로 주도한 일본은 말할 것도 없고, 자신의 조국을 지킬 생각은 하지 않고 이에 찬성해준 우리 정부의 대신 5명이야말로 용서받지 못할 죄를 저지른 것이다. 이를 바라보고 있어야만 했던 장지연은 슬프고 분하여 피를 토하는 심정으로 이 논설을 쓰게 되었을 것이다.

장지연은 '시일야방성대곡'에서 을사늑약에 서명한 을사5적에 대해서도 통렬하게 공박하고 있다. 단재 선생도 이런 의분으로 이 글의 후반부 집필을 도왔다고 한다. 을사늑약에 찬성하여 서명한 우리나라 다섯 대신 이완용, 박제순, 이지용, 이근택, 권중현은 을사5적이라는 수식어를 달고 지금도 우리 민족의 반역자로 욕을 먹고 있다. 어디 이들뿐이었겠는가. 민족을 팔아먹고 일제에 빌붙어 호의호식한 인간들 아니, 인간 같지도 않은 자들이 한둘이었겠는가. '시일야방성대곡'을 보도함으로 인해 〈황성신문〉은 3개월간 정간되었고, 그 기간 장지연은 투옥되는 수모를 겪기도 했다. 이런 소용돌이 속에서 단재 선생도 제대로 활동하기가 어려웠을 것이다.

다음 해 선생은 〈대한매일신보〉로 자리를 옮겼다. 이 신문은 영국인 베델E. T. Bethell이 운영했기에 선생이 활동하는 데 있어 〈황성신문〉보다는 그나마 운신의 폭이 좀 더 나았을 것이다. 선생은 이 신문에서 4년여 동안 재직하면서 여러 종류의 글을 썼다. 시론, 평론, 논설은 물론, 을지문덕, 최영, 이순신 등의 전기도 집필했다. 선생이 전기를 썼던 이유는 뭘까? 아마도 외적의 침입과 국내적 어려움이라는 고난 속에서도 분연히 일어나 애국의 길로 나갔던 영웅들의 삶을 통해 국난 극복의 길을 찾고자 했던 것 같다.

선생은 이 신문에서 「일본의 삼대충노三大忠奴」, 「금일 대한국민의 목적지」, 「서호문답西湖問答」, 「영웅과 세계」, 「학생계의 특색」, 「한국자치제의 약사」, 「국가를 멸망케 하는 학부」, 「한일합병론자에게 고함」, 「이십세기 신국민」 등의 논설을 쏟아 냈다. 선생의 자강론적 국사 인식은 이런 논설을 집필하면서 그 뿌리를 더욱더 깊이 내렸을 테고 조국 독립에 대한 열망은 한층 더 불타올랐을 것이다. 선생의 논설 가운데 「일본의 삼대충노三大忠奴」의 일부를 들여다보면 그 통탄과 분노를 조금이나마 짐작해 볼 수 있을 것이다.

"…한국에 일본의 큰 충노가 세 사람이 있는 것은 내가 부득불 통곡치 아니할 수 없으며, 부득불 방성대곡치 아니할 수 없으며, 부득불 가슴을 두드리며 통곡치 아니할 수 없으며, 부득불 하느님을 부르며 땅을 부르짖으며 통곡하지 아니치 못할지로다…중략

…금일에 공자왈 맹자왈 하는 자가 명일에 이를 다 검게 하며, 못을 다 아롱지게 하지 아니할른지도 아지 못할지니, 연즉 부지불각중에 전국 2천만 인종에 저 일본 3대 충노배의 소원과 같이 점점 일본인의 매와 일본인의 사냥개와 일본인의 소와 말이 되기가 쉬우니, 슬프다…중략

…세 사람의 일본 대충노가 저의 일신만 노예 되고 말진대 내가 마땅히 묻지 아니 할지며, 저의 일신만 노예 되고 말진대 내가 마땅히 슬퍼하지 아니할지나 귀가 막히고 참혹하도다. 저희들로 인하야 무고 양민들이 모두 노예의 굴속으로 몰려 들어가니, 귀 있는 자들아, 내 말을 믿지 아니하는가. 내 말을 좀 살펴 들을지어다. 제일 충노 송병준은 일진회를 조직하야 5조약 시에 선언서로 일등공신이 되고, 그 수하 정병 40만 명으로 일본에 아첨하여 자위단 토벌대로 전국을 소요케 하며…중략

…인심이 있는 한국인이여, 저 무리의 속임수 가운데 빠지지 말지어다…중략"

선생을 어느 하나의 틀에서 이해하려고 보면 이것은 그 출발부터 옳지 않다. 선생은 불의에 항거하려는 굳은 의지로 국난극복을 위해 가능한 모든 것을 수용해 시대정신을 구현하려고 했던 것이다. 1905년 〈황성신문〉에서 출발하여 1921년 북경에서 〈천고〉를 발행하는 동안 10년 세월을 언론과 함께했다. 선생은 북경에서 한문체 잡지 〈천고〉를 발행함으로써 중국인들에게 우리의 역사와 독립의지를 알리려고 했다. 이로써 우리와 중국이 함께 일제에 맞서 싸우자는 뜻을 전파하려 했던 것이다. 그야말로 언론인다운 발상이다. 선생이 집필한 '조선혁명선언'이나 이승만의 위임통치청원을 비판한 '성토문'만 보더라도 언론인으로서의 안목이며, 정세분석에서의 탁월함을 단번에 느낄 수 있다.

지금의 눈으로 보자면 선생은 융·복합convergence을 넘어서 통섭統攝, consilience, 지식의 통합의 시야로 세상을 내다봤던 것 같다. 선생은 독립운동, 사학, 언론을 유

기적이고 실천적으로 통섭한 선각자였던 것이다. 특히 선생의 활동은 지금과 같은 직업적 차원에서 일하는 학자나 언론인의 역할과는 비교할 수 없는 가치를 지니고 있다. 조국의 독립과 정의에 대한 타는 목마름이 선생을 통섭의 세계로 이끌었던 것이다.

이런 평가를 두고 지나치다고 말할 수도 있을 것이다. 그러나 세종대왕이나 정약용 같은 인물이 지금의 시대를 살았다면 어떻게 되었을지 상상해 본다면 선생에 대한 이런 평가를 지나치다고 몰아붙이진 못할 것이다. 선생은 언론인으로서도 탁월했지만, 그가 주목했고, 소망했던 단 한 가지는 조국의 독립이었다는 것이 그의 행적에서 분명히 드러나고 있다. 언론 활동 역시 독립을 위해 사용한 수단이고 방법이었던 셈이다.

선생의 절개와 의지는 인생 전반에서 드러난다. 생사가 달린 지경에서 타협을 거부하기는 매우 어려운 일이다. 그것도 명확하게 대의명분을 어기지 않고 겨우 입에다 풀칠이나 할 정도라면 못 본 척하고 넘길 수도 있으련만, 선생은 이렇게 말하려는 이 글에 대해서도 더럽다고 호통칠 것이다. 그 또렷한 음성이 귓전에 울리는 것 같아서 이런 언급조차도 썩 거두어야겠다. 선생은 옥사할 지경에서도 친일에 연루된 종친이 보호자가 되는 것을 거부함으로써 출소를 거절했다. 죽을지언정 그 어떤 타협도 받아들일 수 없다는 선언이었다.

〈르몽드〉의 창간자, 위베르 뵈브 메리1902년 1월 5일~1989년 8월 6일는 언론인의 자세에 대해 이렇게 말했다. "진실을, 모든 진실을, 오직 진실만을 말하라. 바보 같은 진실은 바보같이 말하고, 마음에 들지 않는 진실은 마음에 들지 않게 말하고, 슬픈 진실은 슬프게 말하라." 위베르 뵈브 메리는 "저널리스트는 진실을 말하기 위해 존재한다. 비록 그가 위험을 감수해야 할지라도, 아니 위험을 감수해야 한다면 더욱 그렇게 해야 한다"라고 말했다. 어떻게 보면 위베르 뵈브 메리

보다 앞서 살았던 단재 선생이 언론인의 자세를 더 먼저 제대로 보여준 것이다. 어떤 압력에도 굴복하지 않고 정치와 자본으로부터 자유로운 상태에서 휴머니즘과 보편주의를 실현하려고 했던 선구적 언론인이 바로 단재 선생이었다고 생각한다.

선생이 택한 독립운동의 주요 방식은 언론과 사학이었다. TV, 인터넷, SNS도 없었고, 교통도 열악했던 그 당시 그나마 언론은 독립의 당위성을 알리고 설득하는 데 매우 중요한 수단이었을 것이다. 선생은 언론과 글의 힘을 앞서 인식하고 활용한 선각자였던 것이다. 지금 세계는 코로나바이러스감염증-19COVID-19 팬데믹pandemic으로 엄청난 혼란과 충격에 빠져 있다. 이런 상황에서도 언론의 역할은 매우 중요하다. 어떤 방법으로 어떤 내용을 담을 것인가? 이것은 곧 그에 상응하는 결과를 초래하기 때문이다.

롤랑 바르트Roland Barthes는 그의 저서 『카메라 루시다』에서 사진의 본질을 말하며 '스투디움studium'과 '푼크툼punctum'라는 개념을 제시한다. 스투디움studium은 사회적으로 공유되는 보편적 해석의 틀로 사진을 읽어내는 방법을 말한다. 반면, 푼크툼punctum은 개인적 잠재의식이나 경험, 취향 등과 연결돼 직관적으로 느끼게 되는 강렬한 해석을 말한다. 독자가 생산하는 의미를 말하는 것으로 자신의 삶에서 얻은 모든 것을 동원해 스스로 의미를 구성해가는 '시니피앙스signifiance, 감각에 의한 의미 생산'라고 할 수 있다.

언론에서 전달하려는 스투디움studium도 결국은 푼크툼punctum을 통해 시니피앙스signifiance로 퍼져나가는 것이다. 오늘날 단재 선생의 활동을 조감해 볼 때 조국이 처한 객관적 현실을 바라보며 자신의 언어로 이에 대한 해법을 제시하려고 했다는 생각이 든다. 이로써 독자들로 하여 당면한 아픔을 승화해 희망을 생산해 내기 바라는 마음이 간절했을 것이다. 미루어 짐작건대 이것이 선생이 추구했던 진정한 본질이 아니었을까.

선생의 정신은 과거에 머물러 있지 않고, 오늘 우리의 삶에서도 살아 숨 쉬고 있다. 이를 역사성이라고 해두자. 따라서 우리는 선생의 삶과 정신을 이 시대에 우리가 본받아 실천할 가치로 구현해야 한다. 그것이 당시 선생이 하고자 했던 일에 동참하는 일이며 오늘을 사는 우리의 마땅한 자세이다.

이를 통해 높낮이가 없이 서로를 존중함으로써 조화로운 세상을 만들어나가야 한다. 이것은 우리나라에서만 실현되는 것을 넘어 지구촌 어느 곳에서도 동일하게 적용되어야 한다. 이를 실현하는 데 필요한 힘을 갖추어야 한다. 이것은 진리가 보증하는 인류의 보편적 가치다. 이것을 달리 표현하자면 천부인권天賦人權이다. 국가 및 법률에 앞서 태어나면서부터 당연히 주어진 보편적이고 선험적인 권리이다. 이를 보장하기 위한 장치들이 입법, 행정, 사법이다. 언론은 국민을 대신하여 균형감을 지니고 입법, 행정, 사법이 제 기능을 발휘하며 우리 삶의 질 향상에 이바지하고 있는지 철저하게 감시해야 한다.

이런 오늘을 만들기 위해 일제의 거짓과 강압에 맞서 싸웠던 뚜렷한 언론인 가운데 한 사람이 단재 선생이었던 것이다. 선생은 하나의 영역만을 고집하지 않았다. 때론 문학가로 나서는 데에도 주저하지 않았다. 오늘날의 관점에서 보자면 미디어에 대해 시대를 앞서 이해하고 활용하려고 했던 선각자였던 것이다. 어쩌면 선생은 그 당시 이미 오늘의 대한민국을 설계하고 건축하고 있었던 것인지도 모른다. 그랬기에 그 정신은 오늘 우리에게로 이어져 지금의 대한민국을 건설한 것이 아니겠는가.

5. 신채호와 아나키즘

한국의 아나키즘anarchism을 이야기할 때면 어김없이 등장하는 인물이 바로 신채호 선생이다. 그 당시 밀물처럼 밀려들던 수많은 서양 사조 가운데 유독 선생의 눈길을 끌었던 것이 왜 아나키즘이었을까? 외로운 독립운동가의 길을 가면서도 전혀 타협하지 않았던 민족주의자 신채호 선생은 왜 아나키스트anarchist로 변모했을까? 국내에서 펼친 애국 계몽 활동만으로는 한계를 느낀 선생은 중국으로 망명을 결행한다. 이후 독립투쟁의 과정에서 무정부주의에 관심을 두게 된다. 1926년에는 재중국 무정부주의자연맹에 가입하고 이듬해 4월 북경에서 무정부주의동방연맹 회의도 주도하게 된다.

우리나라 근대사에서 선생처럼 화려한 사상적 편력을 지닌 자가 흔치는 않을 것이다. 일제강점기 독립운동의 주요 줄기마다 선생의 삶도 뼈저리게 아로새겨져 있다. 선생은 민족이라는 뿌리에서 흔들리지 않으면서도 독립 쟁취를 위해서는 넓은 시야를 지녔던 것이다. 따라서 선생의 앞에 놓인 근대가 지닌 한계와 모순도 극복의 대상이 되었던 것이다. 아我와 비아非我의 투쟁을 넘어서려는 이런 혁명적 발상에서 선생은 아나키스트로 변모하게 된다.

선생의 삶과 사상을 이해하는 여러 가지 방법이 있겠지만, 그 가운데 아나키스트로서 살았던 그를 조명해볼 때 비로소 진면목을 찾게 될지도 모른다. 선생의 일생을 따라가 보면 자강론과 민족주의에서 아나키즘으로 이어지는 것을 어렵지 않게 볼 수 있다. 선생은 민족주의 사학을 개척하면서 〈황성신문〉과 〈대한매일신보〉를 통해 논설을 쓰며, 다양한 저술 활동도 펼쳐나간다. 저술과 언론 활동에서도 선생은 독립우선론의 입장을 견지하고 있었다. 선생은 대외적으로는 1917년 일어난 러시아혁명과 우리나라에서 일어난 3·1운동을 계기로 사회개조론과 세계개조론을 통합한 대동사상에 관심을 두게 된다. 이를 바탕으로 민중을 의식하게 되면서 사회주의에도 시선을 돌리게 된다.

대한민국임시정부에서 '위임통치론'을 주장하는 이승만을 대통령으로 선출하자 이와는 노선을 달리한다. 이것을 계기로 대한민국임시정부가 표방하는 '외교론'과 '준비론' 등에 맞서 민중 직접혁명론을 들고나온다. 이는 아나키즘을 바탕으로 한 민족해방 운동론이었다. 선생이 꿈꾸었던 나라는 계급이 없고 빈부격차가 사라지는 '대동사회'였던 것이다. 이는 〈신대한〉의 창간사에도 잘 나타나 있다.

> "…최근에 와서 노동·자본 양 계급의 전쟁이 된 바라. … 과학과 공예의 진보된 결과로 일 기계가 백천 철공의 직무를 대행함에 노동자는 호구의 벌이가 어렵고, 경제의 조직이 변천하여 연합회사가 증가함에 소자본가는 입족할 여지도 없도다. … 고로 우리도 미래의 이상세계는 빈부 평균을 주장하노라…^{중략}"

이런 맥락에서 볼 때 일제로부터의 독립 쟁취는 다르지 않으나, 해방 이후에 꿈꾸는 사회에 있어서는 자본주의를 중심으로 하는 민족주의자들과 큰 차이를 드러낸다. 선생은 아나키즘을 수용한 이후에도 민족해방을 주장하는데, 이것은 민족주의자들의 주장과는 결을 달리하는 것이었다. 선생이 주장하는 바는 일제 치하에서 신음하는 민족이 해방된다는 것은 곧 민중의 해방을 의미하는 것이기도 했다.

그렇다면 왜 사회주의가 아니라, 아나키즘을 선택했는지 살펴볼 필요가 있다. 그것은 바로 국가나 정부의 존재를 인정하는가에 있었던 것이다. 이 역시 선생의 선견지명이 나타난 지점이다. 설령 사회주의 혁명으로 독립을 쟁취했다고 하더라도 그것은 지배·피지배 관계를 벗어나지 못하고 권력 집중과 그에 따른 모순에 봉착할 것을 내다봤기 때문이다. 「조선혁명선언」과 「재중국 조선무정부주의자연맹 북경회의 선언문」을 봐도 이것은 잘 나타나 있다.

"…구시대의 혁명으로 말하면, 인민은 국가의 노예가 되고, 그 이상에 인민을 지배하는 상전 곧 특수세력이 있어, 그 소위 혁명이란 것은 특수세력의 명칭을 변경함에 불과하였다…중략" 「조선혁명선언」 중에서

"…일체의 정치는 곧 우리의 생존을 빼앗는 우리의 적이니, 제1보에 일체의 정치를 부인하는 것, 그들의 세력은 우리 대다수 민중이 부인하며 파괴하는 날이 곧 그들이 존재를 잃은 날이며 그들의 존재를 잃는 날이 곧 우리 민중이 열망하는 자유평등의 생존을 얻어 무산계급의 진정한 해방을 이루는 날이요 곧 개선의 날이니, 우리 민중이 생존이 여기 이 혁명에 있을 뿐이다…중략" 「재중국 조선무정부주의자연맹 북경회의 선언문」 중에서

선생은 공산주의자들이 전위조직의 지도하에 혁명을 달성해야 한다는 주장에 대해서도 견해를 달리했다. 혁명의 제일 조건은 '민중의 각오'였다. 누군가의 지시가 아니라, 먼저 깨달은 민중의 직접적 행동을 통해 혁명을 달성해야 한다는 것이었다. 이 '직접행동'에는 일제에 대한 암살, 파괴, 폭동 등이 포함되었던 것이다.

선생은 무정부주의동방연맹의 운영자금을 확보하기 위해 외국환 위조를 시도하다가 체포된다. 그는 감옥에서도 아나키스트들이 사용하는 에스페란토어를 공부했다고 하니, 그가 이 일에 얼마나 많은 기대를 걸고 있었던지 넉넉히 짐작된다. 애국 계몽을 통해 힘을 길러 일제를 물리치겠다던 선생을 아나키스트로 이끈 이유를 자세히 들여다보자. 선생은 초기 저술 활동에서 민족주의 사학을 토대로 애국 계몽을 주제로 삼았다.

그러던 선생은 '자강'이라는 관점에서 큰 깨달음을 얻는다. 자강론을 자세히 들여다보면 약육강식과 적자생존 즉, 우승열패의 원리가 숨을 쉬고 있다. 이런 논리라면 을사5적이라도 자강을 한 것이 아닌가. 더 나아가 우리나라를 강탈한 일본도 자신들을 정당화할 수 있다는 것이다. 이 모순 앞에서 선생은 소스라치게 놀라고 치를 떨었을 것이다. 적자생존의 논리 앞에서 '서로 도우며 배려하고 상생해야 한다'는 주장은 그저 허공에 울리는 교과서적 구호에 지나지 않게 된다.

이런 선생에게 러시아의 사상가이며 아나키스트였던 크로포트킨Peter Kropotkin의 사상은 새로운 돌파구를 열어주었던 것이다. 크로포트킨은 진화론에서 주장해온 '모두는 생존을 위해 맞서 싸운다'라는 적자생존에 따른 상호항쟁의 허구를 지적한다. 오히려 '생존하기 위해 서로 돕는다'는 것이다. 이것이 바로 크로포트킨이 저술한 『상호부조론』의 주장이다. 이것은 사회진화론을 한 방에 무너뜨리는 주장이었다.

크로포트킨의 아나키즘 사상은 『상호부조론』에 집약되어 있다. 핵심은 모든 자연의 요소들과 인간사회에서는 "서로 돕는다"는 과학적 근거를 제시함으로써 상호부조의 원리를 세밀하게 설명한다. 크로포트킨은 이 책을 통해 영국의 사회학자 허버트 스펜서Herbert Spencer가 자연과 인간사회를 적자생존으로 설명하며 『사회정역학』에서 처음으로 주장한 사회진화론을 비판했다. 크로포트킨은 제국주의 물결의 이론적 토대가 되었던 사회진화론에 대해 치밀한 과학적 근거들과 세세한 역사적 논증을 제시하며 통렬하게 비판했다.

크로포트킨의 저서 『만물은 서로 돕는다』를 보라. 제1장부터 개미, 벌, 갈매기, 비버 등 많은 동물이 서로 헌신적으로 도와가며 사는 모습을 제시한다. 본래 자연의 법칙은 약육강식, 적자생존이고 그것이 생명체의 본능이라고 주장하는 사회진화론자들은 도대체 이 진실, 아니 진리 앞에 어떤 변명을 할 수 있을지 모르겠다.

그렇다. 자연은 경쟁이 아니라, 서로 돕고 나누며 감싸는 상생으로써 생명체의 본능을 발현한다. 이를 두고 자연의 법칙이라고 해야 할 것이다. 선생이 뤼순 감옥에서 순국했을 때 남긴 유품 가운데 크로포트킨이 쓴 『세계 대사상 전집』이 있었다고 한다. 인간 세상을 약육강식과 적자생존에서 바라보는 사회진화론은 인류 태초부터 생명에 내재해온 가장 오래된 언어를 간과한 해석이다. 따라서 그만큼의 오류가 발생한 것이다. 여기에서 나온 사회적 질병의 하나가 유전무죄 무전유죄다. 이것은 힘의 논리가 정의를 억압한 폭압이다.

인간의 생명 속에 존재하는 가장 오래된 본질적 언어가 DNA다. 이것을 '제4의 언어'라고 부르기도 한다. 생명체의 본질을 구성하는 이 언어의 메시지는 같은 종들 사이에서는 서로 돕고 나누며 상생하라는 것이다. 감정이나 사상이 제1의 언어라면, 의사소통은 제2의 언어이고 문자는 제3의 언어다. 이런 언어들은 외부로 드러나는 거시적 언어라고 할 수 있다. 반면 생명 탄생부터 존재해온 가장 오래된 언어는 생명체 내부에 살아 있는 언어이고 미시적 언어라고 할 수 있다.

과학과 기술이 발전함에 따라 우리는 이 내부언어를 발견했고 이를 점점 더 많이 이해할 수 있게 되었다. 비유하자면 이렇다. 겉으로 보이는 시야로만 판단하면 지구 중심설천동설이 옳아 보인다. 당시 그리스인들은 우주에 대한 편견을 지녔던 것이다. 천체는 완전하기 때문에 둥글고 지구가 중심이라고 생각했던 것이다. 그러나 지금 이것을 믿는 사람은 없다. 이런 것과 같이 이제 우리는 제4의 언어를 직시해야 한다. 이때 비로소 창조의 신비를 이해하는데 조금이라도 더 가까이 다가갈 수 있게 될 것이다.

피의 흐름, 호르몬의 분비, 세포의 작용 등 생리현상이 일어나는 데에는 음성으로 들리지는 않지만, 내부의 언어가 작동하는 것이다. 이제 우리는 내부로부터 들려오는 이 본질의 고귀한 속삭임에 귀를 기울여야 한다. 인류가 지낸 온 수많은 시간과 부침의 역사만큼이나 혼란과 갈등을 겪었던 지난한 세월을 뒤로하고 새로운 시대를 열어야 한다. 이를 위해서는 태초부터 생명 속에 존재해온 불멸의 언어가 의미하는 것을 제대로 듣고 깨달아 실천해야 한다. 그것은 바로 '상호부조'라는 사실이다.

시인 김수영은 「껍데기는 가라」에서 이렇게 쓰고 있다.
껍데기는 가라.
한라에서 백두까지
향그러운 흙가슴만 남고
그, 모오든 쇠붙이는 가라.

이를 보며 이렇게 이야기하고 싶다. 적자생존, 약육강식을 부추기는 탐욕의 덩어리 사회진화론은 가라. 인종차별이여, 양극화여, 권위주의여, 폭압이여 가라. 그리고 태초부터 우리 생명에 존재해온 속삭임의 울림을 들으면서 서로 도와주며 더불어 잘살아가는 세상이여! 오라.

현재 우리가 누리는 민주주의가 과연 거저 얻어진 것인가. 여기에는 독립운동가들의 헌신과 희생도 바탕을 이루고 있다. 이후 현재에 이르기까지 우리는 민주주의를 열망하는 엄청난 열기를 경험했다. 이런 가운데 인생을 송두리째 바친 이들도 많다. 우리는 이들이 뿌린 피와 눈물로 이루어진 민주주의를 누리고 있다.

하지만, 여기에서 머물러서는 안 된다. 아마도 선생은 우리의 민주주의가 현재에서 만족하지 않고 더욱더 발전하기를 염원했을 것이다. 국가는 곧 국민이어야 한다. 이것을 누가 부인할 수 있겠는가. 그렇다면 국가 권력은 국민이 위임한 것이다. 따라서 이를 남용해서는 안 된다. 사법부, 입법부, 행정부 그 어떤 분야에서, 그 어떤 것이라도 남용되어서는 안 된다.

국가는 국민의 삶을 위해 존재해야 하는데 이를 착각하는 일들이 아직도 비일비재하게 발생한다. 자신을 특권층이라고 착각해서 자신에게 위임된 권력을 자신의 것으로 착각하는 사특하고 간악한 인간들도 있다. 전혀 부끄러움을 모르는 자들이니, 이런 자들은 스스로 인간임을 부인한 자들이다. 금수만도 못한 자들이다. 이는 우리의 민주주의를 자신들의 사익을 위해 파는 자들이니, 우리의 결집한 힘으로 현대판 을사7적으로 강력하게 처벌해야 한다. 이로써 이 땅에서 이런 흔적조차도 지워버리고 다시는 그림자도 어른거리지 못 하게 해야 한다. 이렇게 되어야 실질적, 일상적 민주주의가 가능해지는 것이다. 이런 민주주의를 실현할 때 독립과 민주주의를 위해 헌신한 이들이 이루어놓은 역사가 건강하게 살아 있는 역사로 왕성하게 세대를 이어가게 될 것이다.

선생에게 '상호부조론'은 우리 민족의 미래를 밝게 열어줄 이론적 토대로 충분한 것이었다. 천부인권론을 들먹이지 않더라도 모든 인간은 천성적으로 타인에게 지배받고 싶어 하지 않는다. 이를 거부하고 타인을 지배하려 드는 사람이나 집단, 국가라면 그것은 분명히 반자연적이다. 다시 말해서 반창조적이며, 반인류적이라는 것을 부정할 수 없다는 것이다. 어느 개그맨이 만든 "지구를 떠나라"라는 유행어가 있다. 아직도 제국주의적 침략에 대해 반성하지 못하고 그런 야욕을 꿈꾸고 있는 자들에게 말하고 싶다. "그런 버르장머리를 고쳐줘야 한다"라고, 아니 차라리 "지구를 떠나라"라고 말하고 싶다.

선생은 일제의 폭압에 시달리던 민중들과 함께 봉기할 가장 적합한 사상이 바로 아나키즘이라고 생각했었을 것이다. 단재 선생이 토대로 삼고자 했던 아나키즘이 크로포트킨의 주장과 일치했다고 보지는 않는다. 꼭 그래야 할 필요도 없다. 다만, 민족주의가 또 다른 강압을 펼치는 도구가 된다면 이는 곧 또 다른 강압을 초래하고 말 것이다. 아울러, 아나키즘을 무정부주의와 같다고 여기는 좁은 시야에서도 벗어나야 한다.

아나키즘을 무력화하려는 세력은 아나키즘을 부정적으로 인식하게 만들려고 수많은 오해를 덧씌워 놓았다. 일제는 아나키즘을 '무정부주의'로 규정했다. 이는 아나키즘을 폭동, 암살, 테러 등과 동일시하려는 불순한 의도였다. 사람들이 아나키즘이라는 단어를 떠올리면 폭력이나 무질서를 떠올리게 하려는 못된 계략이었던 것이다.

반면, 안정과 틀을 갖추기를 원하는 사람들이 볼 때는 정치적 리더십과 조직, 지도자의 부재는 혼돈과 동일한 것이다. 하지만 역사를 조감해 볼 때 아이러니하게도 무질서와 혼란은 전제 권력을 지닌 세력이 초래했던 일이다. 이런 꼼수를 직시하고 그들의 그럴듯한 구호와 현혹에 넘어가서는 안 된다.

권력자들은 노동자와 시민의 정당한 요구를 무질서라고 덮어씌운다. 5·18 광주민주항쟁이나 노동운동가 전태일을 이야기하지 않더라도 한국 현대사에서도 이런 일은 비일비재했다. 권력자들이 무질서라고 주장하는 일들은 가장 훌륭한 질서를 갈망하는 외침이자 항거였기에 오히려 영광스러운 행위였음을 기억해야 한다. 어쩌면 이글이 한국의 70~80년대 엄혹한 시절에 쓰였다면 불온하다는 이유로 처벌의 대상이었을는지도 모른다. 절대 권력자의 비위에 거슬리면 유행가도 금지곡이 됐을 정도니, 말이다. 하긴 4차 산업혁명을 이야기하는 이 시대에도 빨갱이 타령을 하는 사람들이 있으니, 다시 말해 무엇 하겠는가.

크로포트킨은 "무질서의 근원은 아나키즘이 아니라, 질서를 부르짖는 권력이다"라고 일갈했다. 그는 〈질서에 관하여〉를 통해 이렇게 주장한다.

> "오늘날 그 자들이 뜻하는 질서란, 열에 아홉 명이 노동하여 한줌의 게으른 자들에게 사치와 쾌락을 제공하고, 극히 역겨운 열정을 만족시켜 주는 것이다. 질서란, 열에 아홉이 번듯한 생활과 지적 재능의 정당한 발전에 필요한 모든 것을 박탈당하는 것이다. 과학적 연구나 예술적 창조에 의해 인간에게 제공되는 쾌락에 대해서는 감히 생각하지도 못한 채 하루하루 살아가는 소 돼지 상태로 열에 아홉 명이 전락하는 것이다. 질서란 이런 것이다! 질서란, 가난과 기근이 사회의 일상 상태가 되는 것이다. 질서는 굶주림으로 죽어가는 아일랜드 농민이며, 디프테리아와 열병 그리고 식량 부족에 뒤이은 기근으로 죽어가는 러시아 제3제정의 농민이다"

'Archy'는 '우두머리·강제권·전제'를 의미하는 것이고 여기에 접두어로 붙은 'An'은 '없다·아니다'라는 뜻이니 'Anarchy'는 '우두머리·강제권·전제'를 배격한다는 것이다. 따라서 '자율 주의'라는 의미가 더욱더 아나키즘anarchism에 부합한다고 볼 수 있다. 그렇다면 아나키스트들은 모든 정치조직이나 권력을 부정함으로써 자유와 평등, 정의, 형제애를 실현할 수 있다고 하는 것인가. 그렇지 않다. 이에 대한 폭넓은 이해가 필요하다. 아나키즘은 국가 권력을 한 사람이 장악하고 다른 사람의 의사는 존중하지 않지 않은 채 제멋대로 모든 일을 처리하는 전제專制나 이와 유사한 강제권을 행사하는 것에 반대하는 것이다.

아나키즘이 거부하는 것은 권위주의로 국민을 압박하는 정부나 조직만을 국한하는 것이 아니다. 개인이나 공동체의 자유와 안전을 위협하는 그 어떠한 종류의 권력과 압력에 대해서도 저항한다는 것이다. 요즘 우리 사회는 '갑甲'질의 횡포에 강력하게 저항하고 있다. 상대적으로 우위에 있는 자들에게 폭력을 당한 억울한 사람들이 신음하고 있다. 절대로 벌어져서는 안 되는 일이다. 당하는 사람들은 생존의 위협에 놓이기도 한다.

소위 임계장임시 계약직 노인장이라는 말이 있다. 이 말은 이런 일에 종사하는 이들을 함부로 대하고 있다는 명확한 증거이기도 하다. 이런 행태가 우리 삶에서 어렵잖게 나타나는 것이 현실임을 직시해야 한다. 우리는 모두 똑같이 누군가의 남편이고 아내이며, 어머니고 아버지며, 딸이고 아들이다. 직장에서도, 학교에서도 아직 '갑甲'질과 폭력이 존재한다. 사회적으로도 여전히 집권층, 상위층, 권력층이 존재한다. 유전무죄가 이루어지는 행태도 완전히 사라지지 않았다. 인터넷에서도 과도한 비난과 폭력성 댓글이 난무한다. 이에 대해 분노하는 사람이라면 그도 아나키스트라고 할 수 있다.

아나키즘은 근대에 이르러 새롭게 만들어진 사상이나 이념이 아니다. 인류의 창조와 함께 인간의 본성에 탑재된 DNA의 발현이라고 해야 할 것이다. 아프리카에는 '우분트Ubuntu'라는 개념이 있다. 짐바브웨와 남아프리카공화국 원주민들이 사용하는 이 단어는 '사람다움'이라는 뜻이다. '우부'는 추상명사를 만드는 접두사이고, '은투'는 '사람'이라는 뜻이다. 관계성에 뿌리를 둔 이 말은 남아프리카공화국의 건국이념이기도 하다. 우분투는 반투족Bantu 말로 '네가 있기에 내가 있다'라는 뜻이다. 한국에서는 유독 '우리'라는 말이 많이 들어간다. '우리 집', '우리 마을', '우리 학교'라고 한다. 심지어 자신의 아내를 일컬어 '우리 집사람'이라고도 한다. 그만큼 공동체 정신을 중요시한다. 이것은 본성의 발현이라고 볼 수밖에 없다. 우리는 누구라도 지체 없이 이런 인간의 본성을 회복해야 한다. 이것이 바로 아나키즘이다.

그렇다면 아나키즘 즉, '자율 주의'를 구현하기 위해 다른 것은 전혀 필요치 않은가? 그렇지 않다. 오히려 아나키즘을 지키고 발전시키는 데 필요한 정치조직이나 입법, 행정, 사법이라면 적극적으로 갖추고 유지해야 한다. 여기에서 아나키즘에 부합하지 않은 것이 나온다면 고치거나 바꾸면 된다. 이것이 바로 우리가 지향해야 할 아나키즘이고, 단재 선생도 추구했던 것이 아니겠는가.

바야흐로 4차 산업혁명 시대를 살아가는 우리에게 필요한 새로운 사회 원리는 적자생존 아니라, 상호부조이다. 그 이유는 명확하다. 아나키즘이야말로 모든 자연에 어려 있고 우리 뇌에 쓰인 유전적 지침서이기 때문이다.

6. 현재와 과거의 끊임없는 대화

단재 선생은 '아我와 비아非我의 투쟁'이라는 역사관으로 우리 민족과 다른 민족의 관계를 해석하기도 했다. 조선을 아我로 생각하고 밖에서 온 모든 것을 비아非我로 보았던 것이다. 『조선상고사朝鮮上古史』를 들여다보자.

"…역사란 무엇이뇨? 인류 사회의 '아我'와 '비아非我'의 투쟁이 시간
부터 발전하며 공간으로 확대하는 심적 활동의 상태의 기록이니,

세계사라 하면 세계 인류의 그리 되어 온 상태의 기록이며 조선사라면 조선 민족의 그리 되어 온 상태의 기록이니라. 무엇을 '아'라 하며, 무엇을 '비아'라 하느뇨. 깊이 팔 것 없이 얕이 말하면, 무릇 주관적 위치에 선 자를 아라 하고 그 외에는 비아라 하나니, 이를테면 조선인은 조선인을 아라 하고 영英·노露·법法·미美 등을 비아라 하지만, 영·미·법·노⋯등은 각기 제 나라를 아라 하고 조선을 비아라 하며 무산 계급은 무산 계급을 아라 하고 지주나 자본가⋯등을 비아라 하지만⋯그리하여 아에 대한 비아의 접촉이 번극할수록 비아에 대한 아의 분투가 더욱 맹렬하여 인류 사회의 활동이 휴식될 사이가 없으며 역사의 전도가 완결될 날이 없나니, 그러므로 역사는 아와 비아의 투쟁의 기록이니라⋯중략"

『조선상고사朝鮮上古史』에서 드러나는 바와 같이 선생은 우리 민족의 '아'가 주변 민족 '비아'를 누르고 호령했던 고대 시대의 기상을 되살림으로써 당시의 위기를 극복하자고 했던 것이다. 이랬던 선생은 '이천만 동포' 전체 민중을 주체로 인식하기 시작했다. 왕조에 충성했던 유교적 민족주의가 불러온 망국의 현실을 이어갈 수는 없다고 판단한 것이다. 민족의 독립을 민중의 해방으로 승화시켜 나가고자 했던 것이다.

영국의 역사학자 에드워드 헬릿 카Edward Hallett Carr는 "역사는 현재와 과거의 끊임없는 대화다"라는 말을 남겼다. 지금 이 글도 단재 선생과의 대화라고 본다면, 현재의 언어와 문화도 과거와 잇닿아 있다. 무엇보다도 분명한 것은 면면히 이어온 조상들의 DNA를 그 누가 부인할 수 있단 말인가. 이렇게 볼 때 역사란 현재와 과거의 끊임없는 대화라는 것이 분명하다. 아니 이런 맥락에서 보자면 역사는 현재와 미래의 끊임없는 대화이기도 한 것이다.

이 대화에서 각자는 자신만이 할 수 있는 대화도 할 수 있어야 한다. 역사에서도 누구나 똑같이 보고 들을 수 있는 스투디움studium이 있다. 일제가 한국을 침략해서 강탈했다는 것은 누구나 동일하게 읽을 수 있는 사실이다. 이것이 변할 수는 없고 이를 왜곡할 수도 없다. 이 사실을 통해 각자는 수많은 것을 읽을 수 있어야 한다. 그리고 이를 통해 저마다의 깨달음과 영감을 얻어야 한다. 즉, 푼크툼punctum이 일어나야 한다는 것이다. 역사와 각자의 관계에서 개별적인 경험과 느낌을 받을 수 있어야 하고, 이로써 특별한 통찰을 불러일으키는 작용이 나타나야 한다. 이런 작용이 왕성한 만큼 잘못된 반복을 줄일 것이고, 그만큼 더 나은 미래를 창조해나갈 것이다.

미국의 철학자 조지 산타야나George Santayana는 "과거를 기억할 줄 모르는 민족은 그것을 반복하도록 심판받을 것이다"라고 말했다. 지금 인류는 코로나바이러스감염증-19COVID-19로 엄청난 위기를 겪고 있다. 이는 지난 감염병의 역사와 끊임없는 대화에 소홀했던 탓도 있다.

단재 선생의 사상으로 바라보는 우리의 현재는 어떠하며, 또 다가올 미래는 어떤 것이라고 할 수 있겠는가. 선생은 독립운동의 초기에는 민족주의에 뿌리를 두고 애국계몽운동을 펼쳤다. 이 과정에서 외치던 자강론에 문제가 있다는 것을 발견한다. 그리고 이에 대해 어떤 핑계를 대거나 미적거리지도 않았다. 주저 없이 민족의 해방을 민중의 해방으로 연결하려고 했다. 감옥에서도 아나키즘에 대한 연구와 설계를 내려놓지 않았던 것이다.

강하고 올곧으면서도 유연했고, 현실을 딛고 섰지만, 미래를 내다봤던 선생의 넓은 시야를 느낄 수 있다. 아마도 선생은 과거와의 수많은 대화를 통해 우리 역사 속에서 빛나는 활약을 펼쳤던 영웅들을 찾아냈을 것이다. 그리고 미래와의 수많은 대화 속에서 주체적으로 해석한 아나키즘을 만들어냈던 것이다.

7. 마무리

바야흐로 우리는 4차 산업혁명 시대를 살아가고 있다. 18세기 증기기관의 발명으로 기계를 이용한 공장 생산체계가 구축되면서 부르주아 계급이 나타났다. 이때를 1차 산업혁명이라고 한다. 19세기에서 20세기 초반에는 전기에너지를 기반으로 대량생산혁명이 일어났다. 이로써 생산조립라인이 출현하고 표준화와 분업을 통해 대량생산체계가 구축되었다. 이것을 두고 2차 산업혁명이라고 한다. 3차 산업혁명은 1970년 이후 나타난 컴퓨터와 인터넷기반의 디지털혁명이다. 이 시대에는 정보를 생성하고 가공하여 공유하는 정보기술과 로봇을 이용한 공장자동화도 가능해지면서 엄청난 생산혁명을 이룩했다.

그리고 지금 우리는 빅데이터, 네트워크, 사물인터넷, 인공지능 등을 바탕으로 한 4차 산업혁명 시대를 살고 있다. 초지능super-intelligence, 초연결hyper-connectivity, 초융합hyper-convergence의 시대를 경험하고 있다. 인간지능과 인공지능의 협력으로 최적의 의사결정이 가능해졌다. 이를 통해 문제를 해결함으로써 더 나은 서비스와 삶의 질 향상을 제공하는 역량을 초지능이라고 한다. 초연결은 사람과 사물, 사물과 사물의 연결과 공유가 질적 및 양적으로 엄청난 확장을 이루게 되었다는 의미다. 초연결은 곧 초융합으로 이어진다. 이전에는 불가능했던 서로 다른 기술과 산업의 융·복합이 왕성해짐으로써 이루어지는 현상을 초융합이라고 한다.

우리는 요즘 코로나바이러스감염증-19COVID-19로 인해 집단 감염을 겪으면서 도시의 역설을 경험하고 있다. 첨단 기술이 돌아가는 4차 산업혁명 시대에도 인간은 자연 앞에서 무기력함을 보여주고 있다. 굳이 상호부조론을 들먹이지 않더라도 '만물은 서로 돕는다'는 진리를 온전하게 수용해야 한다. 이것이 인류가 아름답고 행복하게 사는 길이다. 본질을 잃어버린 인류는 낙원을 떠난 아담과 이브일 뿐이라는 사실을 직시해야 한다.

이제 4차 산업혁명 시대를 만든 과학과 기술은 새로운 권력으로 등장했다. 이 문제를 어떻게 해결할 것인가? 단재 선생이 추구했던 아나키즘을 오늘에 걸맞게 가치 혁신해야 한다. 이것이 바로 이 시대에 구현해야 할 민중해방인 것이다. 이제 우리는 이에 걸맞은 상호부조를 실현해야 한다. 이것이 바로 4차 산업혁명 시대에 걸맞은 아나키즘이다. 워라벨Work and Life Balance·일과 삶의 균형, 소확행작지만 확실한 행복 등도 이런 맥락에서 이해해야 한다.

가난한 이민자의 아들에서 미국 제16대 대통령에 올랐던 링컨Abraham Lincoln은 게티스버그 연설에서 '국민의, 국민에 의한, 국민을 위한 정치'를 역설했다. 이것이 바로 아나키즘에 걸맞은 정치다. 이것이 가능해지려면 이 땅에서 모든 폭압이 사라져야 한다. 그것이 온라인에서든, 오프라인에서든, 국가든, 사회든, 단체든, 개인이든지 아무런 상관이 없다. 어떠한 강압도 결코 용납될 수 없다. 이런 세상이 될 때 북핵 문제, 인종 갈등, '갑'질, 작금에 벌어진 'N번방' 사건 같은 것이 자취를 감출 것이다.

1963년 8월 28일 마틴 루터 킹Martin Luther King Jr. 목사는 링컨 기념관 발코니에서 "나에게는 꿈이 있습니다"라는 연설을 했다. 지금 우리에게도 함께 꿈꾸는 세상이 있다. 그것은 단재 선생이 꾸었던 그 꿈이기도 하다. 사회진화론적 바탕에서 서로 싸워서 이기려는 삶이 아니라, 상호부조 가운데 서로 감싸주며 너와 내가 더불어 잘사는 세상을 이룩하자는 말이다.

참고문헌

김삼웅, 『단재 신채호 평전(3판)』, 시대의창, 2019.

무정부주의운동사편찬위원회, 『韓國아나키즘運動史』, 형설출판사, 1994.

엄숭호, 『제4의 언어』, 사람의무늬, 2019.

이호룡, 『신채호 다시 읽기』, 돌베개, 2013.

이호룡, 『한국의 아나키즘: 인물편』, 지식산업사, 2020.

표트르 크로포트킨, 『만물은 서로 돕는다』, 김훈 옮김, 여름언덕, 2015.

하승우, 『세계를 뒤흔든 상호부조론』, 그린비, 2006.

박걸순, 「申采浩의 아나키즘 수용과 東方被壓迫民族連帶論」, 『한국독립운동사연구』 38집, 독립기념관 한국독립운동사연구소, 2011.

신복룡, 「신채호의 무정부주의」, 『동양정치사상사 7권』 1호, 한국동양정치사상사학회, 2008.

주인석, 박병철, 「신채호의 민족과 민중에 대한 이해」, 『민족사상 제5권』 제2호, 한국민족사상학회, 2011.

「신채호」, 『한국민족문화대백과』, 한국학중앙연구원(2020. 4. 27. 방문)
http://encykorea.aks.ac.kr/Contents/SearchNavi?keyword=신채호&ridx=0&tot=23

단재 신채호에 대한 아나키즘적 해석:
"시간 속에 있는 시간 밖"

김대식 • 함석헌평화연구소 부소장, 숭실대학교 철학과 강사

"하늘과 바다가 넓고 넓어

마음 놓고 다녀도 거칠 것 없어라.

생사를 잊었는데 병은 또 무엇이며,

명리名利를 떠나 있는데 무얼 다시 구하랴.

강과 호수 곳곳에 배 탈 수 있고,

눈과 달이 사람 불러 같이 거닐어라.

애닯게 홀로 시 읊는 것 웃지 말기를

천추에 뜻 아는 지음知音 응당 있으리라."

−단재 신채호, 계해 10월 초2일임중빈, 단재 신채호. 그 생애와 사상, 명지사, 1993, 250

1. 들어가는 말: 오늘날 왜 단재 신채호를 재평가해야 하는 것일까요?

　　단재 신채호丹齋 申采浩, 1880~1936의 삶을 생애사적으로 짚어보면 그 자체가 아나키즘의 역사요, 아나키스트로서의 삶을 살았던 역사가였음을 부인하기 어렵습니다. 역사 맥락적 이방인, 사람과 사람 사이의 아웃사이더로서 살아갔던 문

학가, 언론가라는 점에서 삶 전체가 아예 아나키스트라고 단정지어도 무방할 것입니다. 분명한 것은 단재가 '국가주의'國家主義에 대해서 옹호한 적은 없다는 사실입니다. 비록 많은 역사가들이 평가하는 것처럼 민족의 독립을 주창한 '민족주의자'民族主義者라고 인정할 수는 있으나, 그것은 인생 후반의 아나키스트로서 활동한 단재에 대한 반쪽 평가에 지나지 않습니다. 그가 죽고 난 이후에 남겨진 유물에는 크로포트킨Peter Kropotkin의 전집류가 있었다는 것이 이를 방증합니다.

그는 언론매체를 이용한 문필가로서 민족의 독립을 위해서 민중을 깨우는 문장, 정신, 역사성을 고취하는 데 심혈을 기울였습니다. 역사에 대한 냉정한 평가는 말할 것도 없고 민족의 독립을 위해서는 국가주의를 비판하고 민중의 정신이 고취되어야 한다는 생각에 타협에도 전혀 굴하지 않는 굳은 의지를 보여주곤 했습니다. 단재는 슬라보예 지젝S. Zizek과 동일하게 왕지배자의 역할이 없는 국가가 인륜조직이 된다는 것은 애초에 불가능하다고 본 것 같습니다. 그렇다고 단재가 국가주의를 용인했다는 것은 아닙니다. 정치체 혹은 정지제도는 우연성의 산물로서, 근대 국가의 지배자와 피지배자의 구조 속에서는 인간답게 산다는 것은 어렵다는 것입니다. 국가가 성립되면서 통치자에게 의존하거나 오히려 그 지배자가 우선시되는 기이한 상황에서는 더욱 그렇습니다. 더군다나 종교에 대한 단재의 비판은 찰스 테일러C. Taylor가 말한 근대적 의미의 정체성 투쟁이나 다름이 없습니다. 찰스 테일러는 "근대 이후의 세속화되고 있는 세계에서 종교도 스스로 탄력적으로 재규정함으로써 인정의 정치에 관여"한다고 말합니다. 그러면서 "세계적으로 최악의 폭력 사태들은 종교의 가르침과 오히려 배치"된다고 비판합니다.윤평중, 윤평중 사회평론집, 생각의나무, 2004, 284, 305-306

단재는 역사의 주체이자 나라의 주인인 민중을 새롭게 발견한 역사학자입니다. 〈독사신론〉에서는 "정신이 없는 역사는 정신이 없는 민족을 낳을 것이며, 정신이 없는 나라를 만들 것"조정래, 신채호, 문학동네, 2007, 79 재인용이라고 발언하였습니다. 정신이 있어야 역사도 있다는 주장은 역사를 민중도 읽을 수 있어야 한다는 생각과 맥을 같이 합니다. 민중의 단결된 힘이 나라를 구할 수 있다는 신념은 민중의 계몽이 필요하다는 생각으로 이어집니다. 그래서 그는 언어, 곧 한문 대신에 우리 한글을 사용하는 민중계몽을 위한 학교를 모색한 교육학자였다고도 볼수 있습니다. 동시에 그는 언어매체를 통해서 "애국심과 민족얼 고취를 염두에 두고 한글 전용의 운동에 앞장"임중빈, 앞의 책, 78섰습니다.

이러한 민중을 향한 그의 의식은 일상적인 생활 자세에서도 잘 드러납니다. 단재의 꼿꼿한 인품과 신념은 세수를 할 때 머리를 들고 했다는 기록에서도 엿볼 수 있습니다. 일본이 나라를 지배하고 있는 땅에서는 결코 머리를 숙일 수 없다는 그의 정신은 임시정부수립 요원으로 활동하면서도 나타납니다. 임시정부에서는 '민중국민이 주인이 되는 나라'라는 의미로 '대한민국'大韓民國이라는 국호를 결정합니다. 하지만 단재는 나라를 팔아먹는 이승만을 대통령으로 하는 것에는 결사적으로 반대하였습니다. 이완용은 있는 나라를 팔아먹었지만, 이승만은 있지도 않은 나라를 팔아먹은 역적이라는 것입니다. 이것은 그의 나라찾기방법에서도 뜻을 굽히지 않는 확고한 태도에서도 알 수가 있습니다. 당시 나라를 찾기 위해서 국제적인 외교를 통해서 독립을 달성해야 한다는 외교적 방법론이승만, 이상재, 당장 전쟁을 벌일 능력이 없으니 군인을 기르고 무기를 장만할 준비기간이 필요하다는 준비론안창호, 이광수, 일제와 목숨을 걸고 전쟁을 해서 독립을 찾아야 한다는 무력투쟁론이 대두되었습니다. 당연히 단재는 이동휘와 함께 무력투쟁론을 제안하였습니다. 그 당시의 분위기로 보아 이승만을 중심으로 하는 외교론이 대세를 이루게 됨으로써 단재는 외교 활동을 통한 독립운동은 부질없다고 보았던 것입니다. 그는 1923년 1월 〈조선혁명선언〉을 완성하여 민중 전체가 나서서 싸우는 폭력혁명을 역설하였습니다. 그 전문의 일부를 보면 다음과 같습니다. 조정래, 신채호, 문학동네, 2007, 140, 156-157; 김삼웅, 단재 신채호 평전, 시대의창, 2005, 223

"일반 민중이 배고픔, 추위, 피곤, 고통, 처의 울부짖음, 어린애의 울음, 납세의 독촉, 사채의 재촉, 행동의 부자유, 모든 압박에 졸리어 살려니 살 수 없고 죽으려 하여도 죽을 바를 모르는 판에, 만일 그 압박의 주요 원인이 되는 강도정치의 사설자인 강도들을 때려 누이고, 강도의 일체 시설을 파괴하고, 그 기쁜 소식이 세상에 널리 전하여 뭇 민중이 동정의 눈물을 뿌리어, 이에 사람마다 굶어 죽는 길 이외에 오히려 혁명이란 한 길이 남아 있음을 깨달아, 용기있는 자는 그 의분에 못 이기어, 약한 자는 그 고통에 못 견디어, 모두 이 길로 모여들어 계속적으로 진행하여 보편적으로 전염하여 온 나라가 일치하는 대혁명이 되면 간사하고 교활하며 포악한 강도 일본이 필경 쫓겨 나가는 날이리라."

이와 같은 폭력혁명론은 그의 생애 후반에 우근 유자명友權 柳子明과 접촉하면서 아나키즘anarchism의 철학과 맞닿게 됩니다. 그가 아나키스트로서 처음 모습을 드러낸 것은 1924년 겨울 북경에서였습니다. 그곳에서 결성된 조선무정부주의자연맹의 기관지 〈정의공보〉에 논설을 쓰게 되면서부터 그는 아나키즘과 인연을 맺게 됩니다. 그 본격적인 활동은 1927년에 중국, 조선 등 6개 나라의 아나키스트 국제조직인 무정부주의동방연맹에 가입하면서 시작되었습니다. 단재는 무정부주의동방연맹이야말로 강대국에게 짓밟힌 약소민족의 자유와 권리를 회복시킬 수 있다는 희망을 걸고 있었던 것입니다. 조정래, 앞의 책, 164-165 이만열은 그보다 앞선 1922년에서 1923년 1월 〈조선혁명선언〉 집필과 영향이 있을 것이라고 보고 마찬가지로 본격적인 가입과 활동은 1927년이라고 주장합니다. 그러다가 1928년에 화폐위조사건으로 체포되고 1936년에 여순 감옥에서 세상을 떠났다는 것입니다. 이만열, 단재 신채호의 역사학 연구, 문학과지성사, 1990, 43-45

단재는 1928년 4월 조선인 무정부주의자들의 북경회의 동방연맹대회에 참여하여 다음과 같은 〈선언문〉을 작성하였습니다. 아래는 그 대략의 내용입니다. 임중빈, 앞의 책, 265-266

"…아, 세계 무산 민중의 생존! 동방 무산 민중의 생존! 소수가 다수에게 지는 것이 원칙이라면, 왜 최대 다수의 민중이 최소수의 야수와 같은 강도들에게 피를 빨리고 고기를 찢기느냐?

왜 우리 민중의 피와 고기가 아니면 굶어 죽을 강도들을 없애 버리지 못하고 그 놈들에게 죽임을 당하느냐? 저들의 군대 때문일까? 경찰 때문일까? 군함·비행기·대포·장총·장갑차·독가스 등 흉악하고 참혹한 무기 때문일까?

아니다. 이는 그 결과요 원인이 아니다.

저들은 역사적으로 발달·성장하여 온 수천 년이나 묵은 괴상한 동물들이다. 이 괴상한 동물들이 맨 처음에 교활하게 자유·평등의 사회에서 사는 우리 민중을 속여 지배자의 지위를 얻어서는, 그 약탈 행위를 조직적으로 대낮에 행하려는 소위 정치를 만들며, 약탈한 소득을 분배하려는 곧 '사람 고기를 나누어 간직하는 곳'인 소위 정부를 두며, 그리고 영원 무궁히 그 지위를 누리려 하며, 반항하려는 민중을 억압하는 소위 법률·형법 등 부어터진 조문條文을 만들며 민중을 노예적으로 복종시키려는 소위 명분·윤리 등 문둥이 같은 도덕률을 조작하였다. …

　우리 민중은 알았다. 깨달았다. 저들 야수들이 아무리 악을 쓴들, 아무리 요사스럽고 요망된 짓을 한들, 이미 모든 것을 부정하며 모든 것을 파괴하려는 대지를 울리는 혁명의 북소리가 어찌 갑자기 까닭없이 멎을 것인가. 벌써 구석구석 부분부분에서 우리 민중과 저들 야수가 진영을 대치하여 포화를 개시하였다. 옳다. 되었다. 우리의 대다수 민중들이 저들 소수의 야수들과 전쟁을 선포하면, 선포하는 그 날이 무산 민중의 생존이니, 이것을 어느 곳에서 찾을 것이냐.

　알 것이다. 우리의 생존은 우리의 생존을 빼앗은 우리의 적을 없애 버리는 데서 찾을 것이다. 일체의 정치는 곧 우리의 생존을 빼앗는 우리의 적이니, … 저들이 존재를 잃는 날이 곧 우리 민중이 열망하는 자유·평등을 얻어 무산 계급의 진정한 해방을 이루는 날이다. 곧 개선凱旋의 날이니, 우리 민중의 생존할 길이 역기 이 혁명에 있을 뿐이다.

　우리 무산 민중의 최후 승리는 필연적으로 정해진 사실이지만, 다만 동방 각 식민지 반식민지의 무산 민중은 예부터 석가·공자 등이 제창한 곰팡내 나는 도덕의 독 안에 빠지며, 제왕·추장 등이 건설한 비린내 나는 정치의 그물에 걸리어 수천 년 헤매다가, 하루아침에 영국·프랑스·일본 등 자본 제국 경제적 야수들의 경제적 착취와 정치적 압력이 전속력으로 전진하여 우리 민중을 맷돌의 한 돌림에 다 갈아 죽이려는 판인즉, 우리 동방 민중의 혁명이 만일 급속도로 진행되지 않으면 동방 민중은 그 존재를 잃어버릴 것이다.

　그래도 철저히 이를 부인하고 파괴하는 날이 곧 저들이 존재를 잃는 날이다."

　이를 통하여 단재는 민중의 자생과 평등을 위한 현실적 행동으로서 정부, 정치, 법률, 도덕 등 종래의 제도를 거부파괴하는 혁명을 부르짖었을 뿐만 아니라 실제 행동으로 이행하였습니다. 실제로 이것은 〈조선혁명선언〉 마지막 부분을 보면 더욱 확실히 알 수 있습니다. "민중은 우리 혁명의 대본영이다. 폭력은 우리 혁명의 유일 무기다. 우리는 민중 속에 가서 민중과 휴수携手하야 불절하는 폭력-암살, 파괴, 폭동으로써 강도 일본의 통치를 타도하고 우리 생활에 불합리한 일체 제도를 개조하야 인류로써 인류를 압박치 못하며 사회로써 사회를 박삭剝削; 착취지 못하는 이상적 조선을 건설할지니라."신채호, "조선혁명선언", 외솔회 편, 단재 신채호, 정음문화사, 1987, 91

2. 단재 신채호의 기록한다는 것의 의미: 말·글·정신

　'역사'歷史로 번역되는 'history'는 라틴어 'hi'쓰다와 'storea'이야기의 합성어입니다. 풀어보면 '이야기를 쓰다'는 말입니다. 우리가 단재를 역사학자로 보는 이유가 여기에 있습니다. 그는 당대의 중국중심의 사관, 지배자 중심의 역사, 승자 중심의 역사를 벗어나서 그 시간 속에서 벌어진 역사를 다시 구성합니다. 다른 관점에서 기술한다고 말하는 게 나을 것입니다. 그는 현상학적 역사관을 가지고 있었습니다. 말언어-소리와 뜻과 글역사, 얼정신에 대해서 전제 없이an-archos 기술하려고 노력했습니다. 단재는 독립을 위한 최후의 보루를 민족의 정신, 정신적 삶에 있다고 인식합니다. 말함과 글씀, 사태를 순수한 의식으로 바라보는 것은 모두 얼주체, 민중의 주체적 정신을 계도하기 위한 과정이었습니다. 그래서 임중빈은 신채호를 '철저한 민족주의자'였다고 주장합니다. 임중빈, 앞의 책, 102, 104-118

　　그러나 신채호는 역사에서 민중주체를 수동적 존재로 보지 않았습니다. 의식에 나타난 사태를 있는 그대로 보고 기록하는 무전제의 역사, 무전제의 정신을 설파하기 위해서 종래의 중국 중심의 역사나 승자 중심의 역사에서 관점을 변경하는 태도변경의 역사 기술의 방식을 채택하였습니다. 칸트I. Kant나 후설E. Husserl은 주체가 대상에 종속하는 것이 아니라 주체가 대상을 구성하는 능동적 주체임을 밝힌 철학자들입니다. 대상, 곧 사건의 중심이 되는 영웅의 사건은 개별 민중을 떠나서 지배계급을 옹호하는 일이 많았습니다.

　　필시 역사에서 영웅은 존재합니다. 아니 역사가 정체되어 있을 때 영웅은 과학, 예술, 문학 등에서 매우 뛰어난 역량을 발휘하여 민중의 삶에 큰 힘이 됩니다. 하지만 때로 영웅숭배는 제국주의나 전쟁을 미화하는 오류를 범할 수 있으므로 그 사건의 대상을 편견 없이 분석할 수 있어야 합니다. 영웅중심의 사관, 혹은 영웅숭배사관은 한 개인의 뛰어난 기질 때문에 민중 전체의 역사를 마음대로 만들어 버리는 문제가 발생합니다. 따라서 그들이 존중을 받아 마땅하나 영웅개인을 숭배하는 것은 경계를 해야 합니다.

　　한 개인에게 관심을 기울이고 숭배할 경우에 집단적 이익을 추구하는 자본가 계급과 정치권력에 편승하여 민중을 억압하는 개인이 되어버릴 수 있습니다. 오히려 지배계급의 세력을 강화하는 데 이바지하는 꼴이 되는 것입니다. 따라서 영웅에 대한 긍정적 평가와 그들의 역사적 공헌과 가치는 존중을 해주되 개인으로서의 인물 자체에 '작위'를 주어서는 안 됩니다. 많은 사건의 전면에 등장했던 영웅과 그 영웅을 숭배하는 사관은 민중의 자유와 평등을 위해서 투쟁한 사람들을 반항아로, 혹은 저항적 인물로 몰아간 것을 기억해야 합니다. 장수한, 역사에세이, 동녘, 1992, 162-167 그런 의미에서 단재가 역사기술을 가능한 한 무전제, 혹은 역사의 순수한 의식으로서 등장하는 민중중심의 역사에서 출발하려고 한 것은 매우 고무적인 사가史家의 태도입니다.

이만열은 '국민'이라는 말에서 '민중'이라는 용어가 대두된 시기를 1910년으로 봄으로써 단재가 이 말을 1920년부터 쓰기 시작했다고 주장합니다. 그러면서 여전히 이 민중이라는 개념에 모호성이 존재한다고 비판합니다. 여하튼 단재는 역사의 주체를 초기에는 영웅이 이끌어 가야 한다고 생각하고 영웅 출현에 대한 기대감이 없지 않았습니다. 이른바 영웅숭배사관 같은 있었다고 봐야 할 것입니다. 하지만 1909년 8월부터 점차 역사의 주체는 국민 혹은 민중영웅으로 전환하기에 이르면서 탈영웅주의, 탈이데올로기 사관으로 나아갑니다. 중국의 양계초梁啓超의 영향을 받아서 '신국민新國民'이라는 말을 사용하기도 하고, '자유'를 잃는다는 것은 인격을 잃는 것이요 신체의 죽음을 의미한다는 것을 강조하였습니다. 단재에게 있어 민중의 개념은 분명합니다. 민중은 '무산 민중', '식민지 민중', '다수의 민중', '無錢·無兵한 민중'이라고 표현하고 이러한 민중의 지배에 의한 민족사적 배경과 민중에 의한 폭력적 행동이 없이는 독립을 쟁취하기가 어렵다고 인식하였습니다. 이만열, 앞의 책, 75-78, 173-175, 183, 193; 김상웅, 앞의 책, 132-133

박찬승은 역사 주체요 혁명행동인 주체인 '민중'을 주창한 단재에 대해서 다음과 같이 평가합니다. "신채호는 무정부주의에 입각하여 '민중직접혁명론'을 주장한 〈조선혁명선언〉을 집필하였다. 그는 여기에서 이족통치, 특권계급, 경제약탈제도, 사회적 불평균, 노예적 문화사상을 파괴하고 고유한 조선의, 자유로운 조선민중의, 민중적 경제의, 민중적 사회의, 민중적 문화의 조선을 건설할 것을 주장하였다. 여기서 가장 주목할 것은 그의 역사의 주체로서의 '민중'에 대한 새로운 인식이다. 이 시기 신채호의 '민족'의 주체의 민족주의 사상은 '민족' 내부의 '민중' 주체로 한 단계 더 발전하였던 것이다"박찬승, "제2장 신채호", 조동걸·한영우·박찬승 엮음, 한국의 역사가와 역사학 下, 창작과비평사, 1994, 85

　　이와 같은 민중의 폭력적 독립운동에 대한 영감은 "파괴가 곧 건설"이라는 바쿠닌M. Bakunin으로부터 영향을 받았을 것이라고 추론할 수 있습니다. 이호룡은 단재가 이보다 훨씬 이전 1905년경 일본 아나키즘의 아버지라 불리는 고토쿠 슈스이幸德秋水의 저작인『장광설』長廣舌에 감명을 받고 아나키스트로 전향한 것으로 이해하였습니다. 단재는 일본은 오직 "고토쿠 슈스이 한 사람만이 있을 따름이다"라고 하면서 그를 높이 평가하였을 정도였습니다.신채호, "단재의 생애와 활동", 외솔회 편, 단재 신채호, 정음문화사, 1987, 36; 이호룡, 한국의 아나키즘. 인물편, 지식산업사, 2020, 30 이에 이호룡은 단재가 처음에 국가주의나 민족주의자였다가 아나키스트로서 활동하였다는 주장을 내세웁니다. 이는 종래의 단재를 단순히 아나키즘의 방법론을 통하여 독립운동을 하려고 했다는 주장에 대한 부인이라고 할 수 있습니다.이호룡, "신채호의 아나키즘, 역사학보, 제177집, 2003년 3월, 67-101 참조

　　인간은 역사적 맥락, 시공간의 제약, 대상의 경험에서 완전히 자유로울 수가 없습니다. 그렇기 때문에 의식과 판단에 편견이 생기게 마련입니다. 단재가 처한 일제강점기라는 시대성시간과 조선공간이라는 특수성은 분명히 당시의 독립운동가나 학자들이 취했던 방식처럼, 민족주의사관을 띨 수밖에 없었을 것입니다. 하지만 단재는 민족주의에서 한 발 더 나아간 아나키즘으로 선회를 합니다. 역사는 고착화된 사건이나 지배적인 사건이 아닙니다. 생성, 변화하는 사건입니다. 그래서 사건event이라는 영어 단어는 바깥으로e-나옴vent이라는 뜻을 품고 있으면서 시공간에서 빚어진 일들이 계열화되는 것을 의미합니다.

　　그런 의미에서 역사는 시간의 자유, 관점의 자유, 행동의 자유에 의해서 기

술되어야 합니다. 단재의 경우 개인의 역사나 시간은 자유에서 비롯됩니다. 그의 생애 전체가 투쟁과 자유, 그리고 저항의 역사라고 말을 할 수 있다면, 그의 개인의 시간은 민중과 나라의 시간으로 양도했다고 볼 수 있습니다. 가족과의 두 차례의 이별은 가족으로부터의 자유라고만 말할 수 없지만 생계의 어려움도 있어서 불가항력적으로 이별을 한 슬픈 역사도 있었으니 나라와 민중의 절대 자유를 위해 자신의 자유를 방기放棄하고 동시에 역설적으로는 적극적으로 성취했다고 평가해야 합니다. 실제로 그는 부인 풍양 조씨豊壤 趙氏와의 사이에서 얻은 아들 관일貫日이의 사후에 가정을 해체합니다. 나중에 두 번째 부인으로 맞아들인 박자혜朴慈惠는 단재를 자신의 남편이 한 가정을 위한 존재가 아니라 민족과 민중을 위한 사람이라고 고백을 했습니다.

그는 이승만 같은 외교론자와 민족개조론자 혹은 준비론자 이광수나 도산 안창호하고도 결별할 정도로 늘 역사의 이방인이었습니다. 마지막에 이회영, 김창숙과 뜻을 같이 하면서 아나키스트로서 활동을 하다가 생을 마감하지만, 그는 외부의 억압, 구속, 체제, 조직을 벗어난 자기 자유를 자기 자율의 연민과 조직을 잘 기록하고 있다는 시각에서 보면 그의 역사의식이 제대로 읽힙니다.

신채호는 〈조선혁명선언〉을 통해 해체구성적deconstructive 나라조선를 구상합니다. 그는 조선의 독립을 위해서 폭력이나 파괴만이 능사가 아니라 자유와 평등, 자치自治와 자주自主, 자신自信에 그 근본이 있다고 보았습니다. 독립운동의 저항적 방편으로 폭력을 사용하되 그 폭력적 수단은 오로지 민중을 근간본위으로 하기 때문입니다. 흔히 단재를 민족주의자로 단정짓고 일정한 시공간적 한계성에서 벗어나지 못한 사상가, 이념적 신봉자로 평가합니다. 하지만 조선혁명선언의 골자를 가만히 들여다보면 '민중'을 위한 아나키스트로서의 사상과 정신을 이미 배태한 상태였음을 알 수 있습니다.

다시 말해서 단재는 늘 아웃사이더로서 어느 기관이나 제도, 체제, 집단에 있었다기보다 아나키즘적 정신을 가지고 그 제도나 체제 혹은 몇몇의 사람들과 뜻을 '잠시'잠재적/임시적 같이 했을 뿐입니다. 임중빈의 저서에서는 시종일관 단재의 정신을 "한국의 저항적 민족주의"라고 해석하지만 그것 역시 말 그대로 전술적·전략적 이념에 덧씌워진 평가에 지나지 않습니다. 이에 리처드 에반스R. Evans는 "역사들은 우선 모든 편견과 선입견을 버리고 완전히 열린 마음으로 문서에 접근해야 한다"R. Evans, 이영석 옮김, 역사학을 위한 변론, 소나무, 1999, 111고 주장합니다.

역사와 역사가의 해석은 늘 일정한 관점을 요구하는 것이기 때문에 실증사학자 랑케Leopold von Ranke, "Wie es eigentlich gewesen"="그것이 본질적으로 어떠하였는가", 하는 과거의 내적 존재를 이해하려는 것/ 사실 정보의 수집이 역사는 아니다. R. Evans, 37, 빌헬름 딜타이W. Dilthey, 에드워드 카Edward H. Carr, 김부식金富軾, 일연一然 등은 당대의 시대정신에서 벗어날 수 없었습니다. 그런 관점에서 보면 단재를 아나키스트로 해석, 판단하는 것이 민주주의, 공산주의, 사회주의, 민족주의와 같은 정치, 사상적 이념을 가진 사람들에게는 기득권 세력의 체제적 붕괴와 저항에 직면할 힘에 대한 부담감이 있었다고 볼 수밖에 없습니다. 좀 거칠게 말해서 정치권력집단이나 지배 이데올로기를 지닌 사람들에 의해서 편견으로 기술된 역사역사가가 되는 것입니다.

이는 단재에게도 동일하게 적용됩니다. 실제로 최근 들어서 일제강점기에 적극적인 방식으로, 혹은 익명으로 독립투쟁에 몸을 바쳤던 아나키스트에 대한 연구가 이루어질 뿐이지 그 전까지 이념적 갈등이나 계급에 가로막혀 관심대상이나 연구의 대상도 아니었습니다. 이는 거듭 강조하거니와 일제강점기에 매우 사악한 의도가 반영된 '무정부주의'anarchism라는 번역어가 한몫을 했다는 것은 두 말할 필요가 없습니다.

앞에서 언급한 것처럼, 그는 외부 정치적 조건이나 집단체제에 의해서 조선 독립을 가져오는 외교론자나 아직 독립을 위한 자주적 조건을 갖추지 못했으니 민중을 정신적으로 계도하고 힘을 지녀야 한다는 준비론자·문화주의자들이 다 허구라고 비판합니다. 따라서 단재는 독자적으로 '민중직접혁명'의 노선을 구체화합니다. '민중직접'이라는 말이 품고 있는 신채호의 의지를 잘 간파해야 합니다. 민중이 민중 스스로 자기 힘으로 자기 의지를 가지고 일본으로부터의 해방과 독립을 폭력으로라도 쟁취해야 한다는 것은 어떠한 타협도 불허한다는 강력한 사상적·행동적 의지를 가늠해볼 수 있습니다. 이를 민중우위를 지나치게 이상화한다고 말할지 모르지만, 민중이야말로 역사 추동력의 근간이고 전제의 전제였음을 부인할 수 없습니다. 수많은 익명의 씨알의 뜻이 투영되고 결집된 힘이 이 세계, 이 시공간을 지속하도록 했다는 단재의 역사의식이 혁명론에도 그대로 나타난 것입니다. 그에 있어 민중은 전제의 전제, 시간의 시간, 공간의 공간, 인식의 인식을 살았던 잡초와 같은 존재였습니다.

3. 언론매체적 역사와 시공간적 삶의 주체성

학자에 따라서는 단재를 생애사적 활동기와 사회사상사적 활동기로 구분합니다. 전자는 계몽활동가로서의 언론활동기1905-1910, 해외 망명과 민족운동 및 한국고대사연구기1910-1925, 아나키즘활동기1925년 이후로 나눕니다. 후자는 시민적 민족주의기1898-1922, 혁명적 민족주의기1923-1924, 아나키즘기1925-1936입니다. 박걸순, "단재신채호전집 제2권 역사 조선사연구초 해제", 단재신채호전집편찬위원회, 단재신채호전집 제2권 역사 조산사연구초, 독립기념관 한국독립운동사연구소, 2007, i 생애와 사상이 중첩되는 부분을 보면 말년에는 그가 아나키스트로서 활동을 했다는 것은 확실합니다.

그리고 독립운동을 위한 전체 활동을 전개하기 위해서 가장 중요한 활약 매체는 글, 말, 정신이었습니다. 그 중에 언론 매체를 통한 운동은 다른 어느 독립운동가보다 더 두드러진 특징을 지닌다고 볼 수 있습니다. 그는 〈황성신문〉과 〈대한매일신보〉의 주필을 비롯하여 〈대한협회 월보〉, 〈기호흥학회 월보〉, 〈권업신문〉, 〈대동〉大同, 〈중화일보〉, 망명잡지 『천고』天鼓김삼웅, 단재 신채호 평전, 시대의창, 2005, 244-261 등의 언론매체에 두루 관여를 하였습니다. 그 외에도 역사관련 서적을 통하여 자신의 역사관을 개진하였는데 『조선상고사』朝鮮上古史, 『조선상고문화사』朝鮮上古文化史 등이 그것입니다.천관우, "언론인으로서의 단재-한국 언론사에서 본 단재의 위치", 외솔회 편, 단재 신채호, 정음문화사, 1987, 47-67; 신채호, "단재의 생애와 활동", 외솔회 편, 단재 신채호, 정음문화사, 1987, 34

이외에도 단재의 저서를 통한 매체 역사도 있습니다. 개화기 소설로서 단재의 〈최도통전〉崔都統傳〈대한매일신보〉 1909. 12.~1910. 5., 〈이순신전〉 등은 현실에 대한 위기의식이 반영되고 작가의 사관이 반영된 전기소설입니다. 단재의 문학은 구국이념과 민족주의적인 문학으로 나타난 계몽문학입니다. 따라서 윤명구는 서구 위인전이 서구에 대한 지적 갈망이나 국난 극복을 위한 영웅출현에 대한 기대에서 나온 것이라면, 한국 위인전 역시 궤를 같이 한다고 비판하면서 그 한계를 지적합니다.윤명구, "개화기소설", 국문학신강편집위원회 편, 국문학신강, 새문사, 1990, 246-350

하지만 큰 틀에서 보자면 '매체'medium도 하나의 역사입니다. 최근 역사학자들은 매체를 역사적 사료로 받아들여서 연구해 오고 있습니다. 특히 신문과 같은 언론매체는 비실재적인 사건을 글을 통해서 사건화의미화하고 어떠한 움직임이 존재하는가를 구조화시킵니다. "태초에 말씀이 있었다"요한1,1라는 성서의 전언은 청각에 호소하는 구술문화를 특징으로 합니다. 역사나 시간에 대한 이 구술문화가 문자문화 혹은 인쇄문화로 넘어가게 된 계기가 바로 마르틴 루터M.

Luther의 교회쇄신을 위한 사건에서 촉발됩니다.

이러한 맥락에서 김기봉은 "과거가 역사로 전환되기 위해서는 매체라는 매개물이 요청된다"김기봉, "역사의 '매체적 전환'-매체로 보는 역사와 역사학", 역사학회, 제52회 전국역사학대회, 매체와 소통으로 보는 역사, 2009, 43고 말합니다. 이를 잘 활용했던 인물이 바로 단재였습니다. 실제로 과거의 역사는 실재가 없고 어떠한 프레임사관에 의해서, 어떤 안경을 쓰고 역사를 바라보느냐에 대한 것만 남아 있을 뿐입니다. 김기봉은 "사관이란 과거를 보는 역사가의 '마음이 창'이다"라고 하였는데, 그 의사소통매체, 공론장의 매체가 신문이 담당한 것입니다. 그런 의미에서 단재의 역사는 신문으로서의 매체, 문학으로서의 역사, 곧 매체의 역사입니다.김기봉, 위의 글, 18-22 잘 아는 바와 같이 베네딕트 앤더슨B. Anderson은 '서적 자본주의가 민족주의의 문화적 기원'이 되었다고 주장합니다. 서적이라든가 신문은 독자들의 생각과 사유를 '동질화'시킬 수 있습니다. 동시에 '신문과 같은 매체는 하나의 언어공동체를 형성함으로써 그 의사소통관계를 민족과 국가와 같은 하나의 공간을 단위로 해서 통일시'김기봉, 위의 책, 26키기도 합니다.

단재는 하나의 매체〈독립신문〉, 1899. 1. 10.를 통해 인권의 자유를 말한다 함은 공적公的으로 말할 수 있는 자유에 대해서 말하는 것은 물론 공적으로 입을 열어 말을 할 수 있는 인민[民人, 民衆]을 압제하는 것과 다르지 않다는 것을 표명합니다. 말의 자유, 말할 자유라는 것은 인간이 사유한다는 특수성을 의미합니다. 말할 자유가 있어야 인간입니다. 말을 막아서는 제국주의나 국가주의, 제도, 체제는 인간을 인간으로 생각하지 않는다는 것을 드러냅니다. 일본제국주의와 거기에 빌붙은 당시 친일세력은 언론言路, 곧 말길, 말의 도道를 차단하려고 탄압하고 통제했습니다.

단재는 "자유라 하는 것은 우리 마음에 있는 욕심대로 하는 것이 아니요, 욕심을 능히 어거하여 좋은 일이면 나의 마음대로 하고 그른 일이면 하지 않는 것이 실상 자유의 본의"라고 말합니다. 마음의 길은 실상 모든 민중이 지닌 보편적 특성입니다. 시시비비와 선악을 가리되 선善, 좋음을 지향하려는 마음은 누구나 다 같다는 말입니다. 그런 자유를 제도와 체제, 국가가 나서서 계도한다는 것이 부자유스러운 일입니다. 오히려 보편적인 마음의 길을 막아서거나 다른 길을 말함으로써 그 길을 강요할 수 있기 때문입니다. 특히 마음을 표현하는 말의 길을 통제하는 것은 더욱더 아니 될 말입니다. 마음의 길과 말의 길은 자기를 자기로서 표현하는 길hodos입니다.

단재는 그 길을 잘 인도해 줄 수 있는 방법meta-hodos이 신문 매체라는 것을 잘 알았던 것 같습니다. 신문은 단순한 종이가 아니라 민중의 정신이 오롯이 활자화하는 대중매체입니다. 거기에 민중의 길과 민중의 마음의 길이 모여서 보입니다. 단재가 신문을 통한 글쓰기를 한 것은 민중의 자유가 억압당하지 않기 위한 민중의 자유권, 권리의 평등을 외친 것입니다. 단재의 이와 같은 글쓰기를 목소리의 감성이라는 정치미학적 관점에서 살펴보면 단재의 글쓰기에 내포된 민중에 대한 심미성을 읽을 수 있을 것 같습니다. 수잔 랭거Susanne K. Langer는 인간의 미적 감정을 이렇게 정의합니다. "하나의 예술작품은 감각이나 상상력을 통한 우리의 지각을 전제로 창조된 하나의 표현적 형식이며, 그것이 표현하는 것은 인간 감정이다. … 감정이라는 낱말은 … 느껴질 수 있는 일체 … 육체적 감각, 고통과 안락, 자극과 휴식으로부터 가장 복합적인 정서, 지적 긴장 혹은 인간의 의식, 삶에 나타나는 점진적인 감정의 음조 등"Susanne K. Langer, 이승훈 옮김, 예술이란 무엇인가, 고려원, 1990, 27 또한 그녀는 문학에 대해서도 "낱말들의 충분한 의미는 낱말의 심층에서 서서히 전개되는 인식의 끊임없이 번쩍이는 흔적들, 곧 불꽃처럼 번쩍이는 현란한 형태로 나타난다"고 말합니다.

이런 의미에서 단재는 민중의 감정을 문학예술로서 낱말과 낱말을 통한 역사와 정신에 대한 인식을 승화시킨 인물입니다. 민족과 민중의 고통, 세계에서 조선이 처한 현실에 대한 인식, 그리고 민중이 끊임없이 필요로 하는조달되어야만 하는 감정을 글로써, 신문매체를 통해서 전달했습니다. 신문매체와 북경에서의 아나키즘동맹선언서에서 외친 글들, 그리고 문학작품들은 그와 같은 미적 감정을 토로한 것이라고 말할 수 있습니다. 그런 의미에서 단재의 스타일문체는 정치·사회·비판미학적으로 봐야 합니다. 그가 핵심으로 삼고 있는 민중, 역사의식, 정신 등은 문체의 파생물이라 해야 합니다. 그는 자신의 문체를 통해서 일어났던 과거를 연구하고 재구성하는 것이 아니라 일어났던 사건에 대한 기억들과 끊임없이 놀이를 하면서 현재를 성찰하는 방식이기 때문입니다.R. Evans, 이영석 옮김, 역사학을 위한 변론, 소나무, 1999, 137

4. 신채호와 함석헌의 역사시공간인식, 그 아나키즘적 옹호

함석헌은 1962년의 저서『뜻으로 본 한국역사』에서 사실事實의 역사, 기술記述의 역사, 연구研究의 역사가 아닌 '뜻'의 역사, 해석의 역사를 주장합니다. 나아가 그는 역사란 민중의 정신을 붙잡게 해 주는 역사요 영원한 의지를 붙잡아 내는 일이라고 말합니다. 이를 위해서 뜻을 찾아 삶과 민중의 진선미眞善美가 살아나는 것이 역사의 앎이자 역사의 봄이라고 설파합니다.함석헌, 뜻으로 본 한국역사, 일우사, 1962, 35-38 이처럼 함석헌에게 있어 역사를 논할 때 가장 중요한 핵심어는 '뜻'입니다. 그에게 '뜻'은 형이상학적 문제이자 보편성입니다. 뜻의 보편성은 평등성이기도 하고, 그 뜻은 민중 속에 나타난 형이상학적 존재의 의지이자 민중의 의지라고 볼 수 있습니다. 뜻을 달리 그리스도교적 하느님이나 하나님 혹은 성서라는 특정 종교의 경전의 의미로 사용될 수 있으나, 함석헌은 이를 기피합니다. 이미 존재 그 너머를 보고 있는 것입니다. "뜻은 하나"다 라는 그의 명제적 선언 속에 그 시선이 암시되어 있습니다.함석헌, 인간혁명, 제일출판사, 1979, 254

　뜻의 보편성은 모든 민중에게 스며있어서 그것이 구체적인 공간과 시간으로 나타난 사건이 바로 역사입니다. 뜻의 발현인 셈입니다. 보편적인 뜻이 역사로 나타났다면, 역사에서 민중은 당연히 전체입니다. 민중은 역사의 주체이자 혁명의 주인입니다. 여기서 나는 민중, 씨알로서 제도와 상반된 역사적 존재입니다. 따라서 민중은 역사의 방관자가 될 수 없습니다. 민중은 역사를 책임지는 존재입니다.함석헌, 위의 책, 256-266 신채호의 역사도 민중의 정신에 의해서 추동되어야 한다는 점에서 함석헌과 궤를 같이 하고 있습니다. 더군다나 기존의 승자 중심이나 지배자 중심, 제국주의 중심의 사관에서 탈피하여 약자 중심, 민중중심의 사관으로 옮겨갔다는 것만 보아도 그에게 있어 시공간의 주체는 민중이라는 것을 알 수 있습니다.

　그의 '민중' 사랑은 정치에까지 미칩니다. 정치는 민중 자신의, "민중이 직접, 민중 전체가 하는 운동이어야 한다"는 것은 어쩌면 단재의 '민중직접혁명론'의 골자와도 비슷합니다. 특정 공간과 시간 속에서 이루어지는 목소리의 집합이 정치라 한다면, 민중의 직접적 행동과 운동은 역사의 원동력입니다. 여기서 중요한 것은 민족이라 하지 않고 민중이라고 한다는 점입니다. 공동체는 인위성과 다르지 않습니다. 만들어진 산물입니다. 하지만 민중은 고유성과 본래성입니다. 혁명은 자기를 고치는 일, 민족성 혹은 민중의 성격을 고치는 일입니다. 또한 혁명은 영웅에 의해서 이루지는 것이 아닙니다. 혁명은 민중의 자기 해방 운동이자 자유自由의 운동입니다. 혁명은 왜 하느냐, 하는 것은 민중의 자기 자유를 위해서라는 것입니다. 이 점에서 함석헌의 역사인식은 단재의 민중사관과도 일치합니다. 그러나 혁명이 실패하는 원인은 민족이 자기 개조를 못하기 때문입니다. 민족 개념이 옅어질 것이라고 내다본 함석헌은 계급사관을 비판하면서 이렇게 말합니다. "무엇을 민족적 성격이라, 민족적 자아라 하는 것이요 그것이 역사의 주체다. 그러므로 혁명의 주체도 당연히 그것이다. 역사상의 모든 죄악은 결국 민족적 성격의 결함이다." 이 민족적 자아의 결함을 극복하는 방법은 글과 말입니다. 글과 말을 통해서 이 사람에서 저 사람으로 건너갈 수가 있습니다. 이와 같이 민족적 자아의 개조, 민족성을 구성하고 있는 인간의 개별적 자아의 개조가 혁명의 지름길이요 희망이라고 본 함석헌의 생각은 단재와 많이 닮아 있습니다. 함석헌, 위의 책, 284-293

우리가 신채호와 함석헌에 대한 정당한 역사적 평가를 하려면 아나키즘이라는 용어에 대한 오해와 거부감부터 풀어야 합니다. 아나키즘anarchism은 단적으로 '없다'[無]는 뜻을 가진 부정접두어 an과 '선장'이라는 뜻의 archos, 혹은 '시원', '기원', '지배', '처음', '우두머리'라는 뜻을 지닌 arche의 합성어입니다. 일반적인 사람들이 불편하게 생각하는 것은 잘못되어도 한참 잘못된 '무정부주의'라는 번역어입니다. 독일의 탁월한 신학자 볼프하르트 판넨베르크W. Pannenberg의 신학적 용법에 의하면 '아나르코스'anarchos란 '신은 자신의 기원을 갖지 않는다'는 의미로 해석합니다. 실제로 아나키즘은 지배자와 피지배자와의 관계를 거부하고 있으니, 자유 이전의 자유, 민중 이전의 민중을 생각할 여지가 없다고 봐야 합니다. 따라서 an은 단순히 '없음'을 의미하는 것이 아닐 뿐더러 부정否定보다 부정不定, 정해지지 않음에 가깝습니다. 그 이외에 미결정성, 유보, 유예, 판단중지의 뜻과 함께 이중적, 다원적 해석을 해야 할 기호입니다.

아나키즘은 일각에서 풀이하는 무정부주의나 무국가주의와는 전혀 관계가 없습니다. 다만 아나키즘은 인간의 절대 자유와 평등을 위한 체제, 제도, 집단,

이념이 아니라면 언제든지 부정하고 저항할 수 있다는 데 방점이 있습니다. 차라리 아나키즘의 부정접두어 an을 anti反;반대의 의미로 읽는 것이 훨씬 그 개념의 성격을 잘 이해할 수 있다고 봅니다.

그런 의미에서 단재는 종교란 혁명에 도움이 되지 않는 낡은 도덕과 윤리를 가지고 있다고 못마땅해 하면서 종교의 안일주의보신주의, 체제유지, 노예근성에 빠져 있다고 비판했습니다. 그는 유교를 노예의 종교라고 조롱했을 뿐만 아니라, 종교를 공자놈, 석가놈, 예수놈으로 규정하면서 종교를 거부하였습니다. "우리 조선 사람들은 매양 이해 이전에서 진리를 차지랴 함으로 석가가 들어오면 조선의 석가가 되지 안코 석가의 조선이 되며, 공자가 들어오면 조선의 공자가 되지 안코 공자의 조선이 되랴 하다. 그리하야 도덕과 주의主義를 위하는 조선은 잇고 조선을 위하는 도덕과 주의는 업다. 아! 이것이 조선의 특색이냐. 특색이라면 특색이나 노예의 특색이다. 나는 조선의 도덕과 조선의 주의를 위하야 곡哭하랴 한다"신채호, "낭객의 신년 만필", 외솔회 편, 단재 신채호, 정음문화사, 1987, 120

이런 아나키즘적 시각을 가졌던 그가 역사에 대해서도 제국주의나 식민사관 혹은 신본주의사관으로 해석하지 않았을 것은 당연한 일입니다. 그는 고려사 연구에서 예종, 윤관, 묘청, 정여립을 칭송하는 대신에 김부식의 사대주의적 역사의식에 대해서는 강도 높게 비난했습니다. 예를 들면, "동양 고대의 인물 중심주의의 역사의 저울로 달아볼지라도 삼국사기는 멧 푼 어치가 못 되는 역사다. … 삼국사기는 문화사로나 정치사로나 가치가 심히 적다. … 이 박게도 이 가튼 맹인야행盲人夜行의 기사가 만호니, 선택 업는 박학은 박학 안인 선택만 못하다." 단재신채호전집편찬위원회, 단재신채호전집 제2권 역사 조선사연구초, 독립기념관 한국독립운동사연구소, 2007, 352-353, 409; 임중빈, 122-123, 251-253

역사는 남의 입장이 아니라 큰 나의 입장에서 새롭게 기술해야 합니다. 지금 여기에서의 특수한 시공간에서 외부적 시선과 체제의 역사기술은 어쩔 수 없는 한계에 부딪힙니다. 사관史觀이란 나의 생각, 주체적이고 능동적인 해석학적 입장인데, 이것은 말·글·정신의 주체성, 곧 타인이나 이념, 집단에 있다는 것이 아니라 내게 있다는 것입니다. 이것은 다음과 문학이나 예술을 보는 주체성, 주관성과도 밀접한 연관이 있습니다. "무슨 주의가 도덕을 받아들이는 데는 그것을 나의 것으로 하느냐, 아니면 내가 그것에 귀속되느냐가 중요하지. 무턱대고 받아들인다면 그 노예밖에 더 되겠는가." "예술주의의 문예라 하면 현조선을 그리는 예술이 되어야 할 것이며, 인도주의 문예라 하면 조선을 구하는 예술이 되어야 할 것이니, 지금에 민중에 관계가 업시 다만 간접의 해를 끼치며 사회의 모든 운동을 소멸하는 문예는 우리의 취할 바가 아니다"임중빈, 앞의 책, 257–258; 신채호, "낭객의 신년 만필", 외솔회 편, 단재 신채호, 정음문화사, 1987, 126

그는 이처럼 민중의 혁명의식을 반영하는 민중문학만이 당시 민족이 취해야 할 문예사조라고 생각했습니다. 한갓 유행사조, 혹은 잠시의 흐름 속에서 민중의 생각이 묻혀버리는 예술사조를 거부하고 민중과 인류를 구원할 문학을 주창하였던 것입니다. 단재의 민중과 함석헌의 씨■■의 보편적인 뜻으로서의 역사성과 의식이 반영된 것이 역사와 문학이 되어야 한다는 것은 민중을 앞세웠다는 측면에서 두 인물의 공통성을 엿보게 됩니다. 또한 민중을 원본적인 사실과 시간 위의 시간, 의식 위의 의식으로 인식하는 두 사람의 입장이 교차됩니다.

단재는 미학이나 예술에도 민중성과 사회비판미학을 높게 평가하여 리얼리즘realism적 성격을 피력하였습니다. "민중을 위한" 예술이어야 한다는 그의 논조는 〈조선상고사〉에서 분명하게 드러납니다. "역사는 나[我]와 나 아닌 것[非我]과의 투쟁이다." 단재에 의하면 주관인 나, 객관인 비아, 무산 계급인 아와 지주나 자본가인 비아의 투쟁의 정신사가 바로 역사입니다.박찬승, "제2장 신채호", 조동걸·

한영우·박찬승 엮음, 한국의 역사가와 역사학 下, 창작과비평사, 1994, 91 역사는 나정신, 사상, 목적

를 찾아가는 과정입니다. 큰 나를 찾아가는 과정, 변치 않는 나를 시간과 시간,

사건과 사건 속에서 찾아야 합니다. 촘촘히 씨줄과 날줄로 엮인 시공간 속에서

'나'는 '비아'로서 존재하는 경우가 허다합니다. 그것은 진정한 나가 아닙니다.

타자와 환경, 제도와 이데올로기에 의해서 구성된 나, 속박된 나를 극복하고 나

를 나로서 인식하고 살아가기 위해서는 시간과 사건에 '대한' 나의 생각, 시간과

사건 '안에' 있는 나의 존재, 시간과 사건의 '주체'인 나를 먼저 찾아야 합니다.임

중빈, 앞의 책, 260

　　1927년에 조직된 신간회의 정책과 강령에 동조한 단재의 문제의식에서도 이

것을 잘 알 수 있습니다. '조선민족의 정치적, 경제적 해방의 실현', '모든 개량주

의 운동을 배격하며 전민족의 현실적 공동이익을 위하여 투쟁할 것'과 같은 강령

은 다름 아닌 큰 나 찾기의 방법론의 연장선상에 있다 할 것입니다.임중빈, 앞의 책,

261

　　단재는 심오한 연구와 정연한 체계, 투철한 관찰, 풍부한 예증으로 훌륭한

역사가로서의 면모를 보여주었습니다. 하지만 그는 1936년 2월 21일 4시 20분에

뇌일혈로 사망합니다. 사후 유물로는 판결문 1통, 유맹원劉孟源이라 새겨진 상아

도장, 단시短時 등이 적힌 수첩 2권, 크로프트킨 사상저작집, 안재홍의 〈백두찬

등척기〉, 이선근李瑄根의 조선 최근 근세사, 중국돈 1원, 그리고 10여 통의 편지가

유족에게 전달되었습니다. 이 때 독립운동가 심산 김창숙金昌淑은 단재를 위하여

추도시 '단재 신채호를 애도하여'를 써서 그의 죽음을 기렸습니다.

　　들으니 군의 뼈를 금주금주의 불로 태웠다 하는데

　　군이 감에 청구의 정기정기 거두어졌구나.

천상 세계의 문형文衡으로 군은 잘 갔으나

마치 하루살이와도 같이 뒤에 죽어갈 사람들 부끄러워 어찌하랴.

들으니 군의 영구가 청주淸州로 돌아왔는데

오직 한 줌 재뿐이라고? 고향 동산에 묻혔을 때

한 마디 물어 보리 군의 혼백도 따라 돌아왔는가?

군이여, 아무래도 부재溥齋 노장 따라 노닐리라.

단재의 죽음에 안타까움을 표하는 것은 물론 그의 생애를 존경해 마지않는 사람이 왜 없었을까요? 중경 임시정부요인이자 아나키스트였던 단주旦洲 유림柳林은 단재의 생애와 삶의 자세를 이렇게 추앙하여 평가하였습니다. "단재는 내 스승으로 천하의 선비다"丹齋吾師, 天下士임중빈, 앞의 책, 280-291

리처드 에반스가 주장하고 있듯이, 과거 역사 문서들의 언어는 투명하지 않습니다. 그렇기 때문에 프랑스 철학자 폴 리쾨르Paul Ricoeur는 독자는 서술행위에 참여하지 않고, 저자는 읽기 행위에 참여하지 않음으로써 이중의 암흑double eclipse을 낳는다고 주장했습니다.R. Evans, 이영석 옮김, 역사학을 위한 변론, 소나무, 1999, 146 재인용 마찬가지로 단재가 해석한 역사와 그 의식, 그리고 단재의 역사철학과 그에 대한 역사가 매우 중첩적으로 지금 여기에서 그려질 것입니다. 그 때 롤랑 바르트R. Barthes와 같은 포스트모더니스트들이 말하듯이 모든 세계가 텍스트일 뿐이라고 말하고, 시간은 허구이니 실제 사건에 대한 진실과 진위 여부에 대한 탐구를 멈춰야 한다는 데에 동의를 해야 할까요? 자칫 역사가들이 하나의 이데올로기를 양산하거나 이데올로기에 의해서 해석하는 역할을 할지도 모릅니다. 하지만 이에 대해 리처드 에반스는 성실한 결론을 내놓습니다. "과거는 실제로 일어난 것이다. 그리고 우리가 실제로, 꼼꼼하고 주의 깊고 자기 비판적일 경우에는 그것이 어떻게 일어났는가를 알 수 있고, 비록 그것의 모든 의미에 관한 최종적인 결론보다는 항상 못하지만, 어쨌든 조리 있는 결론에 이를 수 있다"R. Evans, 이영석 옮김, 역사학을 위한 변론, 소나무, 1999, 327

　　자기 비판적인 사학자 혹은 철학자가 된다는 전제에서, 그리고 역사적 인물에 대한 해석이 완전하지 않을 수도 있다는 겸허한 자세로 본연의 임무에 충실한다면 단재에 대한 해석과 그 해석학적 실천 또한 다양해지지 않을까요?

5. 신채호의 아나키즘이 의미하는 것: 위체僞替 위조사건은 아나키즘입니다!

　　1928년 4월 단재는 외국위체조작 사건으로 대련으로 압송되었습니다. 그는 공판 자리에서 자신의 입장을 다음과 같이 밝힙니다. "나를 찾고자 해서 취하는 행동 수단은 모두가 정당하다." "우리 동포가 나라를 찾기 위하여 취하는 수단은 모두 정당한 것이니 사기가 아니며, 나라의 독립을 위해 사기 아니라 도둑질을 할지라도 양심에 부끄럼이나 거리낌이 없소"임중빈, 앞의 책, 272 "무정부주의로 동방의 기성 국체를 변혁하여 다 같은 자유로써 잘 살자는 것이오"임중빈, 앞의 책, 274 이러한 떳떳한 주장에는 그의 아나키즘적 신념이 강하게 담겨 있었습니다. '목적이 정당하면 어떠한 수단을 사용하더라도 정당하다는 아나키스트들의 논리를 차용한 것이라 볼 수 있습니다'이호룡, 한국의 아나키즘. 인물편, 지식산업사, 2020, 33
　　그는 민중의 절대자유가 국체변혁에 있다는 것을 확신했습니다. 제국주의가 가진 화폐의 권력과 폭력은 약소국들의 자유를 짓밟고 민중의 자유로운 거래 수단을 빼앗아 자신의 화폐를 강압적으로 사용하도록 하는 처사는 혁명을 불러일으킬 수밖에 없습니다. 결국 그는 위체조작사건으로 1929년 10년형을 선고받았습니다. 그는 뤼순감옥에서 수감하는 동안 아나키스트 크로포트킨Kropotkin의 전집을 읽고 에스페란토어를 혼자 공부하였습니다. 이런 정황으로 미루어 볼 때 위체조작사건은 독립운동을 위한 매우 혁명적 행동이었음은 물론 그 행동의 사상적 배경에는 아나키즘이 있었다는 사실을 보여줍니다.임중빈, 앞의 책, 281

여기서 필자는 화폐란 사람민중처럼 국가귀속적 수단이라고 봐야 하는 건가, 하는 물음을 던지게 됩니다. 화폐는 그림이나 그려 있는 종이쪼가리에 불과합니다. 그런데도 개인에게는 희소가치가 있고 교환경제에서는 돈을 넣지 못하면 생존할 수가 없습니다. 하지만 국가 무역에서 화폐를 일정한 국가가 독점을 하고 화폐량을 늘리면 불특정 다수에게 손해를 입히게 되어 있습니다. 현재 미국 달러화의 폭력이 바로 그러한 것이었습니다.유시민, 유시민의 경제학 카페, 돌베개, 2002, 318-331 참조 토드 부크홀츠Todd G. Buchholz도 한마디로 화폐는 까다로운 개념이라고 말합니다. 아프리카 부족에서는 부시맨의 코카콜라병이, 교도소에서는 담배가 화폐의 역할을 할 수 있습니다. 그라초 마르크스G. Marx는 "1천 원짜리? 그건 닭 모이나 마찬가지. 아니면 닭똥일 수도 있고"라고 말합니다. 사실 지폐는 이보다 더 더러울 수 있을 수도 있습니다.Todd G. Buchholz, 이성훈 옮김, 유쾌한 경제학, 1996, 72-73 그럼에도 우리는 이 화폐라는 것에 평생 목숨을 걸고 삽니다.

화폐는 상품의 교환수단일 뿐입니다. 그러기 위해서는 화폐 가치는 모든 나라, 모든 코뮌에서 다 평등해야 합니다. 하지만 현실 경제는 그렇지 않습니다. 선진국과 후진국이라는 분류도 이상하기 짝이 없지만, 자신의 나라를 후진국이라고 자인하고 그 말을 받아들일 나라가 얼마나 있을까요? 그 차별과 구별은 선진국이라 스스로 규정하고 잣대를 마련한 대부분 북반구의 나라에서 한 작위적인 처사입니다. 실제로 그렇게 구별된 나라와 나라끼리의 경제적 교환 관계는 절대로 평등하지 않습니다. 이것이 "국가간의 관계에서는 세계적으로 통일된 주권 主權이 확립되어 있지 않기 때문에 국제수지차를 낳는 문제가 생긴다"는 논리에 무게 중심이 실리게 되는 이유입니다. 자국통화를 얼마로 따져서 외국통화와 균등하고 평등하게 바꿀 수 있는가, 하는 것을 외환foreign exchange라고 하는데, 국내환처럼 중앙은행통제기구가 없으니 두 나라 사이의 교환비율이 생기는 것입니다. 여기서 외환시장을 통해서 거래되는 외환시세에 따른 차이불균형로 인한 이윤을 얻어내는 국가 간의 불평등이 발생합니다. 이것을 해소하고자 제2차 세계 대전 이후에 국제금환본위제도國際金換本位制度를 바꾸어 안정된 환시세와 국제수지, 그리고 국제지급수단으로 달러 본위의 국제환관리제도인 IMF국제통화기금을 탄생시킨 것도 달러화의 폭력을 가속화시켰다고 볼 수 있습니다.박병호, 국제경제개론, 경문사, 1993, 95-106 126-128 참조 이로써 앞에서 말한 이른바 화폐 주권이라는 것이 문제가 생긴 것입니다.

분명한 것은 교환가치는 정당하지 않습니다. 칼 마르크스K. Marx는 애초부터 자본주의 내에서 화폐가치는 노동자의 노동력과 똑같지 않다고 밝힌 바 있습니다. 그것은 화폐가치가 상품과 같지 않다는 데까지 나아갑니다. 첫 단추부터 잘못 꿰어진 화폐가치가 나라와 나라, 인간과 인간개인과 개인에게 동등해질 수 없습니다. 화폐는 자유이고 생존입니다. 민중의 삶에서 필수적인 보편적 가치입니다. 그것을 일정한 제도, 은행 기관, 체제, 국가가 독점할 수 없습니다. 따라서 화폐의 해방 역시 아나키즘의 행동방식이자 이는 아나키즘의 사상과 전혀 다르지 않습니다.

그런 의미에서 일본의 제국주의적 침략에 강제로 점령당한 조선의 독립을 위한 위체를 위조했다고 감옥생활을 한 단재를 도덕적으로, 국가의 위법사범으로 재판을 한다는 것 자체가 잘못된 것입니다. 화폐의 가치는 생산자와 생산자, 그리고 생산자와 소비자 간의 자유로운 합의에 의해서 형성되어야 합니다. 과거 물물교환 방식에서 의사소통과 합의는 그래서 중요했습니다.

그런데 그것을 자본주의 체제 내에서 특정 자본가들과 국가의 폭력적 위계를 정함으로써 나라의 교역적 불평등은 물론 개별 인간의 삶과 상업적 불평등을 낳는다는 것은 있을 수가 없습니다. 화폐가치가 권력이고 정치이자 억압적 수단으로 작용하는 순간, 몇몇의 나라들을 제외하고는 대부분의 나라들이 속국처럼 자유롭지 못한 시민이 되는 것이기 때문입니다. 일제강점기에 우리나라는 자국의 화폐를 사용할 수 없다는 것도 이를 방증합니다. 그러므로 제국의 화폐를 위조한다는 것은 지배체제에 대한 저항이자 경제체제에 대한 적극적인 거부입니다.

궁극적으로 화폐는 무엇일까요? 사카이야 다이치堺屋太一는 화폐가 추상화되었다는 말을 하였습니다. 화폐나 통화는 국가가 관리, 통제하면서 시장에 의해서 변동하는 추상적인 돈이 되었다는 뜻입니다. 환율도 당연히 국가권력이 통제합니다. 堺屋太一, 이윤정 옮김, 가치 혁명과 사회 시스템 개조론, 아이필드, 2004, 171-173 이것은 칼 마르크스K. Marx의 생각과 정확하게 일치합니다. 그는 "화폐는 가치 척도의 기능에서는 다만 상상적인 또는 관념적인 화폐로서만 역할"을 하는 동시에 "화폐는 모든 상품을 구매할 수 있는 사회적 힘과 사회적 부"김수행, 『자본론』의 현대적 해석, 서울대학교출판부, 2002, 51-52, 59의 상징임을 분명히 밝히고 있습니다.

따라서 화폐를 위조한다는 것 자체가 국가체제와 자본주의 경제체제의 전복입니다. 나의 시공간적 노동력과 너의 시공간적 노동력은 동일하게 적용되도록 하는 평등성이 화폐에 숨어 있습니다. 그런데 그것을 반대로 뒤집으면 개별적 인간의 능력에 따라서 화폐가치를 달리 할 수 있다는 이른바 능력주의집단, 경쟁적 인간을 양산하게 됩니다. 능력이 없으면 노동력에 따른 화폐가치를 적게 주거나 도태시키면 그만입니다. 자본가들은 이러한 노동자들을 길들이기가 훨씬 수월합니다.

필리핀의 시공간과 미국의 시공간, 그리고 우리나라의 시공간이 물리적으로는 다릅니다. 시공간 우선주의에서 보면 인간의 보편적 노동가치의 시공간은 달리 산정될 수밖에 없습니다. 그러나 세계시민주의 입장에서 인간의 보편성을 생각한다면 세계의 시공간은 동일합니다. 인간의 자유와 평등, 그리고 보편적 인간이라는 잣대로 노동을 보고 노동력과 노동력이 발생하는 시공간을 바라봐야 불평등이 해소될 수 있다. 인간은 정량적, 계량적 존재가 아니기 때문입니다. 역사에서 시공간을 중요하게 다루면서 화폐라는 매체 역시 역사적 관점에서 바라봐야 하는 이유가 여기에 있습니다. 역사적 시공간은 유럽은 우월하고 동남아시아나 아프리카는 열등한 것이 아닙니다. 유럽이나 미국중심주의의 시각에서 역사를 바라보면 다른 나라들의 역사는 형편이 없고 전혀 진보하지 않은 것처럼 평가될 것입니다.

화폐가치는 모든 나라, 모든 개별적 인간에게 동등해야 합니다. 먼저 그 화폐가치와 화폐권력을 위해서 조선을 침략한 일본은 자신의 시공간적 우월성에서 비롯되었습니다. 따라서 단재의 위체위조사건을 위법이나 혹은 비도덕적, 비윤리적이라고 해석한다면 역사학적으로 대단한 오류를 범하고 맙니다. 화폐는 자유이고 민중의 최소한의 가치로서 인간적인 동일성에 입각하여 그 동일성에 부합하는 동등한 대우를 받을 수 있는 매체이기 때문입니다. 게다가 단재는 사유재산제도의 철폐를 강력하게 주장하였고 모든 재화의 공유재를 실시하여 착취가 없는 사회를 건설하려는 목표를 가지고 있었던 아나키스트였습니다.이호룡,

한국의 아나키즘. 인물편, 지식산업사, 2020, 55 따라서 단재는 크게 보면 여기에 기반한 위체위조사건을 일으켰다고 평가해야 합니다.

6. 나오는 말: 단재 신채호의 아나키즘 이후를 생각하며

"신채호는 무정부주의에 입각하여 '민중직접혁명론'을 주장한 조선혁명선언을 집필하였다. 그는 여기에서 이족통치, 특권계급, 경제약탈적 제도, 사회적 불평균, 노예적 문화사상을 파괴하고 고유한 조선의, 자유로운 조선민중의, 민중적 경제의, 민중적 사회의, 민중적 문화의 조선을 건설할 것을 주장하였다. 여기서 가장 주목할 것은 그의 역사의 주체로서의 '민중'에 대한 새로운 인식이다. 이 시기 신채호의 '민족' 주체의 민족주의 사상은 '민족' 내부의 '민중' 주체로 한 단계 더 발전하였던 것이다"박찬승, "제2장 신채호", 조동걸·한영우·박찬승 엮음, 한국의 역사가와 역사학下, 창작과비평사, 1994, 85

필자는 이러한 단재에 대한 역사적 평가에 대해서 전적으로 동의합니다. 특히 "'민족' 내부의 '민중' 주체"라는 말은 단재의 역사학을 이해하는 데 중요한 핵심어라고 봅니다. 민족보다 우선하는 존재인 민중을 주체로 인식했다는 것은 바로 자유로운 주체로서의 민중과도 일맥상통하기 때문입니다. 단재는 민중직접혁명을 전개하여 어떤 '정부'를 조직하려고 했던 것이 아닙니다. 그는 일제의 압제에서 민중을 해방하는 것이 급선무였습니다. 언뜻 보면 민족주의자와 같은 면모가 보이지만 그는 민족해방을 통하여 궁극적으로 민중의 해방에 다다르는 아나키스트였다는 것을 알아야 합니다. 다시 말해서는 그는 민족주의자가 아니라 아나키스트였다는 사실입니다. 이호룡, 한국의 아나키즘. 인물편, 지식산업사, 2020, 50-51 단재 신채호는 "시간 속에 있는 시간 밖"Muriel Barbery에서 살았던 역사가입니다. 『고슴 도치의 우아함』이라는 소설로 유명한 작가 뮈리엘 바르베리Muriel Barbery의 말입 니다. 그녀의 언어유희처럼 그는 역사가 만든 아나키스트이자 아나키스트적 역 사가입니다.

향후 단재를 통해서 우리는 시공간에 대한 인식을 어떻게 할 것인가에 대한 새로운 과제를 부여받았습니다. 나아가 그 시공간의 주체를 누구로 할 것인가를 명료화 해야 하는 작업이 남아 있다고 봅니다. 단재는 추상적인 국가, 추상적인 화폐, 추상적인 주체를 해체하고 민중 주체가 현실이 되기 위한 역사적 행동을 단행했습니다. 그 행동방식은 처음부터 끝까지 글, 말, 정신이었습니다. 글도 말 도 정신도 모두 행동이었고 그 행동의 저변에는 아我와 비아非我의 투쟁의 정신사 로서의 역사적 주체의 구현에 있다고 해도 과언은 아닐 것입니다.

우리는 비아국가, 체제, 제도, 자본, 지주가 아가 아니라는 것을 분명하게 인식해야 합니다. 그런 의미에서 단재의 역사학은 다른 말로 '역사인식론', '역사적 자아인 식론'이라고 해야 할 것입니다. 인식만 있고 행동을 할 수 없으며 또한 자기 자신 이 어떻게 존재해야 하는가에 대한 실존적 이해가 없다면 역사적 운동은 무의미 합니다. 역사적 인식과 역사적 존재는 같이 가야 합니다. 단재는 그것을 통합하 고자 하는 시도를 자신의 '글'언어이라는 매체를 통해서 역사화했습니다. 말이라 는 매체를 통해서 민중과 일치를 꾀하려고 하고 역사적 운동의 원동력을 제공했 습니다. 아가 아닌 비아를 거부하고 저항하면서 민중의 주체적 정신으로 완전한 해방과 독립을 구현하고자 했습니다.

이 시대의 인간으로서의 완전한 해방과 독립은 시공간의 구속, 억압, 통제, 관리, 색출, 강제 등을 통하여 더욱 요원하게 만듭니다. 단재가 말한 비아적 존재로 규정짓고 아예 아가 없는 것처럼, 인식하게 만드는 현대적 삶을 보게 됩니다. 우리의 물음은 과연 아가 존재하는가? 덧씌워지지 않은 그 아를 인식할 수 있는가? 아를 인식하기를 원하는가? 라는 점철된 생각들이 생겨나야 합니다. 시공간의 투쟁은 그래서 더 중요합니다. 아의 시간은 없고 비아의 시간만 난무합니다. 아의 공간은 빼앗기고 비아의 공간을 부여받습니다. 어느 때도 아는 없고, 어디에도 아는 존재할 수 없습니다.

역사는 이제 단선이 아닙니다. 다양한 역사적 시공간이 동시적으로 존재하는 시대가 되었습니다. 어느 한 역사가 절대적일 수 없습니다. 개별적 인간의 숫자만큼 역사가 있는지도 모릅니다. 그럼에도 가장 중요한 것은 아와 비아의 변증법적 투쟁의 정신가가 가능한가의 물음은 여전히 숙제입니다.

정현종은 "우리의 삶은 감각, 상상, 의식을 통틀어 느낌의 세계이다"라고 말하면서 느낀 것이 세계이자 작가가 느낀 대로 그 세계가 존재한다고 주장합니다. 정현종, "심미적 비전과 더 나은 삶", 인문과학, 제72집, 1994. 12., 5 인간은 시공간의 형식과 유한성에서 벗어나지 못합니다. 아무리 형식이라고는 하나 때에 따라서는 시간과 공간이 절대적인 것처럼 느껴지는 경우가 많이 있습니다. 그 세계에 살고 있는 인간은 여러 감각적인 경험과 의식적인 체험들을 하게 됩니다. 결국 그와 같은 주관적인 체험과 객관적인 경험들이 역사가 되는 것인데, 그 세계가 자유가 되기도 하고 속박이 되기도 합니다. 단재를 살펴보면 조선 말기의 역사는 자신의 세계에 대한 감각과 의식은 부자유였음을 알 수가 있습니다. 오늘날로 치면 나라라는 추상적인 공동체적 정체성을 지닌 개별적 인간의 삶의 질이 형편없었다는 것입니다.

그와 같은 감각적, 의식적, 상상적 세계를 담고 있는 언로를 여는 신문매체나 문학을 표현하는 작품은 사물이나 상품수단이 아닙니다. 사용대상이나 실용적 대상도 아닙니다. 이는 뮈리엘 바르베리M. Barbery가 말한 '예술이란 욕망이 배제된 감동'이라는 말과 다르지 않습니다. 예술작품은 민중이 꿈을 꾸는 미적대상입니다. 단재는 자신의 문학작품과 언론매체를 통해서 민중과 소통하면서 새로운 삶의 질을 함께 꿈꾸었습니다. 민중들이 삶의 질에 대해 관심을 기울인지 오래 되었습니다. 시간이 지날수록 그 삶의 질이 나아질 기미가 보이지 않습니다. 삶의 질은 고사하고 '물신숭배, 자연파괴, 생명위기와 경시, 도시문명심화, 물량주의, 정신표피화, 정신과 삶의 천박화, 거대조직으로 인한 인간부품화, 자기 소외, 자본주의로 인한 불평등과 계급갈등, 정서적 황폐화, 폭력과 혐오, 조급증, 배타성과 배제, 인종차별 등'의 징후들은 개별 인간의 절대 자유가 더 억압당하는 구조를 낳고 있습니다. 정신적, 정서적 황폐화의 치유의 길은 미적 차원에 눈뜨는 길밖에 없습니다. 삶을 궁핍하게 하는 세상에서 미적 감수성이 절실해집니다. 그럼으로써 역사가와 관찰자, 독자와 해석자는 모두 역사적 상상력, 생명의 상상력, 자유로운 감수성을 통해 새로운 역사적 일탈이 발생해야 합니다. 죽임과 가름, 억압, 지배, 통제, 관리, 감시, 강제에 맞서서 살림, 평화, 평등, 자유가 우리의 심미적 비전으로만이 아니라 현실이 되는 역사를 만들어 가야 합니다.정현종, 위의 글, 3-5

우리가 살고 있는 시공간에 대한 재편성과 인문사회과학적 성찰이 절실하게 요구되고 있는 것입니다.정현종, 위의 글, 2-4 하지만 사람들은 권력이나 거대한 조직에 기대어 안일하고 편리한 삶만 꿈꾸는 것 같습니다. 일신주의나 보신주의만 안연합니다. 세계의 시공간의 재편성은 민중에 힘에 의해서 이루어질 수 있다는 단재의 역사적 신념이 무색할 뿐입니다.

원로 사회학자 한완상은 오래 전 이렇게 한탄했습니다. "조직의 합리성rationality 또는 rationalization은 역설적으로 인간의 이성reason을 감퇴시킨다. 이렇게 볼 때, 비판적 이성을 생명으로 여기는 지식인들은 줄어지게 마련이다. 그러나, 조직의 합리성을 숭배하는 관료적 지식기사는 늘게 마련이다. 결국 현대 산업사회에서는 창조적 지식인들은 따돌림을 당하지만 기술적 지식인은 높임을 받는다. 이것은 심각한 현대의 역설이요 비극이다"한완상, 민중과 지식인, 정우사, 1998, 48 조직, 체제, 제도, 집단 등에 빌붙어 그것이 잘못되어도 단지 이데올로기와 합리성만 양산하는 지식인, 거기에 무사유無思惟로 행동하는 민중이 된다면 희망은 없습니다. 굳이 사람[人]으로서의 격格도 필요 없을 것입니다.

19세기 독일의 실증주의 사학자 랑케Leopold von Ranke는 "한 나라의 흥망성쇠를 결정하는 것은 군사력도 아니요, 경제력도 아니요, 국토의 크기도 아니다. 그것은 도덕적 에너지moral energy"라고 말했습니다. 도덕적 에너지를 달리 말하면 민중이 지닌 내면적 힘, 곧 아레테arete입니다. 스토아 철학자들이 본 것처럼 이성을 따라 사는 삶, 자연과 조화를 이루는 삶은 선善입니다. 단재는 민중의 좋은 삶을 만들기 위해서, 민중이 좋은 삶을 살기 위해서 절대 자유가 무엇인지 직접 살아낸 사람입니다. 주체적인 민중의 힘과 역사의 길[道, 진리]을 성취하기 위해, 역사의 난관을 헤쳐 나가기 위해 아나키즘의 노정과 종점, 목적과 이상, 방편과 목적의 일치를 꾀한 훌륭한 인물입니다.안병욱, 인간은 무엇을 위해 사는가, 자유문학사, 2001, 7-18, 191-197 이제 우리가 그 역사적 길을 따라 새로운 역사의 길을 내기 위해 뚜벅뚜벅 걸어가야 할 것입니다.

윤평중은 민족주의가 근대적 소산으로서 인정정치의 발현이라고 말합니다. 그는 '모든 이의 평등과 자유를 보장하는 민주주의는 통합의 논리이기도 하지만 동시에 배제의 논리도 작동한다는 것이 근대 민주주의의 구조적 역설이기도 합니다. 왜냐하면 민주주의의 체제 내에서 인민과 비인민, 국민과 비국민이 현실적으로 나누어질 수밖에 없기 때문입니다. 여기서 인민과 비인민 또는 국민과 비국민으로서 규정된 인정의 정치학의 논리에 입각해 자기 몫을 요구할 수밖에 없는 것입니다. 어떤 문화, 인종, 이념, 종교 공동체가 자기 정체성을 확인받고 존중받겠다는 정체성의 정치, 인정의 정치가 근대성의 도전과 겹치면서 다중多重 근대성의 행로를 만든 것이 근현대 세계사의 궤적이라고 봅니다'윤평중, 앞의 책, 303–304

그런 의미에서 단재의 역사와 그가 생각한 아나키즘의 행보는 끊임없는 인정투쟁의 과정입니다. 아我와 비아非我, 비아가 아가 되기 위한, 아가 비아가 되지 않기 위한 투쟁이 역사이고 민중이 민중으로서의 절대 자유를 인정받기 위한 공간과 시간의 점철입니다. 물론 절대 자유를 누구에게 인정받아야 하는 것은 아닙니다. 지금 민주주의는 진정한 민주주의가 아닙니다. 민주주의는 민중의 자유를 외면합니다. 배타적으로 민중을 민중정치의 주체가 되지 못하도록 민중과 민중을 싸우도록 유도합니다. 이제는 민중이 다양한 목소리를 내서 민중의 절대 자유를 쟁취해야 합니다. 목소리의 감성정치는 역사의 깨우침이요 의식의 흐름을 바꾸는 힘입니다.

이제 우리가 할 일은 무엇일까요? 단재처럼 자유, 개조, 혁명을 위해서 민중직접혁명을 해야 할까요? 코로나 이후로 민족주의나 국가주의, 심지어 전체주의도 득세를 하고 있습니다. 이 때에 아나키스트로서의 절대 자유를 추구하며 살아가는 것조차 어려워 보입니다. 공동체의 안녕과 국가의 안전을 빌미 삼아서 개별자의 생존권을 억압하고 자유로운 사고는 물론 행동반경까지 위협을 받고 있는 것은 제도, 체제, 이념 등에 의한 것입니다. 인간의 해방과 독립은 여전히 미완으로 남아 있다는 것은 이런 상황 때문일 것입니다.

민중을 위한 정치와 경제는 없습니다. 민중은 죽어가도 정치적 소수 엘리트와 경제적 기득권자들은 자신들의 알량한 이득을 위해서는 개별 민중의 자유쯤은 쉽게 짓밟고 무시를 해도 상관없습니다. 그들에게는 거대한 체제가 우선이고 그 조직과 이념에 사로잡힌 노예적 절대 충성이 더 중요합니다. 이 때 민중의 의식이 깨어야 합니다. 절대 자유를 향한 직접적 행동을 위한 개별적인 느슨한 연대와 국제적 연대도 필요합니다. 더 늦기 전에 더 노예가 되어 의식과 이성, 그리고 행동도 통제, 관리, 감시, 지배되기 전에 연대를 통한 절대 자유를 쟁취해야 합니다. 반강권, 반권위주의, 절대 자유를 위한 민중의 주체적인 정신과 행동을 보여주어야 합니다. 그것만이 민중이 민중으로서의 역사와 그 지속, 그리고 공간과 시간을 온전히 점유할 수 있을 것입니다.

우리의 인생은 '내 몸에 꼭 맞는 배를 타고 원하던 삶의 항구에 도착하기를 바라는 것이 아닐까요? 그러기 위해서는 일상의 아나키즘, 일상을 살아가는 아나키스트들이 자신의 일상에서 아나키즘의 절대 자유, 반권력, 반지배, 반통제를 벗어나려는 일상의 혁명과 변혁들이 지금 우리 시대에 필요합니다. 시몬 베이유Simone Weil처럼 자기가 진리라고 생각하는 것을 철저하게 살아내기 위해서 어떠한 걸림돌부터도 자유로운 삶을 향유하는 것, 그리고 국가나 제도, 체제, 종교와 같은 공동체의 기호나 규율이 아닌 자기가 살고 싶은 삶을 자유롭게 살아가는 것, 그것이 일상의 아나키즘이라고 할 것입니다.한상봉, "진정한 아나키스트는 무엇으로 사는가", 공동선, 2010. 9/10, 154호, 104-109

하지만 자유와 공평을 짓밟는 지배자들에게 나의 권력과 권리를 양도, 위탁함으로써 그들이 너무 많은 강제력을 행사하는 명령권자들이 되어버렸습니다. 그렇다면 민중은 자신의 일상에서 자유로운 삶을 살기 위한 장치나 연대 방식을 찾아야 합니다. 깊은 통찰력을 갖게 하는 공부, 소소한 자유에 대한 사색, 자연과 사물에 대한 따뜻한 관심, 사람과의 수평적 관계에서 이루어지는 온화한 언행, 생을 전체로서 볼 수 있는 관조의 철학. 이러한 인간의 자연스러운 삶의 과

정들 속에 우리가 일구어야 할 절대 자유가 뿌리를 내리지 않으면 삶은 생생하게

존재할 수 없다는 것을 명심해야 합니다.

아나키스트 예수와 제자의 삶

박광수 박사 • 빛과소금교회 목사

1. 들어가면서.

요즘 나라꼴을 보면, 참으로 가관이라는 생각이 든다. 우리나라는 보수와 진보라는 커다란 축으로 양분되어 있다. 그동안 오랫동안 집권하여, 권력을 유지해 왔던 보수가 무너지는 데는 촛불혁명이라는 광화문 촛불집회가 큰 공헌을 한 것 같다. 진보정권에서는 대통령을 탄핵하고, 권좌에서 끌어내렸고, 새로운 정권을 장악하게 되었다. 그때 우리나라 여론의 집결지라고 할 수 있는 광화문에서는 촛불을 들고 나와서, 대통령의 하야를 외치는 민중들의 함성이 울려 퍼졌다. 또 광화문에서는 태극기를 들고 나와서 하야를 반대하는 민중들의 외침이 또한 대립의 각을 이루게 되었다. 나라가 남북 분단의 아픔을 잊기라도 했듯이, 광화문에서는 촛불과 태극기의 대립이 새로운 분열과 분단을 예고하고 있는 듯했다. 광화문에 그어진 보이지 않는 사상의 삼팔선은 3년 세월을 뛰어넘어, 더욱더 강렬한 몸부림이 계속되고 있다. 진보는 진보대로, 보수는 보수대로, 자기들의 주장이 옳다며 서로를 미워하고 헐뜯으며, 손을 잡을 수 없는 치열한 전쟁이 계속되고 있는 시점이다.

그동안 오랫동안 권력이라는 놈을 맛보았던 그 단꿈이 그리움이 되어서 다시금, 잃어버린 권좌를 되찾기 위한 몸부림을 치기는 하는데, 온갖 가짜뉴스와 치졸한 전략들이 오히려 무리수를 두고 있다. 진보는 빨갱이이며, 진보좌파는 우리나라를 통째로 김정은에게 바치려 한다는 강령을 내세우며, 증오에 증오의 불을 지피고 있다. 매우 수준 낮은 전략이 오히려 피로감을 느끼게 하고, 지치게 만든다.

또한, 오랜만에 맛보는 정권을 잡은 진보정당은 거대 여당이 되어, 향후 20년 이상은 집권을 해야 한다는 주장을 펼치고도 있는 모양새가 웃음이 나기도 한다. 필자가 보기에는 그놈이 그놈이다. 진보가 보수를 누르고, 정권을 잡았다면, 정책이나 모든 면에 있어서, 민중들의 속을 시원하게 해야 할 텐데…. 진보정권은 물 만난 고기처럼 살아있는 권력의 맛을 마냥 좋아하며, 칼을 휘두르고 있다.

원숙미가 너무나도 떨어지고, 백성들의 신음이 곳곳에서 들려온다. 부동산 정책에 실패하여, 몇 번이나 정책을 거듭 바꾸어도, 안정과는 거리가 멀어져 가고 있고, 정책실패에 대한 책임을 면하기 위해, 급기야 세금을 엄청나게 올려, 그동안 피땀 흘려 샀던 재산들을 처분하지 않으면 안 되는 나라가 된 것이다. 조금 여유가 있어, 집을 두 채 가지고 있으면, 죄인 중의 중죄인이 되어서, 강압 때문에 팔 수 밖에 없는 나라가 된 것이다. 정권은 이제 눈에 보이는 것이 없는 모양새다. 코로나 사태로 인하여, 의료진에 대한 필요를 느끼게 되자, 향후 10년 이후를 위하여, 공공의료진을 세우기 위해, 공공 의료대학들을 세우겠다는 전략을 성급하게 발표했다.

이 정책은 현대판 음서제도가 되어, 지자체장들의 추천으로 의대에 입학할 수 있다는 등의 정책이 의료인들의 분노를 샀다. 당사자들과는 아무런 공감대나 협의도 없이 정책을 세워 입법화하겠다는 막무가내 발상에 의료진들은 코로나 현장에서 파업의 길을 걷게 했다.

이에 대해 의료현장에 복귀하지 않는 의료진들에게 행정명령으로 고발조치하고, 면허를 취소할 수 있다는 강수를 두었다. 그러나 아무도 그 말을 두려워하지 않았다. 국민을 겁박하고, 행정명령만 내리면, 두려움에 싸여 복종할 것이라는 착각이 더 큰 문제를 일으키고 있다. 최근 개인 사업을 하는 지인을 통해서, 현 정권의 〈아니면 말고〉 정책으로 인한 피해에 대해서 토로하는 이야기를 들었다. 최저 임금제를 정책으로 올려놓아, 취업하려는 자도 고용하려는 자도, 큰 피해를 보고 있으며, 천정부지로 오르는 세금 때문에 못 해 먹겠다는 한탄이 골자였다.

필자는 생각하기에 차라리 아나키즘이 낫겠다는 생각이 든다. 사람이 살아가는 세상은 국가도 필요하고, 정책도 필요하지만, 그 국가가 하는 일이 사람이 살 수 없도록 만드는 족쇄라면 차라리 모두가 아나키스트가 되어, 그 국가의 권력을 거부하는 편이 낫겠다는 생각이 든다. 진보가 권력을 잡아도, 보수가 권력을 잡아도, 그놈이 그놈인 세상, 참으로 한심스러운 생각이 든다. 이런 의미에서 본다면, 진정한 아나키스트였던 한 분에 대해서 생각해 보게 된다.

2. 아나키스트였던 예수

예수는 CE 3년경에 팔레스타인 지방 베들레헴에서 태어났다. 그는 30세가 되어 공생애를 시작하며, 제자들을 모아 유대 사회는 물론 로마제국의 핵심 가치도 무시한 특별한 공동체를 결성했다. 그들은 가난을 추구했고, 평등주의 적인 삶을 살았으며, 한곳에 정착하지 않고, 항상 떠돌아다니며, 현실 국가를 부정하고 이상 국가나 신의 나라에 대해 설교하기도 했다.

2.1. 권력을 거부했던 예수

예수는 권력을 획득하는 것을 거부했던 것을 신약성서에서 발견할 수 있다.

요 6:15을 보면, "그러므로 예수께서 그들이 와서 자기를 억지로 붙들어 임금으로 삼으려는 줄 아시고 다시 혼자 산으로 떠나가시느라"라고 기록하고 있다.

이 사건은 예수께 메시지를 듣기 위해 모여든 군중들과 시간을 보냈으나, 날이 저물어 기진할까 하여, 오병이어의 기적을 베풀었다. 하늘을 우러러 축사하시고, 물고기 두 마리와 보리 떡 다섯 개로 아이와 여자를 뺀 오천 명, 즉 약 이만 명 정도의 군중을 먹이는 놀라운 기적을 베풀었다. 이 사건에 흥분한 사람들은 예수의 제자들이었고, 기적을 맛본 군중들이었다. 군중들은 예수를 잡아 억지로 붙들어 임금으로 삼으려는 의도를 간파하고, 혼자 산으로 떠나가셨다고 기록한다.

다른 성경 마태복음을 보면, 예수께서는 기적 후에, 제자들을 먼저 바다 건너편으로 가도록 황급히 지시하고, 예수는 사람들을 돌려보낸 후, 홀로 산에 가셔서 기도했다고 기록하고 있다. 예수를 따르는 열두 제자들이 예수를 따라 제자가 된 이유는 무엇일까? 예수를 따르면, 유대를 식민통치하던 로마를 정복하고, 혁명으로 나라를 세우리라 기대했던 메시아사상 때문이었다고 볼 수 있다. 예수가 메시아로서 독립국 유대를 세우고 집권했을 때, 그들이 얻게 될 유익을 기대한 제자들은 3년을 따라 다니며, 이제나저제나 그날을 기다리고 있었을 것이다.

그러나 예수는 분명히 자신이 세울 나라는 세상에 속한 것이 아니라, 하나님의 나라라는 분명한 의식 하고 있었다. 그는 이 세상의 권력을 탐하지도 않았고, 이 세상의 권세 자들에 복종하거나 순종하지도 않았다. 오히려 예수를 잡아 임금 삼으려는 무리들을 피하여, 권력을 거부하던 예수의 모습을 보게 된다.

2.2. 세 가지 시험을 통한 마귀의 제안을 거부한 예수

누가복음 4장에는 예수가 광야에서 마귀에게 시험받는 장면이 나온다. 마귀의 시험은 첫째, 돌을 떡 만들어 먹으라. 둘째, 성전 꼭대기에서 뛰어내리라. 셋째, 마귀에게 절하면, 천하만국의 모든 권세를 주겠다는 제안을 했다. 예수는 그 마귀의 시험에 대하여, 성경에 기록된 말씀으로 마귀를 제압했고, 오직 하나님만을 섬기라는 요지의 대답으로 마귀를 이겼다. 여기서, 마귀의 제안은 자신의 제시에 응하면, 세상을 지배할 권세를 주겠다는 것이었다. 그러나 이 마귀의 제안은 예수에게는 쓸모가 없는 제안이었다. 예수의 의식에는 세상의 권세를 취하는 그것이 유혹되지 못했다. 예수는 세상에 속한 권세와 권력에 대해 거부했다.

2.3. 예수의 권세관

예수가 예루살렘으로 가는 길에 "제자들에게 말하기를 이방인의 집권자들이 그들을 임의로 주관하고 그 고관들이 그들에게 권세를 부리는 줄을 너희가 알거니와 너희 중에는 그렇지 않아야 하나니, 너희 중에 누구든지 크고자 하는 자는 너희를 섬기는 자가 되고, 너희 중에 으뜸이 되고자 하는 자는 너희의 종이 되어야 하리라"고 말했다. 이는 산상수훈에서도 볼 수 있는 폭력의 부정, 즉 비폭력주의를 보여주는 것이기도 하지만, 권력과 국가 자체를 부정적으로 보았음을 보여준다. 즉, 예수는 부패 권력에 저항하기를 권하지 않고, 어떤 권력도, 권위도, 계급도 없는 새로운 사회를 세우라고 권했다.

2.4. 가이사의 것은 가이사에게

당시에 예수에게 있어서, 많은 적이 있었다. 바리새인, 사두개인 및 종교지도자들이었다. 예수를 책잡기 위해, 찾아와 시험하는데, 세금 문제를 거론했다. 그들은 예수에게 로마 황제에게 세금을 내는 것이 옳은지, 옳지 않은지를 묻는다. 예수는 그들의 의도를 알아채고, 로마 동전을 가져오게 했다. 그 동전에 새겨진 초상과 글이 누구의 것이냐고 반문한다. 로마 동전은 그 당시 황제의 얼굴이 새겨져 있고, 그 동전은 황제의 소유물로 여겨졌다. 즉, 당시 로마의 동전은 단순한 표지나 장식이 아니라 소유권자 자체를 표시한 것이었다. 따라서 예수가 그 동전을 황제에게 바치라고 한 것은 소유권자인 황제에게 돌려주라고 한 것이다. 그러면서, 예수는 가이사의 것은 가이사에게, 하나님의 것은 하나님에게 바치라는 말로 대답을 마무리한다. 예수는 황제의 것은 황제에게, 하나님의 것은 하나님에게라는 말을 통해, 돈으로 상징되는 황제의 권력과 신을 대립시키고 있다. 예수에게 돈은 인간의 죄와 죽음을 낳는 욕망 자체이고, 순종을 요구하는 권력 자체이다. 그러나 이는 예수가 돈이 아닌 다른 것까지 황제에게 속한 것은 아니라고 보았음을 의미하기도 한다. 즉, 황제는 동전 외에 다른 것에 대해서는 어떤 권리도 없다는 것이다. 가령 인간의 생명, 즉, 삶과 죽음에 대해 황제에게는 어떤 권한도 있을 수 없다는 것이다.

이는 신이 인간에게 주신 것이기 때문에, 신의 것이다. 따라서 사람들을 전쟁에 몰아넣는 어떤 권한도 있을 수 없다. 도시를 황폐하게 하고 파괴할 어떤 권한도 없다. 황제의 것은 돈밖에 없다. 예수는 그 돈을 타락한 것으로 보고, 신에 대립시킨다. 예수는 황제의 권력조차도 두려워하기보다는 무시했던 위대한 선생이었다.

2.5. 예수의 재판과 침묵

예수는 빌라도의 재판을 기꺼이 받고자 했다. 그러나 예수는 그 재판 절차에 결코 복종한 것이 아니라 철저히 침묵했다. 그 침묵이야말로 모든 권력을 부정하고 조롱하는 것이었다. 재판하게 되면 심문을 하고, 그 혐의에 대한 변론의 기회가 주어지는 것이 일반적이다. 그러나 예수는 자신을 위한 어떤 변론도 하지 않았다. 마태복음을 보면, 사람들이 예수를 사형에 처하기 이한 증거를 찾으려 했지만, 실질적인 증거를 찾지 못하다가, 마지막으로 단지 두 사람이 예수가 성전을 파괴하려 했다고 말한다. 이에 대해 예수가 침묵하자 제사장이 대답을 종용했지만, 예수는 여전히 침묵했다. 예수는 헤롯왕이나 빌라도 왕 앞에서도 침묵했다. 이와 같은 예수의 침묵은 무엇을 뜻하는가? 그것이 국가 권력을 인정한 사람의 태도라고 볼 수 있을까? 도리어 종교적 및 정치적 권위를 부정하는 태도가 아니겠는가? 그런 권위를 결코 정당하다고 여기지 않았고, 그것으로부터 자신을 보호하는 것이 쓸모없는 짓이라고 생각한 탓이 아니었을까?

또한, 예수는 재판장의 권위에 도전한다. 빌라도에게 불려갔을 때 빌라도는 예수에게 말한다. "나에게 말하지 않을 셈이냐? 내게는 너를 놓아줄 권한도 있고, 십자가에 못 박을 권한도 있다는 것을 모르느냐?" 이에 대해 예수는 "위에서 주지 않았다면 나를 해할 권한이 너에게 없었을 것이다. 그러므로 나를 너에게 넘겨준 자의 죄는 더 크다"요19:10~11라고 대답한다.

이상과 같이 성경의 몇 가지 이야기를 통해, 발견한 "예수의 모습은 아나키스트"라고 할 수 있을 것이다.

3. 아나키스트 예수를 따르는 제자들의 삶

예수의 가르침은 3년간의 공생애를 통해, 제자들에게 충격적이고 놀라운 사건이 되어 일생을 완전히 바꾸어 버렸다. 이 땅에 남겨진 제자들은 예수의 가르침대로 살기 위해, 온갖 헌신과 수고를 다 했고, 마침내 대부분 제자는 스승인 예수의 죽음과 비슷하게 순교하여 모두 죽게 되었다. 그리고 초대교회의 역사는 기록으로 남겨져, 성경이 되었고, 그 가르침은 계속 전파되었다. 그러나 아나키스트였던 예수의 가르침도, 점점 더 퍼지며 권력화가 많이 되었다. CE 313년 콘스탄틴 대제의 밀라노칙령에 따라, 기독교가 공인 되면서, 고통과 굶주림, 핍박을 견디던 기독교는 거대 권력이 되어 세상에 드러나게 되었으니, 예수의 가르침도 변질하기 시작했다.

그러나 분명한 것은 예수의 가르침이 시기와 때를 거듭하면 할수록, 그의 가르침과 정신은 분명히 살아있는데, 중요한 것은 그 가르침과 정신을 가슴속에 새기고 가르침대로 살아간다는 것은 매우 어려운 일이 되어 가고 있는 것 같다.

초대교회 시대에 예수의 가르침은 찬란한 빛과 같이 되어, 핍박과 수난을 이기고 밝게 빛나는 것이었지만, 이제는 점점 더 빛을 잃어 가고 있는 것은 분명하다. 너희는 세상의 빛이요, 소금이라 했고, 소금이 맛을 잃으면, 길가에 버리어져 지나가는 사람들에게 밟힐 뿐이라 하였다. 오늘의 기독교가 맛을 잃고, 버리어져 지나가는 사람들에게 밟혀가고 있다.

최근 코로나 19사태로 인해, 마스크를 잘 쓰고, 다른 사람에게 손해를 끼치지 않는 삶이 가장 이상적인 삶이다. 다른 사람에게 손해를 끼치지 않는 그리스도인! 그런데, 요즘 세상을 걱정시키는 그리스도인들이 많아지고 있는 것 같다.

우리나라 건국과 더불어 반공을 매우 중요한 덕목으로 쳤던 시기가 있었다. 더불어 대부분 교회에 반공정신이 역사적으로 녹아들었던 것도 사실이다. 요즘 유난히도 진보와 보수가 대립하고 있는 시기이다. 교회에 많은 극우적 성향이 있는 사람들이 눈에 띈다. 얼마 전 광화문 집회에 기독교인들이 많이 모여들었다. 진보정권을 타도하자는 주장을 기치로 광화문에 모여들어, 코로나 확산사태가 벌어지기도 했다.

지금은 빛과 소금의 사명을 감당하려고 노력하는 것은 고사하고, 코로나 위기를 함께 극복하기 위해, 서로에게 피해를 주지 않는 그리스도인이 되어야 하지 않겠는가? 아나키스트였던 예수의 가르침과는 거리가 먼 세상을 걱정시키는 그리스도인이 되어서는 안 되지 않겠는가? 세상의 권력을 멀리하고, 거룩한 사랑의 나라를 위해 설파했던 아나키스트 예수의 가르침이 지금도 가슴에 쟁쟁하게 들려오는 듯하다.

전복을 목적으로 하지 않는 반란

-아나뱁티스트와 아나키즘

배용하 • 평화누림메노나이트교회 목사

1. 좋은 소식

다수의 사람은 여러 모순을 안고 있음에도 나름의 질서를 가지고 있는 현세상이 뒤집어 질까봐 두려워하지만, 아나키스트들은 그 날을 기다리고 있다. "목줄은 달라져도 개는 같다"는 문장을 지배체제에 적용하면 "형태목줄을 전자 혹은 목줄의 소재는 바뀌지만 민중을 핍박하는 것은 여전하다" 정도로 바꿔서 이해할 수 있다. 즉 나름의 진보를 거치면서 지배세력은 바뀌고 그 시스템도 상대적으로 합리적이 되어가는 발전을 밟는 것 같지만, 결국 억압받는 계층은 여전하다는 것이다. 실제 이 말은 지도자 무용론을 주장하는 '아나키'나 지배통치 무용론을 주장하는 '아나키스트'들 사이에서 회자되고 있다. 일반적인 아나키아나키즘 역사에서 통용되는 문장은 "신도 필요 없고 주인도 필요없다. No gods, no masters"이다. 그러나 현실에서는 신과 주인지도자에 대한 부분에서 역사 혹은 종교적 상황에 따라 조금씩 다른 형태로 나타났다.

나는 프로테스탄트 중에서 제자도, 공동체, 평화와 화해를 공통의 신앙고백으로 하는 아나뱁티스트 전통의 메노나이트 교회의 회원이다. 멤버십을 가지고 있다는 것은 의무와 권리에 대해 같은 고백을 한 형제자매들과 기꺼이 간섭을 주고 받겠다는 뜻이 담겨있다.

늦게 신학을 공부했지만 기존 교회의 부조리함과 그들이 빠져있는 매너리즘과 무기력함에 한계를 느끼던 중 알게 된 아나뱁티스트라는 분파의 신앙운동은 나로하여금 10여년 넘게 그들의 발자취를 살피게 했다. 그렇게 걷다보면 나의 상황에 맞는 필요와 세계관에 대해 아직 찾지 못한 퍼즐조각을 찾을 수 있을 것 같은 마음이 그 오랜 시간을 계속 걸을 수 있었던 원동력이었다. 교회와 성서에 더 가까워질수록 끊이지 않고 올라오는 본질과 현실의 괴리에서 생긴 수많은 질문에 대한 답에도 더 가까워질 수 있을 것 같았다. 그러나 이런 생각도 개인의 생각일뿐이었다. 공동체성과 평화교육이 배어있는 아나뱁티스트들의 몸에 익은 배려와 회의 진행 방식, 합의를 기다려주는 마음에 크게 감동한 것은 사실이다. 하지만, 메노나이트를 직접 보고자 수차례 방문했던 미국과 캐나다에서 만난 메노나이트들 전부가 내가 북미에 갔던 이유이기도 했던 평화와 제자도의 문제에 관심을 가졌던 것은 아니다. 국가기에 대한 맹세를 거부하고 애국가 부르기를 그친 지가 오래였는데 북미의 어떤 메노나이트는 성조기를 집앞에 걸기도 했었다. 물론 오래 교제했고 호스트했던 개인과 단체는 기독교평화주의와 화해, 공동체, 예수따름이라는 제자도에 있어서 내가 이전에 만난 적이 없는 전통의 딴세상 사람 그리스도인이었다. 한국에서 갈등하고 부대끼면서 비판했던 그런 애증의 대상이 아니었다. 교회도 목사도 교수도 말이다.

아나뱁티스트 운동을 공유하는 교단인 메노나이트의 한 회원으로서 글을 쓰고 있지만, 적어도 한국에 있는 메노나이트 멤버십을 공유하는 형제자매들 중에도 다른 관점을 가지고 있을 수 있다는 점을 염두에 두었다. 더 많이 고민했고 더 많은 정도를 접했고 더 많은 역할을 했다고 그 사람이나 단체가 논의를 독점할 수는 없다. 나의 관점은 철저하게 내 상황에서 내가 인식한 것이며 사실관계를 다툴 여지가 분명 있을 것이다. 15년 전 아나뱁티스트에서 시작하여 메노나이트로 오는 여정에서 만난 사람이나 단체들과의 관점의 차이가 그랬기 때문이다. 첨예하게 각을 세운 부분도 있고 같은 사고를 공유하고 있는 부분도 많았다. 하지만 다툴 여지가 있다고 해서 말하지 못한다면 그것은 좋은 방법은 아니다. 그게 누구이든 철저히 자유하고 그 자유함 가운데 몸의 일부가 된 "좋은 소식"을 나누는데 주저할 이유가 없기 때문이다. 아나키즘무강권주의는 분명 성서가 전하는 복음이라고 생각하기 때문이다. 아나키즘은 사회 전반에 작용하는 힘의 작용에 대해 성서가 안내하는 중요한 도전이다.

2. 아나키와 노아의 방주정부

아나뱁티스트인 버나드 엘러는 그의 책 *Christian Anarchy*그리스도인과 무정부상태에서 아나키즘의 어원을 이렇게 설명한다. Anarchy의 접두사 an은 'not'이다. 많은 사람들이 그러려니 하고 이해하는 'anti'가 아니다. 정부를 반대하여 대항하는 것이 아니라 '정부가 아니다없다'로 이해해야 정치적인 투쟁 혹은 혁명과 어떤 거리를 두고 있는지 구분할 수 있다. '-archy'는 '우선 순위'를 뜻하는 그리스어로 영어로는 'primacy", "primordial", "principal", "prince"로 사용된다. 즉 우선 순위, 지도자를 뜻한다. anarchism이 지배권위가 없는 상태를 말한다면, 아나키는 지도자가 없는 상태에 쓰인다. 실제로 영어의 접두사 'pri-'는 그리스어 'arky'에 해당하는 라틴어다.

아나키즘은 자신이 인정하지 않는 권력을 부정하는 의미에서 정부의 권력을 부정하는 것이지, 정부의 권력만을 부정하지는 않는다. 그런 점에서 아나키즘이 부정하는 권력은 정부뿐만 아니라 종교, 사회, 자본, 문화단체 등 강압적으로 개인의 자유를 침해하는 어떠한 권력에도 해당될 수 있다. 나무위키:아나키즘-정의

anarchy: 정부가 없음, 최고 권력이 없거나 비효율적인 데서 비롯한 무법 상태, 정치적 무질서

1. 무정부상태무법상태, 난세

2. 권위체제의 부재, 유토피아적 무정부상태

3. 무정부주의

- 옥스퍼드 영어사전

신약성서에서 'arky'는 '시작'으로 주로 쓰인다. 골로새서 1장 18절에서 예수를 '시작the beginning, 프라임the prime, THE ARKY'로 식별하고 있다. 바울은 에베소서에서 principality를 사용하는데 이는 한글 성경에 '정사'로 옮겼지만, 실제로는 '공국'공작이 다스리는 나라:룩셈부르크, 리히텐슈타인, 모나코, 안도라 공국 등이 그 예이다. 분명 바울은 그리스도인을 위협하는 정부가 가득한 세상에 살고 있으면서 우선순위가 되려고 서로 싸우는 사람들을 염두에 두고 한 말이다.

가장 처음 있었던 아키정부는 노아의 방주ark라고 볼 수 있다. 방주는 하나님의 통치 원리 아래 하나님이 다스리는 일종의 나라였다. 방주라는 정부는 처음부터 하나님이 설계하였다. 연구자들은 방주를 지었던 기간을 100~150년으로 잡고

있는데 아주 오랜 기간 하나님나라를 담을 즉 정부를 담을 그릇을 만든 것이다. 피조물을 포함한 사람들은 하나님의 허락하에 하나님이 준비케한 방주로 들어 갔다. 그렇게 만들어진 방주에는 하나님이 부른 생명들이 승선하였다. 비가 내리기 시작하고 방주의 문이 닫히면서 이제 세상과는 단절이 된다.

홍수 기간 방주는 어떻게 움직였나? 방주에는 노나 돛도 없고 심지어 닻도 없다. 바깥의 변화에 능동적으로 대응할만한 어떤 장치도 없다. 그저 방주 안에서 방주를 움직이는 기운이 있었을 것이라고 짐작할 뿐이다. 40주야 비가 내리는 동안 방주 안의 생활이 어떠했는지에 대한 정보는 알 수 없다. 노아가 어떻게 먹을 것을 나누고 부족한 것이 무엇이었을까? 맹수와 초식동물은 어떻게 같이 지냈을까? 또한 그 많은 동물들의 생명유지를 위해 어떤 질서가 있었는지 우리는 알 수 없다. 노아의 가족이 있었지만 그들의 능력으로 그 많은 생명을 유지하는 지도력을 발휘했을 것 같지는 않다. 그들은 사람의 정부로 따지면 무기력한 정부였다. 외부의 상황에 어떤 주도적 대처를 하거나 비전을 보여줄 단초가 없기 때문이다. 스스로 체제를 만들지 않았으며 바깥 상황을 주관하는 하나님의 뜻이 흐르는대로 몸을 맡기는 배정부다. 방주 안이 실제적인 인간의 지도자였던 노아가 만든 어떤 규칙으로 유지되는 것도 아니었다. 바깥에서 만들어지는 여건에 따라서 움직이는 정부였다. 오직 하나님만이 방주의 운명을 쥐고 있었다.

그후 방주가 인간이 살 수 있는 마른 땅에 멈추고 하나님의 보호 아래 있던 노아가 땅을 밟으면서 정부의 형태는 사람이 만든 체계를 갖추기 시작한다. 족장이 된 노아가 한 일들은 어떠했는가? 그 이후 다윗과 솔로몬의 방주정부는 어떠했는가? 정교일치의 시대에 예수님 이전에 사람들이 만든 정부들이 철저하게 하나님의 외면을 받았다는 것은 400년간 이스라엘을 향해서 어떤 말씀도 하지 않으신 하나님을 보면 알 수 있다. 이것이 하나님 아닌 인간 스스로의 욕망 때문에 원했던 정부를 구성한 인간의 반복되는 악순환이었다. 하나님의 정치와 인간의 정치는 끊임없이 갈등하며 소명과 부름과 요청, 심판과 단절과 진노로 하나님의 행동이 반복된다. 하나님의 자유이기도 한 인간의 자유는 세속 정부 앞에서 비굴해지며 결국 하나님 형상의 매우 중요한 요소인 자유는 왜곡된다. 이미 세속 정부에 마음을 빼앗긴 인간은 하나님이 창조 이래로 끊임없이 하나님의 일로 초대하는 초청장을 스스로 반납하게 되며 급기야는 열매없이 반복되는 세속 정부와 관련된 일을 신성시하기에 이른다. 이른바 기독교왕국크리스텐덤의 시기가 그러했고 그 시대의 영광을 다시 누리려는 지금의 여러 시도들도 같은 맥락이다. 이른바 국가종교와 국가교회가 그것이며 현대의 대부분의 국가는 더는 특정 종교에 속하지 않음에도 불구하고, 국가교회를 꿈꾸는 이들은 성시화를 외치며 짝사랑을 하고 있는 격이다.

신구약 중간기의 역사에서 마카비들은 혁명을 성공적으로 이끌었다. 그들은 뚜렷한 목표 아래 성전을 되찾았다. 세금, 노예, 이방문화 등의 상징인 셀레우코스에서 자유를 찾았다. 그러나 무력혁명을 멈출 수가 없었다. 혁명의 주체들은 한정된 권력을 두고 다투게 되었고 마침내 그들이 당했던 것처럼 이방인들에게 제국주의자가 되었다. 혁명 지도부는 부패하고 약탈했으며 내분은 끊이지 않았다. 결국 그들은 자신의 검을 공공의 적들과 손을 잡고 동지들에게 겨누게 되는 지경에까지 이르게 된다. 결국 힘으로 헬리니즘을 무너뜨렸으나 헬레니즘 문화는 유대교히브리즘를 전복시키게 된다. 역설적으로 이 마카비 혁명은 유대교의 정신을 지키기 위해 시작된 종교혁명이었다. 그러나 이들이 하나님의 성전을 앞세우고 싸웠던 이 시기, 400여년의 신구약 중간기는 하나님의 말씀을 전하는 어떤 예언자도 없었으며, 하나님이 계약관계였던 유대민족에게서 완전히 등을 돌렸던 시기였다.

로마의 식민지를 벗어나려는 열심당젤롯당도 일부 성공해서 예루살렘의 일부를 탈환하여 장악하기까지 했었다. 그러나 이들 지도자들의 내분이 일어났으며 로마 정부는 더 가혹한 복수로 예루살렘의 성전을 땅 위에서 영원히 불태워 사라지게 했다. 마사다의 마지막 항쟁은 끔찍한 집단 자살로 결말났다. 이런 결과에 대해서 영웅들의 서사시로 다뤄지지만, 유대인의 생존이 열심당의 무력투쟁 때문이었다고 말할 수만은 없다.

기독교 아나키즘은 현명한 지도력을 선택해야 한다. 이점에서 자끄 엘륄은 『혁명에서 반란으로』에서 전복을 목적으로 한 혁명이 아닌 쉼 없이 세속 정부를 자극하는 반란을 말한다. 혁명 3부작의 최종 결론은 결국 인간을 위한 혁명으로 귀결되지만, 기독교 아나키즘은 악한 정부에 대해서 어떤 기대도 할 수 없지만, 할 수 있는 어떤 것이든 개인이 감당해야 한다고 방법론을 제시한다.

예수는 "가이사의 것은 가이사에게"라고 외치면서 완벽한 아나키스트로 드러났다. 이 말은 가이사의 표기가 된 동전은 가이사의 재산의 표시이니 당연히 그것을 인정한 것이 아니라, 그것이 맘몬의 영역임을 가감없이 드러낸 것이다. 이는 일반적으로 해석하듯이 예수가 사회제도세금제도를 인정한 것도 아니고 그 시대의 지배자에게 복종하라는 의미도 아니다. 오히려 가이사의 것은 가이사에게 주라는 것은 예수식의 아나키혁명이다. 지배자의 것을 가져와서 혁명을 도모하는 것이 아니라, 지배자의 것이 없어도 충분하다는 요즘 말로 세상 정부를 무시하는 태도로 이해할 수 있다. 가이사의 동전을 소유하지 않았다면가이사의 시스템에 속하지 않았다면가이사에게 빚진 것이 없다. 즉 가이사의 동전을 소유했다는 것은 그의 협력자가 되었다는 뜻이다.

과거나 현재나 일단 정부아키는 국민의 행동과 사건을 통제하기로 결정된 전제하에 만들어진 정치적 방법이다. 그 안에서 교육, 철학, 유행, 선전, 기획, 심리학, 사회학 등은 정부의 정치적 방법에 동화하기 위해 열성적이 된다. 사람을 위해서 애완동물을 키우기 시작했지만, 사람이 애완동물의 집사가 되는 것으로 비교하면 너무 심한 비교일까? 어쩌면 사람의 필요를 위해 정부를 종으로 만들었지만,이미 종의 역할을 하는 정부는 찾아보기 힘들다. 흔히들 공무원을 국민의 공복공적인 종이라고 하지만, 어느 정부에서 공무원이 국민의 종 노릇을 하고 있는가? 다수 공무원 윤리는 그들의 의식주를 제공하는 일반 국민에 대한 충성이 아니고 정부의 관료에게 충성맹세하는 것에 다름아니다. 비록 선출직 공무원이 있어서 국민이 최고 권력자를 몇년마다 갈아치우면서 국민이 자신의 손으로 권력자를 뽑았다고 몇 년간은 스스로 만족하려 하지만, 그들 역시 이미 관료들이 장악한 정부의 시스템 안에서 제한된 힘을 행사할 뿐이다. 정부는 근본적으로 민중에게 봉사할 수 없다.

예수를 따르겠다는 사람으로서 예수외에는 주인 삼을 수 없다는 마음 또한 같이 간다. 그런데 이 신념은 생각보다 많은 사람들을 밀어낸다. 종교도 철학도 진리도 다 사람 좋자고 하는 거라는 실용주의적 사고가 팽배해 있는 사회에서 예수만이 주인이라고 하는 사람은 유령같다. 때론 나무를 뽑는 힘을 보여주기도 하지만, 때론 이마에 땀 한방울 식혀주는 정도로 존재하면서 어디서 왔는지 어디로 가는지에 타인의 관심사가 될 수 없는 그런 바람말이다.

3. 기독교인과 아나키즘^{아나키스트}

기독교 아나키즘에 대해 관심이 있다면 키에르케고어의 『사랑의 역사*Works of Love*』, 칼 바르트의 『로마서 강해』, 자끄 엘륄의 『무정부주의와 기독교』, 크로포트킨의 『만물은 서로 돕는다』, 프리드리히 블룸하르트를 읽기를 권한다. 이들의 급진적 삶을 통해서 기독교와 아나키즘, 기독교인과 아나키스트^{무강권주의자}는 분리할 수 없는 같은 몸이라는 관점을 확인할 수 있을 것이다.

버나드 엘러는 예수의 '세상이 되지 않음'과 바울의 '세상과 같지 않음'을 "세상의 악한 힘과 분리하라는 권고"로 읽는다. 이런 관점은 아나뱁티스트들에게는 익숙한 관점이다. 국가와 교회의 관계, 권세와 교회의 관계에 있어서 개신교 주류 교단과 다른 태도와 관점을 보이는 것은 이러한 시각 때문이다. 주류 기독교는 교회사에서 주류가 되려고 같은 기독교인을 상대로 상상하기 어려울 정도의 잔인한 방법으로 혐오하고 파괴했다. 그 결과 엄청난 마녀사냥과 신교와 구교의 전쟁, 같은 하나님을 믿지만 다른 신념을 가진 왕들의 전쟁에 동원되어 같은 기독교인과 셀 수 없이 많은 전쟁을 했다. 이들은 지금도 역사에서 기독교라는 신앙을 가지고 하나님과 예수의 이름으로 혹은 성서를 내세워서 저지른 정반대의 정치적 태도가 가져온 비극에 대해 반성하지 않으며, 여전히 이 역사의 헛발질은 계속되고 있다. 세상의 악한 힘과 분리되라는 예수와 바울의 가르침이 선명하지만 이들에게는 소용이 없다.

그리스도인이라면 적어도 세상의 정치에 대해서 복음 즉 기쁜 소식으로 받아들인 성경에 근거한 정치적 태도를 가져야 한다. 세상에 던져진 인간엘륄은 유기된 인간이라 함이 이 세상에서 영광을 받으려는 신의 뜻을 거부할 수 있을까? 정치하지 않고 어찌 소명을 이야기 할 수 있을까? 단순하게 세상이 제공하는 시스템을 받아들이고 순응하는 태도는 예수의 방식이 아닌 세상의 방식을 선택한 것에 다름아니기 때문이다.

종교개혁가 마틴 루터는 '세계가 참 기독교인 신자로 가득하다면 왕이나 군주, 검 혹은 법이 필요하지도 않을 것이고 유용하지도 않을 것'이라고 했다. 이런 관점은 칼 바르트와 본 훼퍼의 생각과 다르지 않다. 기독교인들은 비록 천국으로 갈 수 있는 통과의례나 질서도 아니고 그 행동이 세상이나 타인을 구원할 것이 아니라도 최소한 세상이 더 빠지는 것은 막아야 한다. 16세기의 토마스 뮌처는 오늘날 해방신학의 16세기 버전에 해당한다. 그가 주도한 농민전쟁은 마카비 혁명과 젤롯당열심당을 잇는 것으로 볼 수 있다.

같은 시대의 츠빙글리는 아나뱁티스트와 직접 접촉한 종교개혁가였지만, 그의 목표는 하나님의 방주를 자신의 교회가 있는 취리히시로 가져오는 것이 아니었다. 그저 취리히시로 하나님의 정부를 가져와 자신의 시를 성시화 하는 것이었다. 이러한 그의 믿음은 정치적으로 실용적인 것이었다. 하지만 이러한 정치프로그램은 하나님의 방주에 적합하지 않다. 세상 정부가 관여하려는 힘에서 벗어나서 진정한 힘의 근원이자 정의가 시발점이 되는 하나님의 정치에 대한 소망에 기대야 한다. 이점에서 성서적 아나키즘기독교 아나키즘은 열심당Zealot의 혁명에 반대했던 예수의 태도를 시작점으로 볼 수 있다. 엘륄도 혁명시리즈의 첫번째 책인 『혁명의 해부』에서 혁명에 대한 연구를 통해서 혁명을 아나키즘을 실현하는 방법으로 설정하지 않는 이유를 설명한다. 또한 『인간을 위한 혁명』과 『혁명에서 반란으로』를 통해서 진정한 혁명이란 어떠해야 하는지 견해를 밝히고 있다.

기독교 정치가 존재한다면 세상 정치와 어떤 차이가 있을까? 버나드 엘러는 2가지를 제시하는데 이 둘은 세상에서는 마땅한 것으로 여겨지지만, 그에 따르면 복음에 의해서는 완전하게 거부되는 것이다.

먼저, 세상 정치는 인간의 도덕성에 근거없는 무한 신뢰를 보이며 인간에게 도덕적 우월성을 부여하여 대상을 오만하게 한다. 인간이 옳기 때문에 힘의 사용을 정당화하게 된다.

둘째로 세상 정치의 주요 특징은 적대적인 경쟁을 부추긴다. 하지만, 복음은 타인에 대해서 자신의 도덕적 판단에 근거해서 자신을 설정하는 것이 아니다. 모든 행동은 모든이에 대한 하나님의 도덕적 판단에 복종한다. 사람들이 '좋은 소식'이라고 기대하는 것과 다르지만 완전 더 나은 것을 만나야 한다. 그것은 바로 해방의 소식이다. 이사야의 외침이다. 이에 순종한다면 '이 세상에 속하지 않은'것에 대한 믿음으로 세상의 중대한 문제를 염려하며 살 수 있다.

그렇다면 기독교 아나키즘은 어떤 나라를 기다리는가? 이런 나라가 아닐까? "큰소리로 충돌하거나 북을 두드리지 않았지만, 사랑과 자비가 충만한 하나님나라" 아나키 상태를 복음으로 이해하는 이유는 바로 이러한 기대 때문이다.

4. 기독교 아나키 상태와 정치적 아나키즘의 차이와 유사점

기독교 안에서 아나키즘을 주장하며 성서적 근거를 주장하는 논점을 접하면서 일반 역사와 정치면에서만 접하고 이해했던 무정부주의와 확연한 차이를 발견하게 되었다. 기독교 아나키즘에서는 혁명이 설 자리가 없다는 점이었다. 특히 아나뱁티스트의 아나키즘 이해는 그렇다. 물론 혁명과 무정부주의에 대한 비중에 대한 차이가 약간은 있지만, 기본적으로 혁명을 통해서 기독교 아나키_{하나님}이 다스리는 나라; 하나님나라가 보장되지 않는다는 점이다.

특히 자끄 엘륄은 그의 혁명 3부작을 통해서 인류사에서 많은 혁명이 있었지만, 성공한 혁명은 없다고 단정한다. 혁명의 동력이 아무리 대중적이고 그 대의가 순수했다 할지라도 결국 한 세대를 지나지 못하고 또다른 혁명세력을 잉태하는 방주국가 혹은 _{시스템}가 되고 말기 때문이다.

앞에서 언급한 여러 학자나 활동가를 통해서 내가 이해하는 성서대로라면 방주국가, _{시스템}는 노도 돛도 심지어 닻도 없다. 방주 안에 있는 이들은 철저하게 자신들의 근본적인 운명을 쥐고 있는 방주를 운행하는 신의 뜻에 자신을 맡겨야 한다. 그 안에서 어떤 몸부림으로도 방주를 원하는 방향으로 운행할 수도 정박할 수도 없다. 뭔가를 근본적으로 바꾸려고 한들 내부의 혼란만 가중될 뿐이다. 하나님과 동등하게 선악을 구별하고 선악을 선택할 수 있는 자유의지가 있는 인간은 파를 나누고 세력을 키우며 서로 반목하는 죄성을 가지고 있다. 이 죄성은 역사에서 수없이 반복된다. 따라서 방주 안에 있는 사람들은 결국 어떤 강제력도 없이 완전히 해방된 상태에서 정의·평등·평화·해방의 생태계를 만들려고 애써야 한다. 이것이 본질적으로 뭔가를 바꿀 수 없다고 인정하고 살아가는 기독교아나키스트의 결이어야 한다.

엘륄은 그의 책『무정부주의와 기독교』에서 기독교 무정부주의 아나키즘의 몇가지 원칙을 제시한다.

그리스도인들에게 무정부상태 자체가 목적이 아니라는 것, 정부가 있는 상태가 더 혼란스럽다는 것, 하나님나라를 대신하려는 정부의 유혹을 경계해야 하는 것, 정부의 위험은 혁명가들이 말하는 것처럼 크지 않다는 점, 정부는 인간적인 것이며 나쁜 정부보다 더 악한 것은 거룩한 정부라는 점, 모든 국가는 인간이 만든 것이며 신성하지 않다는 점, 세속정부의 전복이 목적이 아니라는 점, 필요에 따라 정부를 사용한다는 점, 행동으로 세속에 참여해야 한다는 점이다. 엘륄의 관점을 보면 그는 그리스도인들은 현실에 대해서 더 현실적이고 이념적이어야 한다는 논점을 가지고 있음을 엿볼 수 있다.

아나뱁티스트의 기독교 아나키즘은 모든 권력은 타락한다는 선先인식이 있다. 인간이 도덕적으로 권력을 통제하고 유익한 통치의 목표에 이를 수 있는 능력이 애당초 없다는 것이다. 이점에서 기독교 아나키즘은 정치적 무정부주의와 차이가 있다. 기독교 아나키스트들이 사용하는 방법으로 비폭력이 유효하며 정당화되는 이유가 여기에 있다. 과거나 지금이나 아나키스트들은 경멸의 대상이다. 정치·경제·문화를 총괄하고 통제하고 경영하는 정부의 시스템을 거스르는 사상이나 사람들을 반길 관료들은 없다. 이들의 행동이 세금에 저항하고 개발보다는 생태적 가치를 위해 싸우기 때문에 더욱 그렇다.

그렇다면 정부아크를 무너뜨리는 것이 아나키스트들의 목적인가? 역사에서 일면은 그런점이 있었음을 부인할 수 없지만, 아나뱁티스트의 아나키즘은 전세계의 정부방주를 공격하고 파괴하여 주저앉히는 것을 목적으로 하지 않는다. 다만 그 방주를 제거하려는 과정에서 ARKY를 사용할 뿐이다. 예수의 삶이 정치적 권위에 대해 근본적으로 공격하고선을 긋고 있는데 대표적인 것이 "하나님의 것은 하나님에게 가이사의 것은 가이사에게"이다. 세상에서 무엇보다 강한 우상이 된 돈물질, 경제은 문화는 물론 종교까지도 통합하고자 한다. 그러나 예수는 둘이

상관없음을 명쾌하게 선언한다.

따라서 현실에서 기독교인들이 잠깐의 이익을 보장하는 것을 위해 거간 노릇을 기꺼이 하는 태도는 위험한 시도이며 대부분 출구를 찾지 못하고 이익을 보장하는 가이사의 체계와 믿음이 혼합되기 일쑤이다. 블룸하르트는 6년이나 선출직으로 의회에서 일했고, 엘륄은 보르도시의 선출직 부시장으로 일하면서도 청소년, 환경, 교회개척 등 많은 영역에서 왕성하게 시민활동을 했다. 그러나 블룸하르트와 엘륄 모두 '진정한 것'이 아닌 것에서 탈출하였다. 지방정부이건 중앙정부이건 정부가 원하는 것은 완벽한 관료가 되는 것이다. 관료들이 짜놓은 체계에서 무강권 즉, 시민들이 강제받지 않거나 어떤 규제도 받지 않고 천부인권을 누린다는 것은 불가능한 것이다. 요즘말로 바꾸면 늘공이 숙명적으로 운영하는 정부에 몇몇 어공으로 들어가서 몇 년을 싸워본들 뭐가 얼마나 바뀌는가에 대한 것이다. 어공이 추진하는 아무리 혁신적인 프로그램이라고 해도 늘공관료들의 수고가 따라야 하는 것이라면 그들은 움직이지 않는다. 최종 권한을 가진 늘공들은 온갖 이유를 가져다 대며 관행을 지키려 한다. 대부분 관료는 협조하지 않고 방관한다. 그들이 적극적으로 나서지 않는다는 것은 그들이 원하지 않는다는 관료세계의 암묵적인 약속이라도 한 것처럼 말이다. 이런 정부에서 선출직이거나 계약직인 어공이 제풀에 지쳐 떨어져나가는 일은 비일비재하다. 그러니 이 지점에서는 "기독교인이 세상의 일에 행동으로 참여해야 하는데 그것은 세상을 거부하기 위해서이다"라는 엘륄의 말이 적절하다. 진정한 것은 행동 너머에 있기 때문이다.

하지만, 정치적 좌파들의 아나키즘과 기독교 아나키즘 사이에는 분명 유사점이 있다. 평화·정의·자유·인간 복지·생태 등에 대한 헌신적인 관점이 그것이다.

지향하는 것은 같은 점이 많지만 기독교 아나키스트들은 역사에서 반복된 혁명의 결과를 경험했기 때문에 전복을 통한 혁명의 효용에 대한 기대를 하지 않아야 한다.

버나드 엘러는 *Christian Anarchy-Jesus' primary over the power*에서 몇가지로 16세기 아나뱁티스트의 특징을 정리했다. 첫째, 그들은 어떠한 힘도 정당화하지 않았다. 그들은 자신들이 고난을 감당함으로서 하나님을 확인할 수 있으며 그것이 그들이 고백한 축복이었다. 둘째, 비록 사악한 정부지배자임이 명백해도 물리적으로나 구두로도 싸우겠다는 의지를 보이지 않았다. 삶의 경주를 다하는데 그것은 힘을 얻으려고가 아니라 그렇게 밖에 할 수 없도록 세상에 던져진 기독교인으로서 최선을 다하는 것일 뿐이다. 셋째, 세상 정부의 일부가 되려고 하지 않았다. 힘을 통합하며 효과적으로 영향력있는 조직을 모색할 뿐이었다. 넷째, 이미 전복된 세상의 주도권을 가지고 지배하려거나 고치려는 방식을 주장하지 않는다. 다섯째, 모든 일에 하나님이 성취하실 것에 대한 견고한 확신을 보였다.

메노나이트 정치학자인 존 레데콥은 자신의 책 『기독교 정치학 *Politics under God*』에서 교회와 국가의 관계를 아나뱁티스트 관점에서 정리한다. 여기에는 세속 정부에 그리스도인이 어떻게 관계를 맺어야 하는지 성숙한 권면을 담고 있다. 레데콥은 시민권과 제자도에 대한 성서분석을 통해 "악에 저항하고 선을 후원하라"고 그리스도인의 정치참여에 대해 조언한다. 저자는 국가와 교회, 정부와 신앙인 사이의 긴장을 해결하기 위해 이 책을 썼으며, 현실 정치에 대한 이해는 성서와 현실정치의 정확한 연구를 통해서만 제대로 할 수 있다고 말한다.

5. 세상 방주정부를 이용하려는 교회의 종말

혐오와 경멸의 대상으로소 고발당하고 탄압받던 기독교가 콘스탄티누스에 의해 공인되면서 어떤 일이 생겼는가. 조직화하고는 거리가 멀었던 처음교회는 하나님이 운영하시는 방주에 생명을 맡겼었다. 그들은 철저한 형제애를 바탕으로 신앙 때문에 기꺼이 본토 친척 아비집을 떠났으며 위험을 감수했다. 그러다가 기독교가 공인되었다. 초기 기독교인들의 삶이 충분히 매력적이었기 때문이었다. 그동안 하나님의 방주에 몸을 맡겼던 기독교인을 의심의 눈초리로 바라보던 시각은 기독교가 공인되자 지도층이 앞장서서 개종하면서 바뀌었다. 기독교인이 되는 것만으로도 이전 기독교인들이 풍겼던 매력있는 옷을 입을 수 있다는 것이 유행처럼 번졌다. 이전처럼 2~3년의 견습과정을 거쳐서 기독교인이 되는 멤버십은 축소되거나 유명무실해졌다. 이제 예수를 믿는다는 것이 안전을 보장받는 증표가 되었고 사교를 위한 필수품이 되었다. 더 나아가서 공인 이후 기독교회는 크리스텐덤^{기독교왕국}을 향해 기독교회는 적극적으로 세상 정부의 힘을 이용하기 시작했다.

그들은 이제 대놓고 말하기 시작했다. 더 큰 그림을 보자고, 지금의 안전한 신앙생활은 승리의 결과라고, 정부의 권력을 이용해서 복음을 전하자고, 이것은 복음을 땅끝까지 전할 하나님의 도우심이라고 말이다. 더 나아가서, 교회의 안전을 지켜주는 정부를 위해서 행동해야 한다고, 정부가 없는 것은 정말 끔찍한 일이라고 말이다. 구약에서 이스라엘 백성들이 주변 왕국의 일사분란한 통치체제와 문화에 압도되어서 자신들도 왕을 세워달라고 하나님에게 요구했던 철없는 욕망의 반복이다. 하나님의 방주 안에서 바깥의 화려한 것에 현혹되어서 바깥 세상의 정부가 다스리는 것과 같은 시스템을 원한 것이다. 즉 하나님나라 안에서 하나님의 법이 아닌 인간이 만든 정부가 다스리는 형태 말이다. 결국 그들은 세상이 그리스도를 위해 승리의 도구로 사용된 것으로 이해한 것이다. 결국 이교적인 것들이 세상 정부가 추구하는 효율적인 것으로 둔갑하여 기독교적인 것으로 자리를 잡게 되는 현상이 교회의 교육과 행정과 예배와 교리 등에 전반적으로 생겼다. 이러한 합리화는 지금까지도 그 속도를 늦추지 않고 있다. 지금도 교회가 제국의 교회가 되려고 경쟁을 했던 것처럼 국가교회로서 좋은 자리를 선점하려고 얼마나 분칠을 하고 처음 복음을 왜곡하는지 확인하는 것은 어렵지 않다.

이제 제국의 교회는 주님을 찾아와서 아무런 변화가 없어도 '그리스도인'이 된다. 몸에 배인 귀신을 쫓지 않아도 기독교인이 되는데 지장이 없다. 부정한 것들을 버리지 않아도 된다. 제자도가 그렇게 이해되고 있는 것처럼 이제 회심은 형이상학적인 용어가 된 듯하다. 그 결과는 무엇인가? 세상의 모든 것을 오지랖 넓게 받아들인 교회는 하나님의 뜻만 빼고 없는게 없는 방주가 되었다. 거기에는 성서에 수없이 말씀하신 하나님의 안타까운 탄식과 무너져버린 성벽에서 기다리시는 하나님의 부성에 대한 사랑은 찾아보기 어렵게 되었다. 무정부상태에서 가장 고양되며 온전하게 누릴 수 있는 자유는 이제 보기 어렵게 되었다. 화려한 예배당과 수직적인 교회의 지배구조를 견고히 하느라, 개인과 가정은 그저 재료로 전락했다는 현실을 그저 바라보기만 할 수 밖에 없다. 결국 제국을 받아들인 교회는 개인과 가정을 등한시하는 것이므로 그 결과는 처음교회의 모습과 멀어질 수 밖에 없다.

6. 세계적으로 사고하고 지역적으로 행동하라

'세계적으로 사고하고 지역적으로 행동하라'는 엘륄의 말은 아나뱁티스트들의 일반적인 삶의 태도와 닿는 점이 많다. 그런 점에서 기독교에서 마이너로 통하지만 유사한 신앙형태를 보인 어렴풋한 계보를 만날 수 있다. 파스칼-키에르케고어-레프 톨스토이-프리드리히 블룸하르트-칼 바르트-톨킨-도로시 데이-본 회퍼-시몬 베유-자끄 엘륄-이반 일리치-버나드 엘러는 국가와 신앙의 관계에 대해서 비슷한 관점을 보이는 기독교 아나키스트로 분류된다. 물론 평화에 대한 점에서 약간의 차이는 발견되지만 기본적으로 아나키정부를 하나님의 천부인권을 제한하는 악으로 전제한다는 점에서 비슷하다. 비록 무신론자이지만 표도르 크로포트킨은 인간의 자유의 절대성에 대해서 기독교 아나키즘과 비슷한 관점을 보였다. 특히 크로포트킨은 한국의 신채호에게 영향을 끼쳐 신채호가 민족주의 독립 노선에서 아나키스트 독립 노선으로 바꾸는데 역할을 한다.

특히 개인의 관점이 아니라 아나뱁티스트라는 16세기 개신교 신앙운동이 현재까지 국가와 교회와의 관계에서 이 관점을 견지하고 있다는 점은 주목할 만하다. 주류 개신교단에 비해 상대적으로 적은 수의 신자들인 이들이 해내는 전세계적인 구호사업이나 평화운동을 보면 그 일면을 확인할 수 있다. 생의 일정 기간을 선교지에서 집을 짓거나 교육에 헌신하기도 하고 분쟁지역으로 가서 평화를 만드는 사람peacemaker이 된다. 또한 많은 이들이 재산을 교회에 기부한다. 이러한 물질은 교회를 짓거나 자신들을 치장하는데 사용하지 않으며 대부분 국경을 넘어서 재난현장의 구호에 사용한다.

이러한 지역에서의 행동은 기독교 아나키즘의 가장 적합한 태도이다. 이는 덜 권위주의적이고 가능하면 인위적으로 뭔가를 하지 않으면서도 세계적으로 공통의 이슈에 대해서 각 지역에서 이웃과 '진정한 것'에 관심을 집중할 수 있다. 결국 기독교 아나키즘에서는 혁명이 아닌 연대와 봉사, 헌신이 우선순위가 된다.

7. "대장부가 되어라!"–자유와 기독교 아나키즘

대부분 세상 정부에 저항하고 그 통치를 받아들이지 않는 여러 행동의 이유는 '자유'이다. 세상의 방주정부는 자유의 맞은편에 있다. 즉, 자유를 제한하고 규제한다. 개인의 자유를 제한하는 여러 규제를 촘촘하게 만들어 놓고 교묘하게도 자율성이라는 이름으로 사람들에게 자유가 아닌 변종을 설득하는 격이다. 어쩌면 지금은 사람들이 '자유'보다 '자율성'이라는 말을 더 합리적이고 유효한 개념이라고 생각하는지도 모르겠다.

하나님의 방주하나님나라는 예수 그리스도를 통해서 완전한 자유가 있다. 다시 말해 하나님나라는 자유라는 원리가 통치의 기본이다. 인간의 완전한 자유없이 하나님이 피조물과 소통한다는 것은 표리부동한 것이다. 자유는 단순히 인간의 여러 덕목 중에 하나가 아니다. 자유는 그리스도인의 삶 자체다. 엘륄은 개인이 자신의 뜻대로 살아가는 것을 가로막는 모든 것들에 대항하는 자유를 자신의 책 『자유의 윤리2』에서 진지하게 다룬다. 특히 자유를 비순응주의적 정신으로 평가하며 성서를 해석하는 중요한 기준으로 제시하고 있다.

이사야 46장 8절 "대장부가 되어라! 이 시대를 본받지 말라!"는 온전한 사람이 되기 위해서 시대를 본받지 말라는 당부가 담겨있다. 이 시대는 자유를 제한하려는 정부방주와 자유를 저당잡힌 사람들의 용광로 같다. 그 용광로에서 흔하게 눈에 띄는 것은 '소외'된 개인과 소외된 가치이며 소외된내쳐진 하나님이다. 무정부주의 특히 기독교 아나키즘는 이 소외와의 싸움이기도 하다. 즉 누구도 원하지 않는 것을 해서는 안되며, 하고 싶은 것을 제한받지 않는 자율적이고 창조적인 방주를 구현하는 일은 소외의 맞은편에 있다. 자유의 문제가 제기되는 가장 큰 원인이 소외된 인간에 있기 때문에, 소외된 인간을 구원하기 위해 방주를 무너뜨리는 일은 기독교인의 주요 지향점이어야 한다.

8. 정의라는 방아쇠

방아쇠를 당기면 총알이 총구를 나가기까지 여러 단계가 진행된다. 앞에서 일어나는 일들은 다음 일들의 원인이 된다. 방아쇠를 당기면 노리쇠의 공이가 총알의 후면인 뇌관을 치고, 그 충격으로 프라이머가 도화선 역할을 하고, 장약이 터지면서 엄청난 가스의 힘으로 탄두에 추진력을 주고 탄두가 총구를 빠져나간다. 아주 순식간에 일어나는 과정이다.

이처럼 세상에서 일어나는 수많은 일들이 하나님의 방주의 일로 불려지려면 방아쇠 역할을 하는 것이 '정의'여야 한다. 그런데 현실의 기독교 안에는 하나님의 방주와 악의 방주가 공존한다. 그리고 실제 일어나는 논의나 현상은 두가지를 잘 혼합하는 것을 세련된 것으로 여겨지게 한다. 정부는 온갖 수단선전이나 기업등을 동원해서 이질적인 것을 섞어 하나님의 방주인지 악의 방주인지 구별하기 쉽지 않게 한다. 이는 2차세계대전 때에 많은 독일의 기독교인과 교회들은 히틀러가 하나님의 사람이며 히틀러의 정부가 하나님의 방주정부라고 변호했다. 20세기에 중동전쟁에서도 미국이 주도하는 수많은 전쟁을 기독교 지도자들이 성전이라고 추켜세우며 종교가 동원된 제국의 살상행위를 하나님의 방주가 마땅히 할 일을 한 것으로 포장했다.

아나뱁티스트는 반전운동의 현장에 조직적으로 그리고 지속적으로 참여한다. 전쟁은 정부 행위의 최상위 수단으로 인식되고 있다. 즉 정부가 시민으로부터 위임받은 최종의 수단을 아나뱁티스트는 인정하지 않는다. 전쟁세 등도 거부하고 평화를 위한 일에 쓰여질 수 있도록 여러 활동을 통해서 자신들의 세금이 전쟁이 아닌 평화와 구호활동 등에 쓰이도록 입법활동을 하고 있다. 실제로 더 큰 불이익을 감당하면서 이 일을 하고 있다. 그래서 아나뱁티즘은 국가교회에 대한 거부 때문에 아나키즘과 동질적이다. 종교개혁 초기에는 아나뱁티스트 중에서 혁명주의적 신념을 가져서 검으로 권력을 전복하여 왕국을 세우는 일에 헌신한 사람도 있었다. 하지만, 덜 폭력적이면서 더 작은 권력을 사용하여 하나님의 방주가 유지될 수 있기를 바라는 평화주의자들이 아나뱁티스트의 주류가 되었다. 이는 정당한 전쟁과 별반 다르지 않은 정당한 혁명의 이유를 찾는 정치적 좌파들이 지향하는 방주정부와 구별된다.

9. 기독교 아나키즘과 평화운동

기독교 아나키즘은 여전히 평화운동을 고수한다. 한편 이 평화운동은 민족주의적 긍지와는 어느정도 거리를 두어야 한다. 기독교 평화주의는 당파적인 기류가 아니라 지구적인 즉 전인류적인 평화를 구현해야 하기 때문이다. 하지만, 대부분의 정부에서 우선시하는 민족주의적이거나 지역적인 한계에서 시도되는 평화주의는 여전히 기독교 평화주의와는 거리가 있다. 그럼에도 대부분의 국가 단위 혹은 민족 단위의 정부는 민족주의적인 운동에 대해서는 예외를 두면서 신화화 하는 것이 현실이다.

같은 신을 믿는 사람이 민족이 다르고 국가가 다르다는 이유로 상대를 살생하는 것은 끔찍하다. 그럼에도 세속 정부는 민족이라는 선전을 이용해서 같은 신앙을 가진 사람이 같은 신에게 기도하면서 상대를 증오하며 정복하고 살생하는 지경에 이르게 한다. 모든 사람을 구원한다는 말을 입에 달고 사는 기독교인들이 세속 정부의 거짓 평화전쟁에 동원되는 것은 비극일 수 밖에 없다. 우리는 가까이서 한국의 기독교인들이 얼마나 첨예하게 정치적 이슈에서 물과 기름처럼 서로를 증오하는지 지켜보고 있다. 물론 어느쪽이 하나님나라에 합당한지는 그들 행동의 방아쇠(시발점)에 '하나님의 정의'가 있는지를 살펴보면 구별할 수 있다. 그런데 안타까운 것은 첨예한 대립의 모습을 보면 그것이 기독교 내부의 종교적 이유에서 시작된 정치적 대립이 아니라는 점이다. 다수의 기독교회에서 신앙의 모습은 찾아볼 수 없고 천박한 정치적 견해만 드러내도 이미 이들이 교회의 믿음과 교인들의 자유를 압도할 수 있는 상황이 되었다는 것이다. 즉 세상 정부의 정치가 하나님나라의 정치를 압도하고 있는 것을 부인할 수 없다. 정의가 부재한 세속정부를 위해서 정의가 없는 정치 집회의 참여를 독려하고 강단에서 광고하는 지경이 되어버렸다.

칼 바르트가 1차 세계대전을 겪은 유럽에서 세계의 평화와 전쟁으로 더 피폐해진 노동자들의 환경에 사회적 관심을 두게 된 것도 기독교 아나키즘적 접근이라고 볼 수 있다. 바르트는 전쟁을 통해 독일 지성인들의 광기를 확인했다. 전쟁 이데올로기에 동원된 지성인들의 지성을 더는 지성이라고 부를 수 없었다. 독일의 개신교 지도자들 역시 마찬가지였다. 적그리스도로 비유되어야 했을 히틀러 집단에게 하나님이 보낸 선지자라는 옷을 기꺼이 입혔으니 독일 안에 팽배했던 광기는 상상을 초월한 것이었다. 이런 역사는 지금도 미국과 한국 등에서 반복되고 있다.

10. 글을 나가며―인간에 대한 믿음

이 세상의 자유가 그리스도를 통해서 왔음을 기억하고 그리스도인은 이 자유를 지키며 살아가야 한다. "예수를 따라 사는 것"은 불가능하다고 스스로 한계를 지었던 것처럼 "온전한 자유를 구현하는 것"은 불가능하다는 자체 검열을 넘지 못한다면 하나님의 섭리와 예수 그리스도의 희생이 무슨 의미가 있을까? 기독교 아나키즘은 이 지점에서 거짓 자유와 싸우며 온전한 자유 안에서 창조적으로 일하실 하나님나라의 운영원리에 기댈 것이다.

단순하지만, 누구나 품었던 태초의 꽃은 볼 수 없는데, 근본도 알 수 없는 온갖 것이 섞여버린 변종의 화려한 꽃들을 보고 창조주의 솜씨를 찬양하는 현실은 아무리 좋게 봐도 쉽게 적응되지 않는다. 이제는 많은 기독교인은 태초의 순수하고 원초적인 아름다움을 지녔던 복음의 원형을 더는 그리워하지 않는다. 에텐동산은 언감생심이고 처음교회초대교회에 대해서도 그리워하지 않는다. 많은 기독교인이 시대에 뒤떨어진 것이라며 복음을 되살리려는 노력을 하기보다, 세상 정부의 의도가 분명한 장치와 기술들이 복음을 뒤덮기 시작한지 이미 오래다. 기독교인은 어떤 해방을 꿈꿔야 하는가? 진리를 알면 그 진리가 해방시켜줄 것이라고 한 지점에는 어떤 것을 기대하는가? 어떤 강제력도 없이 완전히 해방된 생태계를 소망하지만, 앞뒤 재지 않고 그런 지향점을 드러내도 될만큼 대중이 자유를 구속받거나 소외에 대해 임계점에 다다른 것도 아니다. 힘이 악하게 작용하는 예는 매일 뉴스를 통해서 확인하고 있지만, 그 현상이 아닌 불의가 존재하는 이유에 대해서까지 확인하는 것은 쉽지 않다. 이는 그 이유까지 확인하여 힘을 전복하려는 시도가 있을 것에 대한 정치적 시스템이 적절하게 작용하기 때문이다. 마르크스가 복잡한 경제와 정치 사회를 이해하는데 도움을 준다는 것은 인정하지만, 그 방법을 적극 도입하여 변증법적인 열매를 거두려는 데까지 나아가지 않는 이유이기도하다.

기독교 아나키즘을 지향하는 사람이라면 인간이 세상의 질서를 근본적으로 바꿀 수 없다는 한계를 인정해야 한다. 동시에 인간의 경험과 성스러움과 지혜가 세상에 던져진 방주에 영향을 미치고 창조적으로 통제할 수 있다는 믿음을 가져야 한다. 그리스도인들은 자신들 뿐 아니라 모든 인간이 취할 최종적이고 최상의 복이 어떠한 강제도 없는 완전한 무정부상태라는 것에 동의하는가?

> "유대 사람도 그리스 사람도 없으며, 종도 자유인도 없으며, 남자
> 와 여자가 없습니다. 여러분 모두가 그리스도 예수 안에서 하나이
> 기 때문입니다." 갈라디아서 3:28

참고문헌

버나드 엘러, *Christian Anarchy-Jesus' Primacy over the Powers*, Wipf and Stock, 1999

노엄 촘스키, 『고백』, 누가 무엇으로 세상을 지배하는가, 강주헌 옮김, 시대의창.

--, 『촘스키 세상의 물음에 답하다2-권력이 세상을 지배하는 방식에 대하여』, 이종
　　인 옮김, 시대의창.

도로시 데이, 『고백』, 김동완 옮김, 복있는사람

블레즈 파스칼, 『팡세』, 박철수 편역, 도서출판 대장간

디트리히 본회퍼, 『나를 따르라』, 이신건 옮김, 신앙과지성사

--, 『타인을 위한 그리스도인으로 살 수 있을까』, 정현숙 엮음, 좋은씨앗

시몬 베유, 『신을 기다리며』, 이세진 옮김, 이제이북스

--, 『국가가 아닌 여성이 결정해야 합니다』, 이민경 옮김, 갈라파고스

--, 『시몬 베유의 나의 투쟁』, 길경선 박재연 옮김, 꿈꾼문고

이반 일리치, 『누가 나를 쓸모없게 만드는가』, 허택 옮김, 느림걸음

--, 『전문가들의 사회』, 허택 옮김, 사월의 책

임희국, 『블룸하르트가 증언한 하나님 나라』, 대한기독교서회

자끄 엘륄, 『무정부주의와 기독교』, 이창헌 옮김, 도서출판 대장간

--, 『인간을 위한 혁명』, 하태환 옮김, 도서출판 대장간

--, 『자유의 윤리1, 2』, 김치수 옮김, 도서출판 대장간

--, 『혁명에서 반란으로』, 안성헌 옮김, 도서출판 대장간

--, 『하나님의 정치와 인간의 정치』, 김은경 옮김, 도서출판 대장간

존 하워드 요더, 『국가에 대한 기독교의 증언』, 김기현 옮김, 도서출판 대장간

프리드리히 블룸하르트, 『행동하며 기다리는 하나님나라』, 전나무 옮김, 도서출판 대장간

칼 바르트, 『로마서』, 손성현 옮김, 복있는사람

--, 『하나님의 인간성』, 신준호 옮김, 새물결플러스

키에르케고어, 『사랑의 역사』, 임춘갑 옮김, 도서출판 치우

--, 『반복/현대의 비판』, 임춘갑 옮김, 도서출판 치우

--, 『주체적으로 되는 것』, 임규정 송은재 옮김, 지만지

표도르 크로포트킨, 『만물은 서로 돕는다』, 김훈 옮김, 여름언덕

--, 『아나키즘』, 백용식 옮김, 개신

--, 『청년에게 고함』, 홍세화 옮김, 낮은산

맺는 글

역사에서 아나키스트는 대놓고 멸시받았다. 아나키스트들 대부분은 대책없는 사람들로 치부되었다. 이들이 역사적 변혁기에 일정한 기여를 했을지라도 혁명과 개혁이 안정화되는 과정에서 다 내쳐지거나 변두리로 밀려났음을 부인할 수 없다. 변증법적으로 발전하는 세계에서 정반합의 합이라는 것이 체제를 갖추고 새로운 규칙을 만드는 과정이 필수적으로 전제된 것이었다면, 처음부터 아나키스트들이 관여할 공간은 없었던 것이다.

'가장 사적인 것이 가장 정치적인 것'이라는 급진적 사고의 연장에 아나키즘이 있다. 공적 영역과 사적 영역을 구분하는 것은 다소 합리적인 요소가 있는 것처럼 보이지만, 사적 영역에서의 자유가 구현되지 않으면 공적인 영역의 투쟁은 주목받을 수 없기도 하다. 정치적 혁명보다는 사회혁명을 추구하는 것이 일반적인 아나키즘운동의 추세이긴하다. 그러나 개인의 자율성이 온전하게 발현되지 못하고 보장되지 못하는 혁명은 인간을 해방시키기 어렵다.

고삐를 쥐고 있는 사람이 바뀌면 그는 고삐를 바꾼다. 그 고삐에 시대정신을 아무리 담은들, 고삐를 잡은 권력자들이 고삐에 묶인 사람들에게 기대하는 역할의 본질은 변하지 않았다. 조금 더 세련되고 조금더 눈에 띄지 않는 고삐일 뿐, 더 정교하게 사람을 소외시키면서도 그것은 소외가 아닌 주체적 참여라거나 자발적인 구속이라며 갖은 선전문구로 반발을 무마한다. 고삐가 아닌 것 같지만, 더 견고하고 벗어날 수 없는 속박이 이어진다. 정부의 역할이 없거나 미미하던 과거와 비교해서 사람들은 더 자유로운가? 자유롭게 선택을 할 수 있다는 전제에는 그 자유를 어설프게 구사했다가 치러야할 불이익이 따르기 마련이다. 기술, 통치의 기술이 발달할수록 개인이 숨을 곳은 없다. CCTV가 없는 도로를 걷기 어려우며, 어디에 있든지 개인의 휴대전화나 스마트와치나 신용카드를 통해서 자신의 위치와 행위가 노출되기 마련이다. 어디에 자유가 존재하는가?

예수님은 부자들을 미워하지 않으면서 가난한 사람을 사랑했고, 모두에게 사랑을 보였는데 엘륄은 『하나님이냐 돈이냐』에서 예수님이 가난과 부자라는 구분조차 하지 않았다고 주장했다. 이는 구분할 필요가 없다는 의미라기보다 상대적인 빈부의 구분을 절대시하지 않으면서 관리했다는 의미로 이해할 수 있다. 빈부는 엄연하게 존재하지만, 인간이 마지막에 그리는 그림의 장소가 그 빈부가 고착화된 나라가 아니라 빈부를 초월한 관계의 자유함이 주는 창조적 방주이어야 하기 때문이다.

피조물의 운명이 40주야를 온전히 맡겼던 노아의 방주에 있었던 것처럼, 세상과 차단된 것 같지만 결국은 임할 하나님나라의 완전한 자유를 찾는 기독교인들의 꿈이 사그라들지 않기를 바란다. 이 책의 활자가 안내하는대로 역사는 신의 형상과 성품을 지닌 사람들에 의해서 진보한다는 소망을 놓지않기를 바라며 시간과 열정을 이곳에 담은 필자들과 독자들에게 세상을 견딜 용기를 선물하고 싶습니다.

양촌리에서 배용하